矿产资源经济

（第一卷）

背景和热点问题

［法］弗洛里安·菲赞　格扎维埃·加利耶格　编

余韵　姚霖　杨建锋　译

MINERAL RESOURCES ECONOMY 1

Context and Issues

Floriant Fizaine　Xavier Galiègue

iSTE　商务印书馆 The Commercial Press　WILEY

MINERAL RESOURCES ECONOMY 1

Context and Issues

by Floriant Fizaine，Xavier Galiègue

ISBN：9781789450248

Copyright ⓒ ISTE Ltd 2021

All Rights Reserved.

"自然资源与生态文明"译丛
"自然资源保护和利用"丛书
总序

（一）

新时代呼唤新理论，新理论引领新实践。中国当前正在进行着人类历史上最为宏大而独特的理论和实践创新。创新，植根于中华优秀传统文化，植根于中国改革开放以来的建设实践，也借鉴与吸收了世界文明的一切有益成果。

问题是时代的口号，"时代是出卷人，我们是答卷人"。习近平新时代中国特色社会主义思想正是为解决时代问题而生，是回答时代之问的科学理论。以此为引领，亿万中国人民驰而不息，久久为功，秉持"绿水青山就是金山银山"理念，努力建设"人与自然和谐共生"的现代化，集聚力量建设天蓝、地绿、水清的美丽中国，为共建清洁美丽世界贡献中国智慧和中国力量。

伟大时代孕育伟大思想，伟大思想引领伟大实践。习近平新时代中国特色社会主义思想开辟了马克思主义新境界，开辟了中国特色社会主义新境界，开辟了治国理政的新境界，开辟了管党治党的新境界。这一思想对马克思主义哲学、政治经济学、科学社会主义各个领域都提出了许多标志性、引领性的新观点，实现了对中国特色社会主义建设规律认识的新跃升，也为新时代自然资源治理提供了新理念、新方法、新手段。

明者因时而变,知者随事而制。在国际形势风云变幻、国内经济转型升级的背景下,习近平总书记对关系新时代经济发展的一系列重大理论和实践问题进行深邃思考和科学判断,形成了习近平经济思想。这一思想统筹人与自然、经济与社会、经济基础与上层建筑,兼顾效率与公平、局部与全局、当前与长远,为当前复杂条件下破解发展难题提供智慧之钥,也促成了新时代经济发展举世瞩目的辉煌成就。

生态兴则文明兴——"生态文明建设是关系中华民族永续发展的根本大计"。在新时代生态文明建设伟大实践中,形成了习近平生态文明思想。习近平生态文明思想是对马克思主义自然观、中华优秀传统文化和我国生态文明实践的升华。马克思主义自然观中对人与自然辩证关系的诠释为习近平生态文明思想构筑了坚实的理论基础,中华优秀传统文化中的生态思想为习近平生态文明思想提供了丰厚的理论滋养,改革开放以来所积累的生态文明建设实践经验为习近平生态文明思想奠定了实践基础。

自然资源是高质量发展的物质基础、空间载体和能量来源,是发展之基、稳定之本、民生之要、财富之源,是人类文明演进的载体。在实践过程中,自然资源治理全力践行习近平经济思想和习近平生态文明思想。实践是理论的源泉,通过实践得出真知:发展经济不能对资源和生态环境竭泽而渔,生态环境保护也不是舍弃经济发展而缘木求鱼。只有统筹资源开发与生态保护,才能促进人与自然和谐发展。

是为自然资源部推出"自然资源与生态文明"译丛、"自然资源保护和利用"丛书两套丛书的初衷之一。坚心守志,持之以恒。期待由见之变知之,由知之变行之,通过积极学习而大胆借鉴,通过实践总结而理论提升,建构中国自主的自然资源知识和理论体系。

(二)

如何处理现代化过程中的经济发展与生态保护关系,是人类至今仍然面临的难题。自《寂静的春天》（蕾切尔·卡森，1962）、《增长的极限》（德内拉·梅多斯，1972）、《我们共同的未来》（布伦特兰报告，格罗·哈莱姆·布伦特兰，1987）这些经典著作发表以来，资源环境治理的一个焦点就是破解保护和发展的难题。从世界现代化思想史来看，如何处理现代化过程中的经济发展与生态保护关系，是人类至今仍然面临的难题。"自然资源与生态文明"译丛中的许多文献，运用技术逻辑、行政逻辑和法理逻辑，从自然科学和社会科学不同视角，提出了众多富有见解的理论、方法、模型，试图破解这个难题，但始终没有得出明确的结论性认识。

全球性问题的解决需要全球性的智慧，面对共同挑战，任何人任何国家都无法独善其身。2019 年 4 月习近平总书记指出，"面对生态环境挑战，人类是一荣俱荣、一损俱损的命运共同体，没有哪个国家能独善其身。唯有携手合作，我们才能有效应对气候变化、海洋污染、生物保护等全球性环境问题，实现联合国 2030 年可持续发展目标"。共建人与自然生命共同体，掌握国际社会应对资源环境挑战的经验，加强国际绿色合作，推动"绿色发展"，助力"绿色复苏"。

文明交流互鉴是推动人类文明进步和世界和平发展的重要动力。数千年来，中华文明海纳百川、博采众长、兼容并包，坚持合理借鉴人类文明一切优秀成果，在交流借鉴中不断发展完善，因而充满生机活力。中国共产党人始终努力推动我国在与世界不同文明交流互鉴中共同进步。1964 年 2 月，毛主席在中央音乐学院学生的一封信上批示说"古为今用，洋为中用"。1992 年 2 月，邓小平同志在南方谈话中指出，"必须大胆吸收和借鉴人类社会创造的一切文明成果"。2014 年 5 月，习近平总书记在召开外国专家座谈会上强调，"中国要永远做一个学习大国，不论发展到什么水平都虚心向世界各国人民学习"。

"察势者明，趋势者智"。分析演变机理，探究发展规律，把握全球自然资源治理的态势、形势与趋势，着眼好全球生态文明建设的大势，自觉以回答中国之问、世界之问、人民之问、时代之问为学术己任，以彰显中国之路、中国之治、中国之理为思想追求，在研究解决事关党和国家全局性、根本性、关键性的重大问题上拿出真本事、取得好成果。

是为自然资源部推出"自然资源与生态文明"译丛、"自然资源保护和利用"丛书两套丛书的初衷之二。文明如水，润物无声。期待学蜜蜂采百花，问遍百家成行家，从全球视角思考责任担当，汇聚全球经验，破解全球性世纪难题，建设美丽自然、永续资源、和合国土。

（三）

2018 年 3 月，中共中央印发《深化党和国家机构改革方案》，组建自然资源部。自然资源部的组建是一场系统性、整体性、重构性变革，涉及面之广、难度之大、问题之多，前所未有。几年来，自然资源系统围绕"两统一"核心职责，不负重托，不辱使命，开创了自然资源治理的新局面。

自然资源部组建以来，按照党中央、国务院决策部署，坚持人与自然和谐共生，践行绿水青山就是金山银山理念，坚持节约优先、保护优先、自然恢复为主的方针，统筹山水林田湖草沙冰一体化保护和系统治理，深化生态文明体制改革，夯实工作基础，优化开发保护格局，提升资源利用效率，自然资源管理工作全面加强。一是，坚决贯彻生态文明体制改革要求，建立健全自然资源管理制度体系。二是，加强重大基础性工作，有力支撑自然资源管理。三是，加大自然资源保护力度，国家安全的资源基础不断夯实。四是，加快构建国土空间规划体系和用途管制制度，推进国土空间开发保护格局不断优化。五是，加大生态保护修复力度，构筑国家生态安全屏障。六是，强化自然资源节约集约利用，促进发展方式绿色转型。七是，持续推进自然资源法治建设，自然资源综合监管效能逐步提升。

当前正值自然资源综合管理与生态治理实践的关键期，面临着前所未有的知识挑战。一方面，自然资源自身是一个复杂的系统，山水林田湖草沙等不同资源要素和生态要素之间的相互联系、彼此转化以及边界条件十分复杂，生态共同体运行的基本规律还需探索。自然资源既具系统性、关联性、实践性和社会性等特征，又有自然财富、生态财富、社会财富、经济财富等属性，也有系统治理过程中涉及资源种类多、学科领域广、系统庞大等特点。需要遵循法理、学理、道理和哲理的逻辑去思考，需要斟酌如何运用好法律、经济、行政等政策路径去实现，需要统筹考虑如何采用战略部署、规划引领、政策制定、标准规范的政策工具去落实。另一方面，自然资源综合治理对象的复杂性、系统性特点，对科研服务支撑决策提出了理论前瞻性、技术融合性、知识交融性的诉求。例如，自然资源节约集约利用的学理创新是什么？动态监测生态系统稳定性状况的方法有哪些？如何评估生态保护修复中的功能次序？等等不一而足，一系列重要领域的学理、制度、技术方法仍待突破与创新。最后，当下自然资源治理实践对自然资源与环境经济学、自然资源法学、自然地理学、城乡规划学、生态学与生态经济学、生态修复学等学科提出了理论创新的要求。

中国自然资源治理体系现代化应立足国家改革发展大局，紧扣"战略、战役、战术"问题导向，"立时代潮头、通古今之变，贯通中西之间、融会文理之壑"，在"知其然知其所以然，知其所以然的所以然"的学习研讨中明晰学理，在"究其因，思其果，寻其路"的问题查摆中总结经验，在"知识与技术的更新中，自然科学与社会科学的交融中"汲取智慧，在国际理论进展与实践经验的互鉴中促进提高。

是为自然资源部推出"自然资源与生态文明"译丛、"自然资源保护和利用"丛书这两套丛书的初衷之三。知难知重，砥砺前行。要以中国为观照、以时代为观照，立足中国实际，从学理、哲理、道理的逻辑线索中寻找解决方案，不断推进自然资源知识创新、理论创新、方法创新。

（四）

文明互鉴始于译介，实践蕴育理论升华。自然资源部决定出版"自然资源与生态文明"译丛、"自然资源保护和利用"丛书系列著作，办公厅和综合司统筹组织实施，中国自然资源经济研究院、自然资源部咨询研究中心、清华大学、自然资源部海洋信息中心、自然资源部测绘发展研究中心、商务印书馆、《海洋世界》杂志等单位承担完成"自然资源与生态文明"译丛编译工作或提供支撑。自然资源调查监测司、自然资源确权登记局、自然资源所有者权益司、国土空间规划局、国土空间用途管制司、国土空间生态修复司、海洋战略规划与经济司、海域海岛管理司、海洋预警监测司等司局组织完成"自然资源保护和利用"丛书编撰工作。

第一套丛书"自然资源与生态文明"译丛以"创新性、前沿性、经典性、基础性、学科性、可读性"为原则,聚焦国外自然资源治理前沿和基础领域,从各司局、各事业单位以及系统内外院士、专家推荐的书目中遴选出十本,从不同维度呈现了当前全球自然资源治理前沿的经纬和纵横。

具体包括:《自然资源与环境:经济、法律、政治和制度》,《环境与自然资源经济学:当代方法》(第五版),《自然资源管理的重新构想:运用系统生态学范式》,《空间规划中的生态理性:可持续土地利用决策的概念和工具》,《城市化的自然:基于近代以来欧洲城市历史的反思》,《城市生态学:跨学科系统方法视角》,《矿产资源经济(第一卷):背景和热点问题》,《海洋和海岸带资源管理:原则与实践》,《生态系统服务中的对地观测》,《负排放技术和可靠封存:研究议程》。

第二套丛书"自然资源保护和利用"丛书基于自然资源部组建以来开展生态文明建设和自然资源管理工作的实践成果,聚焦自然资源领域重大基础性问题和难点焦点问题,经过多次论证和选题,最终选定七本(此次先出版五本)。在各相关研究单位的支撑下,启动了丛书撰写工作。

具体包括:自然资源确权登记局组织撰写的《自然资源和不动产统一确权登记理论与实践》,自然资源所有者权益司组织撰写的《全民所有自然资源资产所有者权益管理》,自然资源调查监测司组织撰写的《自然资源调查监测实践与探索》,国土空间规划局组织撰写的《新时代"多规合一"国土空间规划理论与实践》,国土空间用途管制司组织撰写的《国土空间用途管制理论与实践》。

"自然资源与生态文明"译丛和"自然资源保护和利用"丛书的出版,正值生态文明建设进程中自然资源领域改革与发展的关键期、攻坚期、窗口期,愿为自然资源管理工作者提供有益参照,愿为构建中国特色的资源环境学科建设添砖加瓦,愿为有志于投身自然资源科学的研究者贡献一份有价值的学习素材。

百里不同风,千里不同俗。任何一种制度都有其存在和发展的土壤,照搬照抄他国制度行不通,很可能画虎不成反类犬。与此同时,我们探索自然资源治理实践的过程,也并非一帆风顺,有过积极的成效,也有过惨痛的教训。因此,吸收借鉴别人的制度经验,必须坚持立足本国、辩证结合,也要从我们的实践中汲取好的经验，总结失败的教训。我们推荐大家来读"自然资源与生态文明"译丛和"自然资源保护和利用"丛书中的书目，也希望与业内外专家同仁们一道，勤思考，多实践，提境界，在全面建设社会主义现代化国家新征程中，建立和完善具有中国特色、符合国际通行规则的自然资源治理理论体系。

在两套丛书编译撰写过程中，我们深感生态文明学科涉及之广泛，自然资源之于生态文明之重要，自然科学与社会科学关系之密切。正如习近平总书记所指出的，"一个没有发达的自然科学的国家不可能走在世界前列，一个没有繁荣的哲学社会科学的国家也不可能走在世界前列"。两套丛书涉及诸多专业领域，要求我们既要掌握自然资源专业领域本领，又要熟悉社会科学的基础知识。译丛翻译专业词汇多、疑难语句多、习俗俚语多，背景知识复杂，丛书撰写则涉及领域多、专业要求强、参与单位广，给编译和撰写工作带来不小的挑战，丛书成果难免出现错漏，谨供读者们参考交流。

编写组

目 录

第二部分　热点问题

前　言

弗洛里安・菲赞[1]和格扎维埃・加利耶格[2]

[1]法国,安纳西,萨瓦大学,管理和经济研究所(IREGE)

[2]法国,奥尔良大学,奥尔良经济实验室(LEO)

为什么要撰写一部关于矿产资源经济学的专著？作为经济学家,我们很想说,缺失以法语撰写的矿产资源经济学著作,正是我们创作法语原版矿产资源经济学的动机。然而,这个答案看起来似乎太粗略,因为撰写这部文集的原因远不止于此。

首先,来自不同学科的研究者在矿产资源经济学领域形成了数十年的研究基础和知识积累。通过专业论文和专著传递的这些知识及各种描述,让我们对矿产资源经济学有关问题有了深刻认识。正如后文所述,存在环境、社会、经济等各类问题。这些知识,也使我们疑惑,有时是因其独创性(标新立异),有时是因其严重性。这就促使我们不断地深化知识领域,以便更好地理解问题背后的原因、机制和产生的后果,并尽可能提出解决问题的行动措施。

其次,在矿产资源经济学领域,存在很多空白、阴影和待解的谜团。随着某一学科研究的不断积累,以及研究人员对过去不易解释的课题重新燃起兴趣,有些问题得到解决。其他问题,也正是本书所涉猎的相关问题,所幸通过跨学科交融使我们能够充分掌握复杂问题的内在关系,进而得以诠释;当然更得益于跨学科工具箱,得以拆解这些问题。

这些原因虽然很重要,但并非专门针对矿产资源。因此,穿越不同的历史长廊,可能会揭示这些特殊资源对人类文明的贡献与作用。从而,我们将看到这些资源在特定背景下发挥作用。

第一节　矿产资源为何重要

观察过去的态势可以洞察现在的形势与未来的趋势。如果能够测定**智人**(Homo sapiens)的原材料足迹，我们就会发现，除了造打火石等简陋工具或从祖先继承来的两面器以外，早期智人对矿产资源的依赖非常有限。随着新石器革命到来，历史发生了根本性变革。这场革命的三个特征，包括定居、生产经济以及采用新的社会组织形式，在当代研究者中仍存争议，特别是关于这三个特征是否同时发生，认识并不统一。

然而，"新石器时代"(new stone age，也称为 Neolithic)伴随着原材料消费量的增长，因为定居式的生活方式、农业的兴起以及更密集的住所，需要越来越多的资源。由此，斧头等抛光石料所起的作用进一步强化。虽然陶器发明早于新石器时代，但陶器也成为这个时代贸易发展的基础。农业生产力剩余，使分工专业化迈出了第一步，通过社会精英层控制的庞大物交换网络，某些特定类型的资源(包括工具和其他稀有资源)被配置到资源稀缺地区，从而扩大了人类开发边界(Barbier，2011)。由此，人类对自己的生存环境进行了第一次深刻的改造。后来，以开采和分离新矿产资源的技术创新为标志，人类相继进入青铜时代(Bronze Age，公元前 3000 年)和铁器时代(Iron Age，公元前 1200 年)。

尽管这些矿产资源的开采越来越普遍，并由此成为人类文明发展的组成部分，但那时的矿产资源仍然是一种稀缺资源。例如，在同名的时代(铁器时代)，铁价在两倍的银价到八倍的金价之间变化(Virolleaud，1953)。在 17 和 18 世纪，工业革命与煤炭大规模开采相伴而生。由此，欧洲文明从农业和手工业社会步入工业社会，从而稍稍摆脱由生物圈所控制的节律。

这种从比生物质更丰富、更集中的资源中获取一种新种类能源的能力，加之物理和化学知识的发展，矿产资源的生产和消费掀起了新高潮。例如，铜的产量从 1800 年的 21.65×10^4 t/a(大约是罗马时期的水平)增至 1900 年的超过 50×10^4 t/a(Hong et al.，1996)。这个世纪的标志是大量新元素的发现，使自上古时期以来已知的七种金属扩展到了更多种。当代(1945 年以来)，工业化和西方生活方式的普及,推动已知矿产资源的消费量不断创出新高,也导致迄今为止一些小金属产量的激增仍然局限于由好奇心所引发。然而,这最后一个时期,虽然可能才开始不久,却使人类对环境留下了新的深刻印记。人类本身成为改变岩石圈、生物圈和气候的主要要素。历史是否正在进入一个新时代——人类世(Anthropocene)(Steffen et al.,2015)?虽然对人类世这个新时代是否开启,仍在争论之中,但显而易见的是,回顾历史,我们相信,**每当人类把自己从环境约束性和时限性中解放出来哪怕一丁点儿,都需要通过更高强度地使用矿产资源来实现。**

矿产资源成就了过去,也改造着现在。乍看之下,气候危机仍然与煤、天然气和石油等化石资源使用量的日益增加相关。一项更老练的分析,如历史学家斯米尔(V. Smil,2013)的分析,表明能源消费中的很大一部分都用在了经济发展所需原材料的开采、生产和供给活动方面。该书认为,世界上 20% 的一次能源消费用于原材料的生产活动,而仅生产矿产资源的能源消耗占比就为 13%(其中,金属占 10%,建筑材料占 3%),这大致相当于美国在全球一次能源消费中的占比。矿产资源在能源消费中的主要影响是温室气体(greenhouse gases,GHGs)对环境产生的影响,因为所使用的能源仍然主要是碳基能源(Mudd,2010;Northey et al.,2013)。**因此,人类与矿产资源的关系,与当前的气候危机和其他环境问题并非无关。**事实上,联合国环境署最新报告(United Nations Environment Programme,UNEP,2019)指出,金属资源在自然资源对环境的影响中占主导地位。与资源有关的温室气体影响中,金属占 18%;在颗粒物对人类健康和环境的影响中,金属占 39%。其他非金属矿物原材料,虽然在自然资源消费量中占据很大一部分,而且增长势头最强劲,但在全球尺度上产生的环境压力反而比较小(不到全部资源影响的 2%),不过也有例外,特别是分析发生局部退化方面。当前,上述其他类重要矿产资源的影响,主要源于其在水泥和化肥生产中的利用。

虽然矿产资源在当今存在的问题中所起的作用毋庸置疑,但它们也在我们 ₓₑ这个时代的"乌托邦"中反复出现,特别是在循环经济中。因此,与生物质和可再生能源等可再生资源一样,矿产资源也是关于可持续发展的新思想家们畅想(幻想?)未来时所考虑的重要内容。根据语境变化,所涉及的术语有:"循环经济"(circular economy)、"共生经济"(symbiotic economy)(Delannoy,2017)或"蓝色经济"(blue economy)(Pauli,2011)。这些概念的共同点是,利用自然生态系统中存在的循环性,来确保人类经济系统的可持续性。**在该概念框架中,矿产资源因其大多数是可回收的,显然也落入到可以唤起未来经济体系的内在再生能力的概念范畴内。**例如"石头纸"(stone paper)是碳酸钙和高密度聚乙烯的混合物,保利(Pauli,2011)将其作为蓝色经济的一个实际例子。这种新型纸张的制作,不消耗水资源,理论上可以**无限地**(ad infinitum)循环使用(当然目前还没有一家试点工厂)。"共生经济"也受到工业生态学的启发,产生了"卡伦堡共生(区)"(Kalundborg Symbiosis),这是丹麦一座港口城市卡伦堡的生态工业园,园区部分制造商们不需要的副产品成为其他制造商们投入的原材料。因为未来有望通过利用金属和其他非金属资源的活动继续使资本流动起来,因此正如大多数流动性解决方案一样,矿产资源将再次发挥关键作用,无论其是否适合共享经济或功能经济。

在人类历史的不同时期,矿产资源都发挥了重要作用。可以肯定地说,矿产资源将来还会继续与人类的发展相伴相随。然而,在应对全球变暖、能源转型和转向可再生能源的过程中利用矿产资源,在科学界再次引发了争议。事实上,越来越多的重要证据,似乎证实了矿产资源消费与可再生能源开发之间存在着越来越密切的关系。

第二节　需要担心能源去碳化引起

新一轮矿产资源需求激增吗?

据我们所知,伦德(Lund,2007)是提出这一假设的第一人,他对不同电力生产技术所需原材料的强度进行了分析。随后,陆续有不少一般性研究证实了这一假设(Kleijn et al. , 2011;Phihl et al. , 2012;Ashby, 2013;Elshkaki and Graedel,2013;Vidal et al. , 2013)。与此同时,有研究(Yang,2009;Kleijn and Van der Voet, 2010;Elshkaki and Graedel, 2013;Fizaine, 2013;Moss et al. , 2013)提出,绿色能源对稀有金属等特定类别矿产资源具有更强的敏感性。**一般来说,这些科学家强调,使用绿色能源以及更广义的脱碳能源,导致原材料和金**

属消耗增加(因此我们比较了未配备二氧化碳捕获和封存的化石燃料与配备二氧化碳捕获和封存的化石燃料)。这意味着,在电力生产不变的情况下,向更绿色电力结构的转变会消耗更多的金属及非金属矿产资源。

　　例如,法国地质调查局(Bureau des recherches géologiques et minières, BRGM)(Boubault,2018)的最新研究为电力系统的原材料足迹(material footprint)提供了有意义的线索。这项研究利用生命周期分析法得出了不同于以往研究的结论:使用化石燃料的电力生产系统每千瓦时所消耗的原材料更多。一方面是因为它们消耗了大量的化石燃料,另一方面是因为获取这些化石资源要产生一定量的采矿废料。图 0-1 显示了各类电力系统使用原材料的足迹,按二氧化碳当量排放量降序排列。如果聚焦于原材料足迹,能源转型似乎与资源保护政策相一致。煤电的原材料足迹超过 2 715 kg/(kW·h),远高于水电,其原材料足迹仅为 0.036 kg/(kW·h)。在建设过程中,可再生能源电力系统持续消耗化石燃料,但其比例远远小于化石燃料电力系统。对不同类型电力系统的金属足迹进行具体分析,显示出了更不清晰的一般性模式(图 0-2)。图中显示,地热发电是金属足迹最高的电力系统,其次是风电和聚光型太阳能发电。

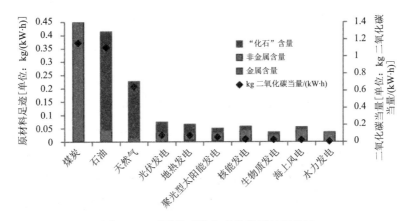

图 0-1　不同类型发电系统的原材料足迹

资料来源:Boubault,2018.

注:有关此图的彩色版本,请参见 www.iste.co.uk/fizaine/mineral1.zip。

　　反之,其他可再生能源(如光伏能源、生物质能等)和水力发电,却产生较高的金属足迹,其足迹不低于核能或化石燃料的金属足迹。如果按照这项研究的

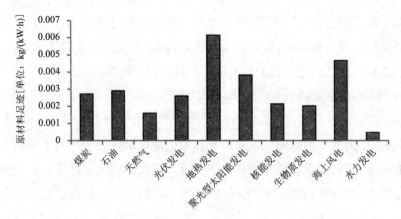

图 0-2　不同类型发电系统的每千瓦时金属足迹情况

资料来源:Boubault,2018.

结果,在脱碳的情况下,电力系统的金属足迹不一定会增加;这将取决于能源转型的确切内容,特别是不同种类可再生能源的各自占比。把不同金属进行更精细的分析,会产生更加迥然不同的排序。图 0-3 列出了使用不同类型技术的电力系统所消耗的金属份额。通过分析这些结果,可以得出三个主要结论:其一,光伏发电技术消耗的金属所占份额明显最高,主要是消耗钽、镓、铟、锶等稀有金属和铝、铜、锌、铅等大宗金属。其二,核电垄断消耗的金属种类更为有限,有铀、铂、锂、氧化钛、铬、镍六种,但核电发挥了至关重要作用。其三,风力发电的金属消费也不容忽视,非常集中于铁、铜、锰、镍、铬等主要金属。就目前情况而言,其他类型的电力生产消耗的金属数量较少。这项研究的结论是,在发电总量不变的情况下,如果要实现国际能源署(International Energy Agency,IEA)的《世界能源展望》(*World Energy Outlook*)所期望的转向一个"清洁"(clean)组合的目标,那么电力系统对金属的消耗必然增加,其中铁消耗增加 23%,铜的消耗增加 242%,银增加 633%,碲增加 10 倍。当然还需要正确地看待这个结果,特别是,这里我们还未考虑这些金属生产的重要意义和产量增加的潜力,因为目前电力系统所消费的金属量占总金属消费量的比例较小。

　　当然,这些研究也存在一些盲区。一方面,因为研究常常是独立地进行推理;换句话说,这些研究仅考虑了制造风力涡轮机所需的原材料,但未必考虑风力涡轮机所需永磁铁中钕的开采过程中所产生的采矿废物(这项最新研究除

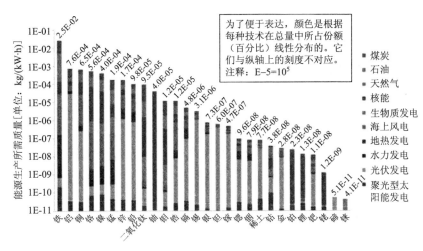

图 0-3　按发电系统划分的电力部门金属足迹份额

资料来源:Boubault,2018.

注:有关此图的彩色版本,请参见 www.iste.co.uk/fizaine/mineral1.zip。

外)。另一方面,环境因素往往被排除在电力生产系统之外。那么,将海上风力涡轮机和备用、智能电网或储能解决方案互联互通,以实现间歇性可再生能源完美取代化石能源,其原材料足迹如何? 同样,这些研究往往忽略发电系统内部技术的复杂性,只考虑了大类(陆上风电、海上风电、光伏等),而内部技术之间的原材料足迹差别很大,特别是某些特定金属的足迹。要补充的一点是,随着可预见的未来,电力在能源组合中份额的增加,能源产业所需的金属将不仅限于电力生产,还涉及其他能源生产或利用产业(LED、电池、电动汽车等),这些产业也会消耗金属。如果在最后的局部平衡论证中忽略其他行业,将会导致巨大的盲区。例如,忽略数字产业和能源产业对钴、锂(电化学电池)以及铟、镓(平面显示器、印制电路板和薄膜光伏)等金属利用的冲突。

　　当然,除这些研究外,媒体、公众和决策者可能会因稀土(许多用于海上风力涡轮机)危机这一偶发现象而警醒。镧系元素的价格飙升,迅速引发了工业界和社会公众的深切关注。如果发生地缘政治危机,世界将会陷入"采矿困境",可再生能源的繁荣因金属短缺而半途而废怎么办?

　　此外,很多有关刚果(金)手工钴矿山和中国稀土矿山工人的报告和图片提醒我们,如果工业化国家的环境可持续性不同时是全世界所有公民社会公正和经济安全支持的一部分,那么它就毫无意义。

xviii 　　尽管很多技术难点已经被发现了,资源紧张局势的很多关键点都必须利用对这些技术难点的见解来解决。然而,当下的认识还是在所有的前缘问题上打开了许多思路的。

第三节　结合多种推论的系统方法:跨学科提供见解

　　本书旨在探索、识别和解释矿产资源利用有关的潜在瓶颈。**矿产资源利用问题,不仅仅涉及矿产资源的数量。要解决这个瓶颈问题,必须进行开放的、前瞻性的和跨学科的思考。**因此,我们动员了一大批研究人员和思想家共同研究各种与矿产资源有关的问题,其中有经济学家、物理学家、工程师、地质学家、律师和地理学家。编写这部书,有助于将从事矿产资源研究的专家聚集到一起。以往他们是独立开展研究,基本上没有持续的实质性联系。当然,矿产资源领域已有许多倡议,例如法国环境与资源经济学家协会(法语名称:Association française des économistes de l'environnement et des ressources,英语名称:French Association of Environment and Resource Economists,FAERE),围绕"Cyclope"报告组建的研究团队,或对 mineral-info. fr 网站的贡献,但与其他更统一的领域(如能源领域)相比,矿产资源领域的这些倡议仍然过于分散或仅涉

xix 及单一学科。也正因为能源领域已经有了庞大的跨学科团队,我们才选择将本书的重点放在矿产资源方面,而未将能源矿产纳入分析范畴。

　　为了开始这种思考,我们决定采用一种基于三个坐标轴的结构化方法,即背景、问题和行动措施,将内容分为两卷。在第一卷中,即第一条坐标轴——背景,回顾了一些要素,以便更好地理解矿产资源的形势。

　　首先,尽管矿产资源是最先进技术的核心,但为了评估对矿产资源的需求,也应详细了解其流向。这是拉斐尔·达尼诺-佩罗(Raphaël Danino-Perraud)、迈特·莱格勒尔(Maïté Legleuher)和多米尼克·居约内(Dominique Guyonnet)(第一章)在钴市场研究方面的重点。例如,钴矿的开采和精炼分别高度集中在刚果(金)和中国。为了评估欧洲对钴需求,这一章采用了所谓的"物

质流分析"(material flow analysis, MFA)方法,该方法追踪钴的物质流向,并考虑从钴的各种形态,到用途,到回收利用的可能性,一直到"城市矿产"(urban mine)。基于欧洲数据,通过钴的物质流分析以及价值链分析发现,欧洲公司的战略选择可能是存在争议的,这些公司急于将自身定位于钴产业链的高附加值环节,最终却依赖于上游(开采和精炼)作业。

矿产品市场中有些矿产资源已经金融化,有些还没有,这就极大地影响了普遍存在的透明度和价格机制。鉴于此,伊夫·热古雷尔(Yves Jégourel)(第二章)描述了矿石和金属金融化的作用。更具体地说,他回顾了矿产品期货及其替代品的组织和机制。他还讨论了金融化对矿产品价格变化的影响,以及对利用金融化的行业转移的影响。

除了金融方面,矿产资源供应也是制度的一部分——首先是国家政策。因为并非所有的国家都会遵循同样的规则。虽然许多国家已经建立了能源资源管理的准则,但矿产资源的情况却并非如此。迪迪埃·朱丽安纳(Didier Julienne)(第三章)尝试解构这样一个虚构故事,即各国为了控制金属而真正地相互对立。在现实中,像中国这样拥有真正资源理论的国家,正在摆放他们的"棋子",以确保他们未来的供应,没有遇到其他工业化国家那样的真正阻力。她呼吁西方国家重建一个真正的资源战略,并且停止对经常被断章取义的经济信息做出过度反应。

为了评估各经济体矿产资源的可采量,我们使用了约定俗成的指标。这是米歇尔·贾布拉克(Michel Jébrak)(第四章)所做的研究。他特别指出,矿产资源禀赋是一个复杂的概念,可以用不同的参数(特定矿产的有上升和下降趋势的年产量和其储量及其比率)来衡量。尝试评估一种给定金属的总体地质潜力,"基础储量"(basic reserves)术语可以笼统地表达这种禀赋。假设某种矿产资源地理上分布不均,这种矿产资源的开采就会随着工业化进程,从一个国家转移到另一个国家,主要的铜和锡矿山就是如此。归根结底,矿产资源禀赋是一种历史建构,取决于地质数据、矿产开采和加工技术以及作为一种资本密集型产业的矿业经济。

本书的第二部分报告了矿产资源所面临的**挑战**。它们涉及可能影响矿产资源供应的多种因素。

奥利维耶·维达尔(Olivier Vidal)(第五章)集中讨论了技术进步与金属矿床地质耗竭之间的矛盾,描述如何将乐观和悲观这两种对立的正式方法,整合成稀释—能源(dilution-energy)和能源—价格(energy-price)的关系。奥利维耶·维达尔使用规范的理论工具,以及对过去数据的经验校准,对大多数金属的观察价格将一直下跌这一观点提出了质疑。如果技术进步的速度保持不变且持续开采品位越来越低的矿床,那么这种价格下降趋势将会在 21 世纪末得到扭转。

虽然测量矿产资源的环境足迹(environmental footprint)是一项挑战,但是雅克·维尔纳夫(Jacques Villeneuve)和他在法国地质调查局的合著者(第六章)还是着手开展了研究。事实上,人类活动的环境足迹不仅仅用表面积来衡量,还应考虑产品生命周期中的所有环境影响。这一章旨在使用一个扩展的"投入产出表"(input-output table,IOT)来衡量环境足迹。投入产出表确定矿产资源的消耗及其环境影响,这些消耗取决于细分的最终使用。然后在多区域模型中将这些投入产出表相互关联,以评估包括进口在内的国家需求的最终影响。尽管受到难以获得对全球范围数据进行比较的数据库的局限,但结果可以看出,法国最终金属需求的环境足迹,主要来自国外。

xxi　　由于矿产资源的利用是经济问题的一部分,罗曼·德布雷夫(Romain Debref)(第七章)讨论了与通常采用的环境效率方法相关的技术,这些技术可以节约能源和资源。他通过研究支持"生态效率"(eco-efficiency)的各种运动,评述了生态效率的历史,并从概念的独创性和目的性等方面,阐述了生态效率的局限性。第二步,罗曼·德布雷夫详细介绍了一直阻碍生态效率的回弹效应(rebound effects)的多种形式。

人们往往容易忘记一点,我们消费的大部分原材料,来自专门开采这些资源的特定国家。然而,与没有资源的国家相比,有相当多资源丰富国家的经济健康状况较差。奥德蕾·阿克南(第八章)分析了造成这种"资源诅咒"(resource curse)的主要因素。资源诅咒远不是简单的资源丰富悖论,它的根源在于各种影响因素,如"荷兰病"(Dutch disease)、寻求收入增加的行为、组织失败、机构功能失调、腐败和内战。这一章还概述了国际组织支持的各种工具,在遏制这些现象方面的反复失败。他最后列举了几个成功避免资源诅咒的国家,以及现在受到青睐的例子。

矿产资源供应的增加,也面临着社会和法律问题。因此,维克图瓦·吉拉尔(Victoire Girard)和阿涅丝·扎松雷(Agnès Zabsonré)(第九章)证明,自然资源的开采对经济增长和发展进程具有重大贡献,低收入国家的很大一部分人口,依赖于通过手工开采(artisanal mining)来开发矿产资源。这种开采的影响,是一个有争议的问题,在某些情况下导致资源诅咒,在另一些情况下会带来经济利益。工业开采肯定会对当地经济产生一定程度的正面影响,这取决于当地机构的治理质量及其为相关产业创造经济效益的能力。然而,手工开采似乎对当地居民的消费、收入和福祉有更大的正面影响。但当地污染对福祉和健康的长期影响是不确定的,应通过进一步研究,更好地进行论证。

在第二卷中,埃马纽埃尔·阿什(Emmanuel Hache)和他的合著者(第一章)回顾了最近推广的矿产关键性评估方法,分析因能源转型所需原材料需求量的激增所带来的新风险。他们对已有的研究进行了评论,指出当前这方面研究缺乏统一的理论框架,并强调了目前的指标[赫芬达尔-赫希曼指数(Herfindahl-Hirschman Index,HHI)]和世界治理指数(World Governance Index)的缺点,特别是在地缘政治方面的不足。除了 OPEC 可能是个例外之外,过去原材料市场的卡特尔化尝试都失败了,但考虑到金属市场相对石油而言的高度集中特 xxii 征,这种担忧在今天又重新浮出水面。研究者们揭示了锂、钴、铜和稀土市场的真实情况。最后,他们探讨了不同类型的公共政策对管理矿产品供给风险的价值。

我们还将看到,更多的矿产资源使用量也意味着更多的开采量。然而,根据储量位置开发新的矿床并非没有法律问题。斯特凡妮·赖歇-德·维冈(Stéphanie Reiche-de Vigan)(第二章)评述了影响矿产资源的不同法律制度。她通过法国和美国的案例,讨论了领土内矿产资源的国内法律问题。矿产资源的开发问题,在国际法中的表述不同,这取决于资源是在领土内(大陆架海床)还是在领土外(国际水域海床和南极)。她解释说,目前的法律制度不够充分,通常比较简略,不可能保证可持续发展的所有方面都得到尊重。

接下来,米歇尔·德赛(Michel Deshaies)(第三章)追溯了矿产资源的存在如何影响定居机制的历史演变。他特别指出,定居机制呈现出历史、区域和物质上的差异(金属和煤炭矿床之间的差异)。他还指出,开展采矿活动的地区必须克服的多项障碍,例如与当地居民经常发生冲突,以及采矿后恢复改造方面的巨大挑战。

就第三个问题,我们建议,探索通常被视为应对上述挑战的答案或答案要素的主要行动措施:国内采矿、替代、脱钩(或原材料效率)、回收以及与低技术概念相关的清醒认识。

约翰·扬斯(Johan Yans)(第四章)讨论了在欧洲本土加强国内采矿的意义。尽管在欧洲仍有采矿供应,但与需求相比,欧洲国家的产量仍然微不足道。这不可避免地导致欧洲工业严重依赖矿产资源的进口。诚然,正如他所提醒的那样,在国内开采现有已发现和已明确表征的资源,具有一系列内在价值:与路程短有关的环境收益、促进当地就业,和替代有时是在灾难性条件下开采的进口矿产。但是,主要的障碍仍然存在,比如缺乏专业技能(20世纪90年代以来已基本上放弃了对采矿业的培训),最重要的是公众对采矿业的负面看法(NIMBY——"不要在我的后院采矿"综合征)引起的地方反对行动。这并非不可避免,他研究了可能减少这些分歧的行动措施。

xxiii

通过对另一个不可避免的行动措施的分析,弗洛里安·菲赞(Floriant Fizaine)(第五章)提出了探讨原材料内部替代的标准理论。他特别提到了需求曲线、需求的价格弹性和交叉价格弹性的概念,并强调了它们在应用于矿产资源方面的缺点和局限性。尤其是,他通过根据物质亚结构的不同尺度所引起的情景异质性,来阐明了这一不足。最后,他解释了限制物质替代的多重技术、经济、社会文化和法律制约因素,并得出了结论。

蒂埃里·勒菲弗(Thierry Lefèvre)(第六章)评述了分析国内生产总值和各种原材料消费指标之间脱钩(去物质化)的实证研究。他指出,正如促进可持续发展和能源转型的国际组织所期望的那样,脱钩在最理想情况下也只是相对的,而不是绝对的。这些脱钩指标还忽略了几个重要问题,如不平等和人口的生活质量。为了实现真正的可持续发展,今后必须考虑到这些其他方面的问题。

再往产业链后端,阿兰·格尔德隆(Alain Geldron)(第七章)描述了回收活动是如何在不同国家逐步实施的。虽然传统矿业和城市矿业有一些相似之处,但在逻辑和经济模式上是不同的。他研究了收集、运输等连续阶段影响回收效率的主要因素,还讨论了影响回收的最重要限制因素,以及这些限制因素是与回收阶段有关还是与回收金属的类型有关。

在最后一章,菲利普·比胡克斯(Philippe Bihouix)(第八章)认为,通过回收和去物质化来实现一个完整的循环经济是不可能的。应该提倡节俭和一种特殊的生态设计,亦即低技术概念。他还坚持选择正确的尺度来实施这些措施,坚持人类在系统可修复性方面的主要作用,并坚持追求一个新的"乌托邦",以期实现这个必要的生态转型,并给人们带来积极的成果。

　　最后,我们讨论了本书各章节所得出的主要教训,以及尚待解决的其他问题。虽然各章节已经表明,增长的极限不再在于矿产资源和化石燃料的耗竭,而在于开采矿产资源和化石燃料对环境的影响,但所有提议的解决方案都有其局限性,无论是技术进步、循环利用还是循环经济。剩下的就是我们的行为 ^{xxiv} 要更加节俭,但条件是这种节俭不仅仅由最弱势的群体来承受。无论如何,希望这本书所提供的见解,可以唤起更多人的关注,在实现可持续性的漫长道路上继续前进。

参 考 文 献

Ashby, M.F. (2013). *Materials and the Environment: Eco-Informed Material Choice*, 7th edition. Butterworth-Heinemann and Elsevier, Oxford.

Barbier, E.B. (2011). *Scarcity and Frontiers: How Economies Have Developed through Natural Resource Exploitation*. Cambridge University Press, Cambridge.

Boubault, A. (2018). La production mondiale d'électricité : une empreinte-matière en transition [Online]. Available at: http://www.mineralinfo.fr/ecomine/production-mondiale-delectricite-empreinte-matiere-en-transition.

Delannoy, I. (2017). *L'économie symbiotique : régénérer la planète, l'économie et la société*. Actes Sud, Paris.

Elshkaki, A. and Graedel, T.E. (2013). Dynamic analysis of the global metals flows and stocks in electricity generation technologies. *Journal of Cleaner Production*, 59, 260–273.

Fizaine, F. (2013). Byproduct production of minor metals: Threat or opportunity for the development of clean technologies? The PV sector as an illustration. *Resources Policy*, 38(3), 373–383.

Hong, S., Candelone, J.-P., Patterson, C.C., Boutron, C.F. (1996). History of ancient copper smelting pollution during Roman and Medieval times recorded in Greenland ice. *Science*, 272(5259), 246–249.

Kleijn, R. and Van der Voet, E. (2010). Resource constraints in a hydrogen economy based on renewable energy sources: An exploration. *Renewable and Sustainable Energy Reviews*, 14(9), 2784–2795.

Kleijn, R., Van der Voet, E., Kramer, G.J., Van Oers, L., Van der Giesen, C. (2011). Metal requirements of low-carbon power generation. *Energy*, 36(9), 5640–5648.

Lund, P.D. (2007). Upfront resource requirements for large-scale exploitation schemes of new renewable technologies. *Renewable Energy*, 32, 442–458.

Moss, R.L., Tzimas, E., Kara, H., Willis, P., Kooroshy, J. (2013). The potential risks from metals bottlenecks to the deployment of Strategic Energy Technologies. *Energy Policy*, 35, 556–564.

Mudd, G. (2010). The environmental sustainability of mining in Australia: Key mega-trends and looming constraints. *Resources Policy*, 35(2), 98–115.

Northey, S., Haque, N., Mudd, G. (2013). Using sustainability reporting to assess the environmental footprint of copper mining. *Journal of Cleaner Production*, 40, 118–128.

Pauli, G. (2011). *L'Économie bleue : 10 ans, 100 innovations, 100 millions d'emplois*. Caillade Publishing, Lyon.

Pihl, E., Kushnir, D., Sandén, B., Johnsson, F. (2012). Material constraints for concentrating solar thermal power. *Energy*, 44, 944–954.

Smil, V. (2013). *Making the Modern World: Materials and Dematerialization*. Wiley, Hoboken.

Steffen, W., Richardson, K., Rockström, J., Cornell, S.E., Fetzer, I., Bennett, E.M., Biggs, R., Carpenter, S.R., de Vries, W., de Wit, C.A., Folke, C., Gerten, D., Heinke, J., Mace, G.M., Persson, L.M., Ramanathan, V., Reyers, B., Sörlin, S. (2015). Planetary boundaries: Guiding human development on a changing planet. *Science*, 347.

Vidal, O., Goffé, B., Arndt, N. (2013). Metals for a low-carbon society. *Nature Geoscience*, 6, 894–896.

Virolleaud, C. (1953). Les nouveaux textes alphabétiques de Ras-Shamra (16ème campagne, 1952). *Annales. Économies, sociétés, civilisations*, 30(3–4), 187–195.

Yang, C.-J. (2009). An impending platinum crisis and its implications for the future of the automobile. *Energy Policy*, 37, 1805–1808.

第一部分

背　景

第一章　运用物质流分析法评估欧洲矿产资源需求:以钴为例

拉斐尔·达尼诺-佩罗[1]、迈特·莱格勒尔[2]和多米尼克·居约内[2]

[1]法国,奥尔良大学,奥尔良经济实验室(LEO)

[2]法国,奥尔良,法国地质调查局

第一节　引言

近几十年来,技术的不断创新,特别是在可再生能源(renewable energies, REs)和信息与通信技术(information and communication technologies,ICTs)方面的创新,导致元素周期表(periodic table of elements)中一些具有非常特殊功能的元素的消费不断增加。这也引发了人们对其生产商满足需求能力的担忧(Nassar et al. ,2015)。储能系统,特别是锂离子电池,尤其受到信息与通信技术和可再生能源创新的关注。2017 年,智能手机销量为 40 亿部(2020 年为 55 亿部),每年增长 11%(Berthoud et al. ,2018)。智能手机是数字化转型的象征,其技术含量高,使用的金属组合越来越多,也越来越复杂。大多数工业化国家实施的能源转型政策,也在鼓励使用储能系统,包括用于交通工具(电动或混合动力汽车)或用于充电桩,以便将可再生能源和间歇式低碳能源发电储存起来。这些技术使用包括锂、镍和钴在内的多种原材料。

21 世纪前十年,由于消费量增长和时常发生的供应区限制,原材料(特别是矿物原材料)紧张局势不断升温,使原材料供应问题雪上加霜。因此,日本(JOGMEC,2019)、欧洲(European Commission,2008)和美国(NRC,2008)都开展了矿产关键性的研究，以确定哪些矿物原料对经济发展最为重要，但却易受地缘政治或生产能力有限的影响，出现供应紧张局势。在所有这些金属中，钴一直都是世界各国最为关切的金属。实际上，钴的问题可以概括与关键金属相关的所有问题。钴对于关键的工业部门(比如航空工业的超合金或电池)来说不可或缺，而且几乎无法用其他金属以同样的效率来替代。自21世纪初以来，钴消费量增长了三倍，导致生产受到严重制约。钴生产的地理区域有限，72%的钴矿产量来自刚果(金)(Democratic Republic of Congo, DRC)，其中10%~15%是手工采矿，而且65%的钴矿在中国精炼(Darton Commodities, 2019)。刚果(金)社会不稳定和普遍存在的腐败现象，使人们对该国可持续生产钴矿能力产生怀疑，这也助长了价格的波动。

欧盟(European Union, EU)在关键金属供应方面尤其脆弱，因为欧盟内部生产仅能满足其消费量的2%。而2017年欧盟确定的27种关键元素之中的16种元素，有50%以上是由中国生产的(European Commission, 2019)。欧盟因此于2008年启动关键原材料倡议(Critical Raw Materials Initiative)(European Commission, 2019)，基于三个支柱：

——欧盟范围内矿物原材料的可持续生产；

——对欧盟供应路径的控制；

——资源效率[①]和回收战略(European Commission, 2019)。

第一个支柱是严格意义上的欧盟内部支柱，第二个和第三个支柱则需要更好地了解各利益相关者以及全球层面的钴流量和存量。

储能系统是能源转型的关键，储能系统中钴的消费量不断增加，因此在欧盟层面选择开展钴物质流分析具有一定意义。正如努斯和本吉尼(Nuss and Bengini, 2018)所指出的那样，通过全球价值链分析可以更好地了解金属的供应来源，从而了解和预测脆弱性；通过更好地了解循环中的存量，则有助于在其生命周期结束后更好地进行管理。因此，城市矿产的开发，可以在一定程度上抵消初级钴生产的不足。

---

① "资源效率意味着以可持续的方式利用地球的有限资源，同时最大限度地减少对环境的影响。它使我们用更少的投入创造更多的资源，并创造更多的价值。"(European Commission, 2019)

布鲁纳和雷希贝格尔(Brunner and Rechberger,2004)提出,物质流分析由对某一特定产品在某一时空限定的系统内的流量和存量进行的系统性评估组成。它提供了有关存量的一套完整的信息,因此可以更好地了解欧洲的钴需求和利用。与镍、铜和铝等其他被认为更重要的金属相比,钴这种金属被较少研究(Gerst and Graedel,2008)。事实上,自 20 世纪 80 年代末以来,我们只能列出七篇涉及钴的物质流分析的报告。2013 年,阿萨里等(Asari et al.,2013)对 2002~2010 年日本的锂离子电池进行了物质流分析,揭示了钴的低回收状况及其低回收率。2012 年,哈珀等(Harper et al.,2012)通过分析存量积累的动态方法,聚焦全球钴流量,然后更具体地研究中国、日本和美国这三个主要消费国的钴流量特点。谢德和美国地质调查局(USGS)分析了 1992 年美国的钴流量,特别侧重于各类生产和使用过程中的损失率和循环回收率(Shedd,1993)。南塞等(Nansaï et al.,2012)研究了全球不同流量的钴来源和目的地以及钴含量。陈等(Chen et al.,2019)对 1994~2016 年中国钴流量演变进行了量化研究,分析其可能揭示的脆弱性。德勤生物咨询公司(BIO by Deloitte,2015)开展了动态物质流分析,但仅列出了 2012 年欧盟层面的流入和流出数据。

上述各项研究使我们能够了解到,并没有对欧盟开展详细的(多年份)动态钴物质流分析,欧盟是 2016 年全球第三大钴消费者(介于 $1.5 \times 10^4 \sim 2 \times 10^4$ t),远低于中国,可与美国竞争(Roskill,2016)。我们认为,像陈等人(Chen et al.,2019)对中国开展的研究工作那样,分析 2008~2017 年之间欧洲的情况,可以更好地了解欧洲钴消费和钴供应的脆弱性,并提供必要信息。这项工作能更有效地测算钴消费量,是提高钴供应安全的先决条件。本章第一部分分析钴市场概况;第二部分重点论证和介绍价值链/物质流综合分析方法;第三部分介绍得出的结果,并讨论其局限性。

第二节　钴市场：结构与运行

钴的称谓来自德国传说中爱恶作剧的小矮人科博尔德(Kobold),因为当时的人们指责钴时常破坏了铜矿石的正常冶炼。钴矿与铜矿被同时开采出来,没有一种工艺可以分离出钴,**更不用说**(a fortiori)防止它污染铜矿石。从 1730 年开始,冶金和工业化学的发展使分离钴成为可能,然后在开采后进行处理,从而延长了钴的生命周期(Bihouix and Guillebon,2010)。努斯和本吉尼(Nuss and Blengini,2018)提出,一种金属的生命周期有四个主要阶段:开采、转化和精炼、生产和利用,以及废弃物产生和利用管理(收集和回收)。每一个阶段,都对应价值链的一个或两个环节。

一、钴是一种多样化且高度集中的资源

钴是门捷列夫周期表(Mendeleev's table)中的第 27 种元素。它在地壳中相当稀少,丰度为 25 ~ 29 ppm[①],具有中等硬度,熔点为 1 495℃,沸点为 2 927℃。钴也是一种生物所必需的微量元素,包含在维生素 B12 的组成之中。

钴主要是作为铜和镍的副产品(co-product)开采[②]。存在四种类型的钴矿床:

——层状铜矿床[刚果(金)和赞比亚铜矿带];

——含钴及附属铂类元素的岩浆型铜镍硫化物矿床(俄罗斯诺里尔斯克、加拿大萨德伯里等);

——红土型镍矿床(新喀里多尼亚、古巴等);

——以钴为主金属的热液矿床(摩洛哥),这是唯一的一种以钴作为主要金属开采的矿床。

2018 年 USGS 估计全球钴储量约 700×10^4 t,分布在刚果(金)(340×10^4 t)、澳大利亚(120×10^4 t)、古巴(50×10^4 t)、加拿大、菲律宾、俄罗斯和赞比亚($25 \times 10^4 \sim 30 \times 10^4$ t),其余分布在中国、印度尼西亚、马达加斯加、法属新喀里多尼亚和芬兰等国家和地区。钴的资源量估计为 $2 500 \times 10^4$ t,主要分布在刚果(金)、赞比亚、澳大利亚、古巴、加拿大、俄罗斯和美国。根据 USGS 的数据,海

----

① 译者注:ppm(parts per million),为重量丰度单位,指一种化学元素在某个自然体中的重量占这个自然体总重量的相对份额。通常 ppm=g/t(克/吨)。

② 根据杰布拉克和马尔库克斯(Jebrak and Marcoux,2008)的说法,副产品(co-product)指:"在工业开采过程中与另一种金属一起回采的金属。"

底多金属结核和某些结壳中的钴含量有 1.2×10^8 t。然而，由于缺乏对这类矿床
的了解，加之环境和技术方面的困难，它们在目前条件下无法开采（Shedd，
2017）[①]。

二、生产和参与者

2018 年，全球钴矿山产量（图 1-1）主要来自刚果（金）（占总产量的 72%），
而欧盟的份额很小，仅芬兰占全球总产量的 1%（Alves Dias et al.，2018）。近年
来，由于镍矿的开采，马达加斯加、菲律宾和印度尼西亚等成为新的钴矿开采参
与者，而新喀里多尼亚和巴布亚新几内亚也呈现良好势头（Darton
Commodities，2019；WMD，2019）。2018 年，全球钴产量达到 14×10^4 t，嘉能可
（Glencore）通过四座矿山［分别为刚果（金）的加丹加矿山（Katanga）和穆坦达矿山
（Mutanda）、澳大利亚的穆林-穆林矿山（Murin-Murin）和加拿大的萨德伯里矿山
（Sudbury）］生产了约 3×10^4 t 钴，七家中国公司［包括洛阳钼业（China Molybde-
num）、华友钴业（Huayou Cobalt）、金川集团（Jinchuan）等］生产了约 4.6×10^4 t
钴，矿山生产主要发生在刚果（金），主要通过产权收购或项目股权投资。淡水河
谷（Vale，巴西）、因帕拉（Implats，南非）、诺里尔斯克镍业（Nornickel，俄罗斯）、
欧亚资源集团（ERG，哈萨克斯坦）、曼尼吉公司（Managem，摩洛哥）和住友
（Sumitomo，日本）等公司分享了剩余市场（Darton Commodities，2019）。

2018 年，全球精炼钴产量约 12.6×10^4 t（图 1-1）。其中，中国华友钴业、金
川集团（Jinchuan Group）、格林美（GEM）和赣州逸豪（Ganzhou Yi Hao）等公司
精炼的钴产量，占总产量的比重为 65%。欧洲是精炼钴领域的第二大生产者，
其精炼的钴产量约占总产量的 15%，分布在芬兰科科拉（Kokkola）［属于以前的
自由港麦克莫兰公司（Freeport MacRoan），现为优美科公司（Umicore），占总产
量的 12%］、比利时（属于优美科，占总产量的 1%）和挪威的尼克尔维克（Ni-
kkelverk）精炼厂（属于嘉能可，占总产量的 3%）。另外，法国公司埃赫曼

---

① 资源量（resources）和储量（reserves）分别指"在技术和经济允许条件下可开发的所有已知矿床"
和"在技术上，尤其是在经济上可以开发的资源量中的一部分"（Geldron，2017）。

(Eramet)的桑杜维尔(Sandouville)工厂从镍锍①的加工中也生产几吨钴。

(a)

(b)

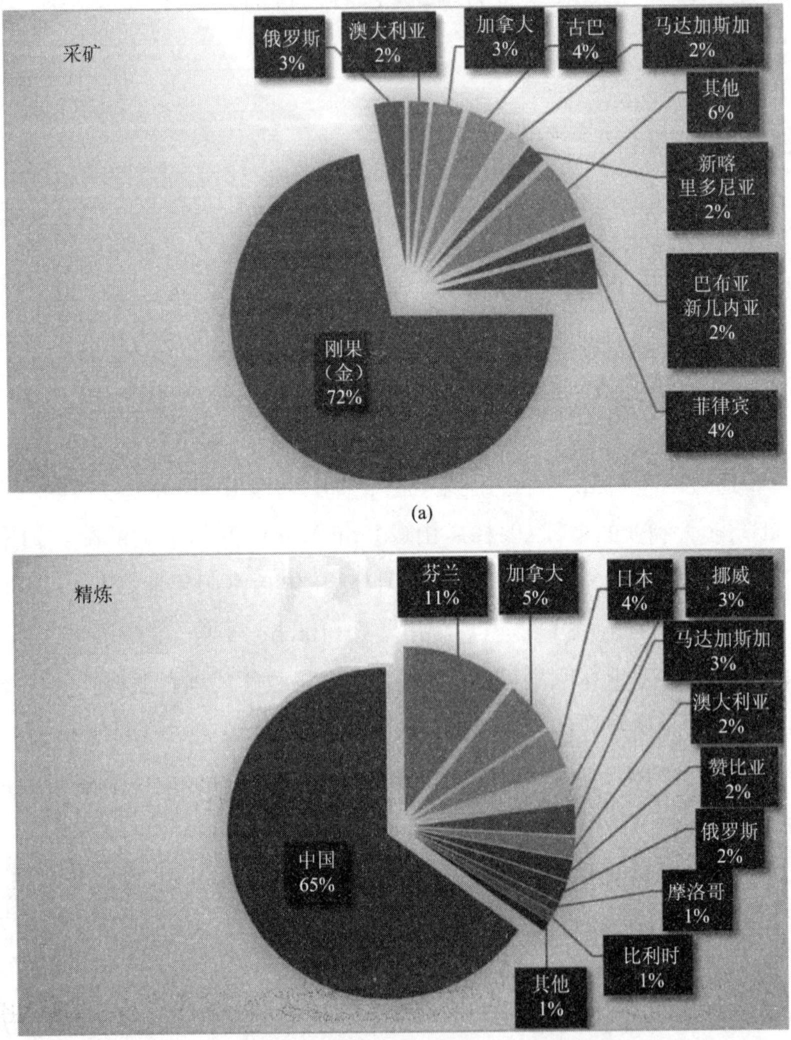

图 1-1 2018 年全球钴矿山产量和精炼产量占比分布

资料来源:Darton Commodities.

---

① 埃赫曼的钴产量数据尚不清楚。达顿商品和罗斯基尔的数据指出,埃赫曼公司 2017 年和 2018 年有几百吨的产量,但是公司的参考文件没有提到这一点。Elementarium 给出的数字是 2018 年生产的氯化钴中含有 48 吨钴。2017 年本来没有生产,因为要对生产线进行重组,以加工芬兰的材料。

2009~2018 年的十年间,世界钴的产量是原来的两倍多,从 5.96×10^4 t 增加到了 12.6×10^4 t(Shedd,2010;2019)。钴的消费也发生显著变化。2009 年,34%的钴用于电池,十年后电池用钴占比高达 54%。2018 年,超合金(飞机发动机和发电厂的涡轮机)和硬质合金(碳化钨、切削工具等)仍然是钴的第二和第三大用途,尽管其份额有所下降(图 1 - 2)。

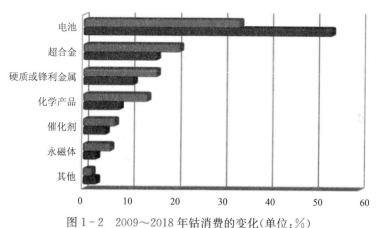

图 1 - 2　2009~2018 年钴消费的变化(单位:%)

资料来源:Roskill,2016;Darton Commodities,2019.

2013 年,联合国环境规划署(United Nations Environment Programme,UNEP)估计,末端的钴(end-of-life,EOL)回收率达到 68%(Reuter et al.,2013)。然而这个数字值得商榷,因为正如下文所述,电池很少被收集和回收,超合金(superalloys)也没有被系统地进行功能回收[①],而消耗性使用(化学品)更是无法被回收。罗斯基尔(Roskill,2017)和达顿商品交易公司(Darton Commodities,2018)表示,每年回收的钴介于 1×10^4 ~ 1.5×10^4 t,也就是占世界消费量的10%~15%。这与回收钴的消费量占总消费量的比例(回收投入率,recycling input rate,RIR)的计算相对应。2015 年,德勤计算欧盟的 RIR 值为 35.5%。然而,这包括价值链各环节(矿山尾矿、生产废料等)的回收份额,而不仅仅是报废品的回收。哈珀等(Harper et al.,2012)计算的钴末端回收率(recycled con-

---

①　"功能回收是末端产品回收的一部分,其中金属分离和分类,以获得可用于金属或合金制造过程的回收材料。"(Centre national de la recherche scientifique,2016)

tent,RC)为 22%,考虑到 10% 的回收耗损,所有含钴报废产品损失了 68% 的
钴。因此,有多种不同方法可以计算和理解回收率,有时这些回收率数字是在未
对其含义进行必要理解的情况下被引用的。

三、正经历深刻变化的钴市场

过去 20 年钴市场发生了深刻变化,钴的生产和消费格局都发生了改变。
2000 年和 2009 年,刚果(金)的钴产量全球占比仅为 20% 和 40%,但目前已高
达 72%。2009 年中国精炼了全球 1/3 的钴(2×10^4 t),目前产能(7.25×10^4 t)几
乎是原来的四倍。中国在钴价值链上的崛起,得益于中国公司的几次资产收购,
包括洛阳钼业在 2016 年收购世界第二大钴矿山特恩克凡古鲁米(Tenke Fun-
gurume,TFM)。全球精炼钴产量增加了五倍,而电池消费了其中一半以上。
随着电池化学品(硫酸盐)的生产取代金属钴,市场的这种变化正导致精炼钴的
生产发生深刻变革。2019 年,电池化学品消费占精炼钴产量的 70%(关于不同
类型精炼产品的详细信息,图 1-3)。

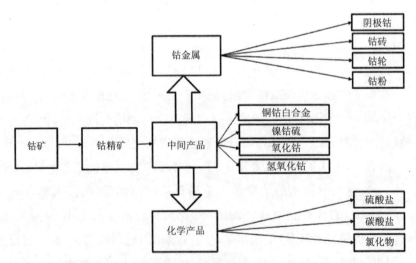

图 1-3　按产品类型分列的精炼钴和半精炼钴的生产情况

资料来源:Aurélie Gaudieux,BRGM.

自 2010 年以来,作为它对世界经济具有重要价值的标志,钴在伦敦金属交 11
易所(LME)上市,以提高其市场的透明度,并允许商业参与者对冲价格波动。
2017 年初,钴价稳定在 3.3 万美元/t 左右;2018 年 3 月,钴价达到最高水平(9.5
万美元/t);2018 年底,降至 5.5 万美元/t;2019 年 4 月,再降至 2.4 万美元/t。
考虑到钴过去的使用范围,期货钴报价使用了航空级阴极钴作为标的资产(纯度
为 99.8%)。由于硫酸钴在电池中的使用越来越多,使报价机制变得不那么重
要,因为交易对象是用于进一步加工的化学品和中间产品(例如钴铳、氧化钴、氢
氧化钴等)。所以,钴价格和数量的不透明性依然存在。

第三节　价值链分析与物质流分析相结合的方法

对钴市场的研究,需要两种互补的方法相结合——价值链(value chain)分
析和物质流分析。据我们所知,很少有作者明确提到把这两种方法结合起来使
用。价值链分析集成了各类生产的数量和所制造的产品,而物质流分析则基于
一个元素的不同生产阶段。这两种方法有一个共同的基础——一种组成成分或
产品的生命周期(lifecycle),在生命周期基础上,它们巧妙地定义了环节和关联、
流量和存量(Dahlström and Ekins,2006;Nuss and Bengini,2018)。价值链分析
侧重于分析一个对象,本章对象是钴市场、钴的供应和需求结构及其利益相关者
的策略。价值链分析的目的,是研究一个产品从原材料到最终产品的整个转化
和分配过程中的价值创造。物质流分析侧重于分析的对象,强调物质流量的来
源和目的地、不同类型的存量构成、其数量和未来的变化趋势。价值链分析与物
质流分析相结合的方法是通过量化来完成对价值链的分析,同时巧妙地从物质
流分析中了解某些产品的存量和流量的演变(Gereffi et al. ,2005;Dahlströ and
Ekins,2006;Machacek et al. ,2017)。许多研究者对生产商和原材料之间的相
互影响感兴趣。索拉特和布林格祖(Saurat and Bringezu,2008;2009)分析了铂
族元素生产商在能源和污染方面的制约因素,而马德(Mudd,2010)则明确了通
过矿石的地质特征来确定镍加工的工业流程。施密特等(Schmidt et al. ,2016)
从他们自己的角度研究了镍和钴的开采和加工场地,以分析其对锂电池生产的

影响。

一、价值链分析法

1. 价值链与竞争力

12   价值链的概念来自沃勒斯坦和霍普金斯(Wallerstein and Hopkins,1977)在"世界体系"(world systems)内对初级商品链以及供应链的研究(Dubois et al.,2004)。迈克尔·波特(Michael Porter)在全球化和发达国家与发展中国家竞争加剧的背景下创立了价值链概念。在他看来,价值链是一种战略工具,可用来理解和提高一家公司三要素的竞争优势:成本、组织、技术。信息的获取、分析和应用,是这一工具获得竞争优势的核心要素(Porter,1985)。

价值链嵌套在波特所谓的多环节价值体系(multi-link value system)中。实际上,一个给定环节内的不同活动以及支持功能是纵向关联的,而一个价值链内的不同活动是横向关联的(Kaplinsiky and Morris,2001)。因此,原材料开采环节是电池价值系统的一部分,但它本身也是一条价值链。一家公司也可以在一个价值链的单一环节(横向经营)或几个环节(纵向经营)上经营(Kogut,1985)(图1-4)。

13   虽然企业竞争力是迈克尔·波特理论的核心主题,但他并没有忽视这样一个事实:国家是国际体系中的主要参与者,彼此之间存在经济竞争。在企业创造经济和战略价值的同时,国家必须为企业提供良好的发展条件,使其具有竞争优势(Porter,1990)。在分析稀土价值链时,马哈切克和弗德(Machacek and Fold,2014)证实了国家在稀土开发中的核心作用。

2. 作为经济发展工具的价值链

在过去几年里,全球价值链出现了分化(Gereffi et al.,2005)。事实上,公司通过外包经济利润较低的支持性职能或环节,来集中发展核心竞争力。戴维·汉弗莱(David Humphrey,1995;2010;2013)从他的角度注意到采矿业的这种碎片化,这是去殖民化带来的国有化的结果,然后是20世纪70年代末原材料危机引发的结构调整政策的后果。虽然一般规则是,精炼厂和矿山位于同一地理区域,

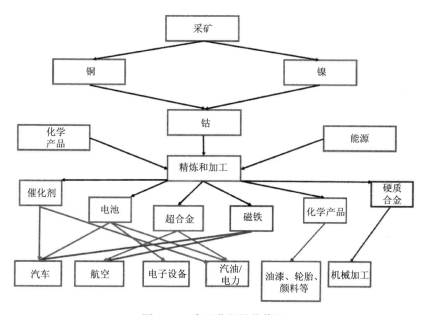

图 1-4　多环节的钴价值链

注：有关此图的彩色版本，请参见 www.iste.co.uk/fizaine/mineral1.zip。

属于同一所有者，但资产私有化主要关心利润最丰厚的环节，即精炼和加工（特别是在非洲），而许多被认为利润较低、风险较大的矿山仍然是国有的。有关国家的政治经济状况一直是造成这一问题的决定性因素，这些国家的不稳定性使潜在投资者望而却步，其中大多数是西方投资者。然而，新的亚洲和中东参与者的到来，促进了金属行业新的转型（Machacek et al.，2017）。

在经济发展政策框架中，格瑞菲和科泽涅维奇（Gereffi and Korzeniewicz，1994）认为价值链分析可以作为经济发展的一种工具。他们对价值链的增值活动进行分析后认为，尽管生产在地理上是分散的，但关注各参与者及其利用价值链的能力是十分必要的。这就自然而然地提出了产业链治理的问题，这种治理可以在几个层面进行（行政、法律或立法），并将不同层面的参与者（公司、政府、非政府组织等）聚集在一起（Humphrey and Schmitz，2001）。

虽然上述两种分析在对参与者策略分析，并将之作为价值链分析的组成部分方面是有重叠的，但格瑞菲和科泽涅维奇（Gereffi and Korzeniewicz，1994）加入了增加值的概念,将之与不同生产水平的技术掌握情况关联起来。

14　　　　后者如图 1-5 和表 1-1(见第一章附录)所示,说明了最先进的产品,包括
阴极钴、粉末、商品级氧化物和合金零件(钴氧化物和氢氧化物,或钴锍流产品和
其他钴冶金产品)也是最昂贵的,因此也是最能创造价值的。钴的提纯程度不再
是决定增加值的唯一因素。由于掌握了特定和复杂的工艺流程,决定钴的附加
值的因素还包括该行业将其转化为半成品和成品的能力。

　　　　反之,不太先进的中间产品或初级产品(镍基产品、废料和生产碎料、钴锍流
的某些产品和其他钴冶金产品,以及矿石和精矿)也是最便宜的。

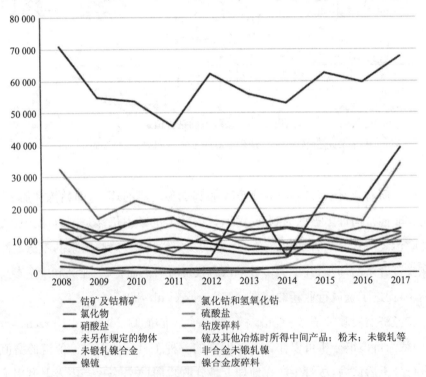

钴矿及钴精矿　　　　　　　氯化钴和氢氧化钴
氯化物　　　　　　　　　　硫酸盐
硝酸盐　　　　　　　　　　钴废碎料
未另作规定的物体　　　　　锍及其他冶炼时所得中间产品;粉末;未锻轧等
未锻轧镍合金　　　　　　　非合金未锻轧镍
镍锍　　　　　　　　　　　镍合金废碎料

图 1-5　2008~2017 年含钴中间产品和精炼产品的进口价格变化(单位:美元)

资料来源:欧盟统计局。

注:有关此图的彩色版本,请参见 www.iste.co.uk/fizaine/mineral1.zip。

二、物质流分析法——为更好地了解钴需求

1. 物质流分析的起源和特点

物质流分析的起源，可追溯到 17 世纪帕多瓦（Paduan）一位名叫桑托罗·桑托罗（Santoro Santoro）的医生的工作，他的工作目的是测量人体的新陈代谢（Brunner and Rechberger，2004）。由此可见，物质流分析最初是实验科学的一种工具，正如在物质流与生物学的不断类比中所强调的，物质流分析希望测量特定空间和某一人类活动周期的新陈代谢（Allenby and Cooper，1994；Chen and Graedel，2012）。物质流分析的目标，类似于分析物质原材料在其生命周期的每个阶段，因人类活动产生的存量和流量，以便更好地了解其在地球上的状态（Nuss and Bengini，2018）。事实上，物质流分析具有多学科的使命，因为人类活动处于为其提供支撑的更大的生态系统中，依赖该生态系统产生的物质和能量的流动。必须根据其背后的政治、社会和经济因素以及通过它们对环境的影响来衡量（Lifset and Graedel，2002）。

物质流分析法在经济学中很有用处，因为这种方法可以将环境或资源相关的数据纳入经济模型（Fischer-Kowalski et al. ，2011），或者度量经济对环境的影响（Ayres and Kneese，1969）。物质流分析法也是一个具有地理特征的工具，因为有必要确定分析对象的界限或边界，例如领土界限以及自然与政治经济体系之间的界限或边界（Fischer-Kowalski et al. ，2011）。这就是为什么可以用物质流分析法来衡量一个城市（Wolflman，1965）、一个行业（Ayres and Simonis，1994）、一个经济体（Fischer-Kowalski et al. ，1998）或人类圈（Baccini and Brunner，1991）的新陈代谢。

有几个术语可以具体说明这种方法。我们将在本章中继续使用"物质流分析法"这一通用术语，但是应用于一种元素（化学品或金属）的元素流分析（substance flow analysis，SFA）或应用于一个系统中的原材料分析（analysis of a material in a system，AMS）也是经常用到的概念（Stanisavljevic and Brunner，2014）。此外，可能存在两种类型的物质流分析法：一种是动态的，考虑产品的使用期限，综合了流量和存量的时间变化（进口、出口、产品、回收等）（Guyonnet et al.，2014)；另一种是静态的(Müller et al.，2014)。因此，本章研究 2008～2017 年的钴物质流分析。有一些产品的生命周期为 8 年，这意味着需要使用 2000 年之前的商业数据。这种方法还必须解决某些制约因素，如质量平衡(从一个地方输入的物质必须在某个地方输出或储存)或模型描述，以及由于缺乏关于流量组成结构及其特征的知识而导致的模型中数据的许多不确定性。因此，与其他分析进行对比，以及与专家的讨论十分必要。

2. 物质流分析的步骤

物质流分析共分三步，每个步骤都很重要。我们以钴为例说明这些步骤。

第一步是选择需要研究的产品；第二步是界定研究范围；第三步是收集开展研究所需的数据。钴是一种鲜为人知而又受到紧张局势影响的金属，对能源转型至关重要，因此对钴进行物质流分析是一种合乎情理的选择。此外，尽管一些数据存在许多不确定性，但钴金属的消耗量足够大，可以提供足以量化的信息。USGS 的数据显示，2018 年全球开采了 14×10^4 t 钴，比镓、锗或铍的产量都大得多。分析存量和流量的现状与演变，以及城市矿产的潜力，也是一个需要逐步来建立的目标，可以确定欧盟在钴价值链中的脆弱性和机会。同时，选择欧盟作为地理范围似乎也是合乎逻辑，因为除了德勤研究了 2012 年的物质流分析之外，几乎没有学者开展过研究，**更不必说**像我们这样进行 2008～2017 年的动态、持续数年的钴物质流分析。本章只选择处理流入和流出欧盟的流动情况，而不讨论欧盟成员国内部的流量交换。因为这将使模型更加复杂，但并不会增加目标的价值。最后必须挖掘和选择用于物质流分析的数据。欧盟统计局(Eurostat)的贸易数据库提供了流量数据，同时使用了几个数据来源，以估算初级和精炼流量、产品和废料中所含的钴数量。

通过仔细研究这些数据表发现，尚缺少一些要素，特别是缺少整个流程中的损耗管理要素。例如，我们知道有些损耗是在电池制造中发生的，但不知道损耗的数量。关于钴含量，如镍和钴合金、镍和钴废料，以及飞机发动机或燃气电厂涡轮机中所含钴的比率，也不得不从一系列文件报告中计算得出。最后，我们选择按照哈珀等(Harper et al.，2012)对 2012 年钴和 2005 年钨(Harper and Graedel，2008)的固定比率来计算钴含量。钴矿石和精矿(Harper et al.，2012；Hannis et al.，2009；RMSA，2015；Darton Commodities，2018；Shedd，2019)或氧化物和氢氧化物(Roskill,2017;Darton Commodities,2018;Shedd,2019)有几种不同的比率值可供使用。

第四节 欧盟钴物质流分析的结果与讨论

本节讨论物质流分析的结果及其局限性(图1-6)。结果的分析,涉及流量、存量、欧盟供应商的演变,以及其按价值衡量的重要性。然后,通过几个例子,讨论所面临的困难以及克服这些困难的选项。

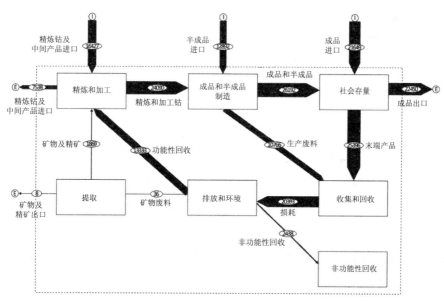

图1-6 STAN软件中的2017年欧盟钴物质流分析

资料来源:Brunner and Rechberger,2004。

一、流量和存量变化:物质流分析实证

2008～2017年,精炼产品和成品或半成品的进口呈现出不同的趋势。2008年矿石、中间产品、精炼产品、废料和生产碎料的实际进口量为 20 201 t,成品和

半成品进口量为 23 032～25 396 t。相比之下，2017 年矿石、中间产品、精炼产品、废料和生产碎料的实际进口量为 16 396 t。在此期间，欧洲进口矿石和精矿持续下降，但高附加值钴材料的进口量却提高了一倍。如果说钴冶金中间产品的数量在减少，那么其平均价值并未减少。由于不同类型产品(氧化物、氢氧化物、中间产品、精矿、阴极、粉末等)的组成不同，我们可以看到，2008～2017 年该物质流分析涉及的进口产品的平均价值有所增加，这不仅是因为价格普遍上涨，同时也因为进口产品具有更高的附加值(初级和中间产品在减少乃至消失，精炼和加工产品在增加)。虽然出口量从 4 699 t 增加到 7 656 t，但出口流量价值变化并不明显，因为增加的部分既涉及部件，也涉及商品级氢氧化物、镍锍或废料和生产碎料。后三种流量的价值不到前两种流量的一半(图 1-7)。

尽管含钴产品的消费在增加，但欧洲工业部门的钴消耗量从 2008 年的 29 210 t 下降到了 2017 年的 25 128 t。对欧洲制造业生产开展的一项研究表明，半成品(磁铁和电池)以及较低附加值的成品(电子产品)的产量大幅下降。具有高附加值的生产中，超合金产量保持稳定，电动车产量有所提高。电池和电池组件的生产情况很特殊。事实上，尽管亚洲生产了全球 90% 以上的电池(Pillot，2017)，但欧洲在组装电池方面拥有专业知识，特别是针对电动汽车(Lebedeva et al.，2017)(图 1-8)。

以成品和半成品形式进出的钴重量有所增加(进口 23 032～25 396 t，出口 16 140～20 740 t)。电池在出口和进口中的重要性仍然显而易见。虽然没有这方面的数据，但据我们所了解的电池行业结构，有理由认为，欧洲大部分进口的是电池和电池组件，然后再进行组装。电池出口主要是为特定行业打造的细分产品。同时，电动汽车仍然是一个重要的出口项目(图 1-9)(Lebedeva et al.，2017)。

德勤(Deloitte，2015)估算的 2012 年欧盟钴存量为 20 000 t；我们分析认为，2008 年和 2017 年欧盟钴存量分别为 47 717 t 和 54 195 t。2008 年，欧洲的钴存量大约 30% 由金属(硬质合金、超合金)组成，而在 2017 年钴金属仅占 24%。尽管电动汽车数量显著增加(2008 年为 1 200 t，2017 年为 9 500 t)，但电子或家用电器中的电池仍然占大多数(图 1-10)。

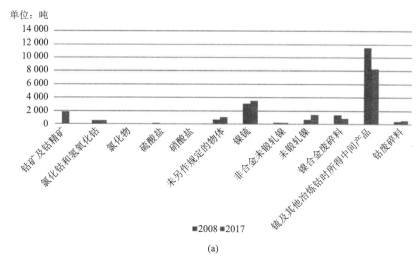

(a)

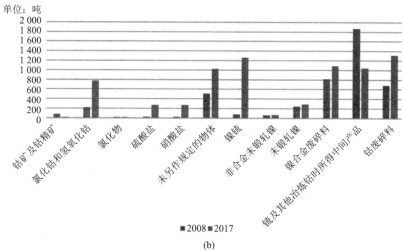

(b)

图 1-7　2008、2017 年欧盟以矿石、中间产品、精炼产品、

废料和生产碎料形式的钴进口(a)和出口(b)的结构

注:有关此图的彩色版本,请参见 www.iste.co.uk/fizaine/ mineral1.zip。

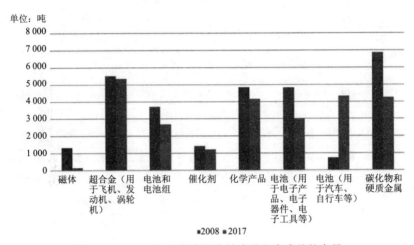

单位:吨

■2008 ■2017

图 1-8   2008、2017 年欧盟含钴成品和半成品的产量
注:有关此图的彩色版本,请参见 www.iste.co.uk/fizaine/mineral1.zip。

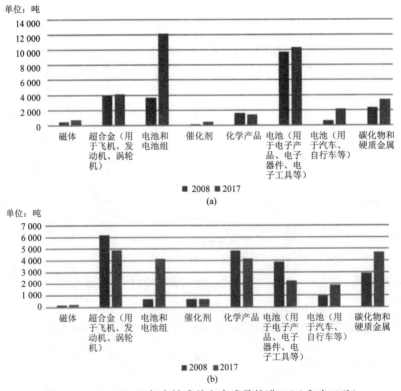

单位:吨

■ 2008 ■ 2017

(a)

单位:吨

■ 2008 ■ 2017

(b)

图 1-9   2008、2017 年含钴成品和半成品的进口(a)和出口(b)
注:有关此图的彩色版本,请参见 www.iste.co.uk/fizaine/mineral1.zip。

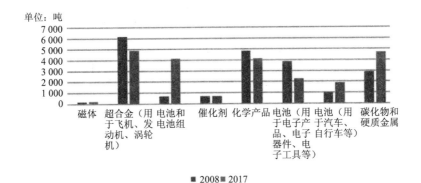

■ 2008 ■ 2017

图 1 - 10　2008、2017 年钴"社会存量"

注:有关此图的彩色版本,请参见 www.iste.co.uk/fizaine/mineral1.zip。

　　尽管 2008～2017 年钴和镍生产性废料与边角料(off-cuts)的出口有所增加 20
(图 1 - 7),但这对欧洲工业来说未必是个好消息,因为欧洲根本没有处理这些
废料的行业、合同能力或兴趣[①]。此外,我们估算 2017 年功能性回收为 3 532 t
钴,占总末端原材料的比例约为 20%。大约 8% 以降解方式回收(1 378 t),而其
余 72% 为损耗(12 293 t)。这些结果与哈珀等(Harper et al.,2012)和陈等
(Chen et al.,2019)的研究结果相似。我们计算的 RIR 值为 29.5%,低于 2012
年德勤对欧盟的计算结果(34%)。

　　因此,在组织和信息方面,废料管理都存在问题。例如,生产性废料和碎金
属缺乏记录。如此一来,很难验证它们的可追溯性和含量;而钴含量决定了是否
能被功能性回收。又如,就成品回收而言,用于电子产品的电池与用于移动设备
的电池,在设计和使用寿命以及所含金属量方面,都有很大区别。只有当有足够
关键的数量以确保该工艺的成本效益时,才值得收集和回收。

　　目前,欧洲的电池存量结构以电子产品为主,回收率较低,回收系统仍然过
于复杂。然而,2020～2025 年电动汽车电池的预计需求旺盛,加上 2021 年电池
指令(battery directive)的修订,可能会加快废旧电池回收的步伐。另外,必须找
到金属价格波动的解决办法,否则将给这个领域的任何投资带来结构性不确定。 21

---

　　① 含稀有矿产的生产废料市场,其特点是"返回给主要供应商"(return-to-prime-supplier)的条款,
如钛市场(Louvigné,2015)。

期货市场的对冲行为,可能是解决这个问题的一个办法(Fizaine,2018)。

二、价值链合作伙伴与流量分析辅助

22 　　　欧盟与其合作伙伴在初级产品、中间产品和精炼产品方面贸易关系的演变,取决于不同国家的产业政策。自 21 世纪初以来,中国已成为钴市场的主要参与者之一,而马达加斯加和墨西哥最近作为补充生产国,在供应多样化战略中至关重要。其他国家,如印度尼西亚和菲律宾,正在成为镍和伴生钴的主要生产国。

　　　新供应方出现热潮,其特征往往是实施了鼓励当地产业发展的商业政策。中国对矿石和精矿的出口税率为 25%,而对精炼产品的税率很低或根本不征税(有待讨论,钴锍、钴粉、出口税率是 0,但是钴矿砂及其精矿也是 0,商品编码为 2605000090)。同样,菲律宾和印度尼西亚对镍矿石实施出口配额制度,鼓励中国企业投资于当地加工能力(Le Gleuher,2017)。刚果(金)和俄罗斯也在探索提升钴的价值链,其中刚果(金)2013 年出台了矿石和精矿的出口禁令;俄罗斯则成立了一家生产钴锭(钴含量 99.5%)的精炼厂,从而不再向芬兰出口精矿(Roskill,2017;Darton Commodities,2018,2019)。刚果(金)实施禁令后,分析其钴生产和出口情况,发现出口的矿石很少,而白色合金和氢氧化钴等中间产品较多。另一方面,俄罗斯不再出口精矿,而是出口锭条和中间产品(锍和其他镍基产品)。

23 　　　在出口方面,我们注意到,欧盟的四个主要客户都是工业化国家,这证实了欧洲出口的价值较高。在进口方面,由于各种原因,刚果(金)、巴西、肯尼亚和乌干达不再是欧盟的主要供应国(图 1 - 11)。例如,巴西受到镍价下跌的沉重打击,已经减产或停产,这不可避免地影响了钴的生产。乌干达基伦贝尾矿的开

24 采,由于其存量的耗竭,因而停止了钴的生产。虽然乌干达的生产可能在未来几年内恢复,但它将依赖于铜矿开采。刚果(金)现在向欧盟供应的钴非常少,2017 年仅为 64 t。这种状况可能因两项欧洲政策所致:一是因侵犯人权而对刚果(金)领导人实施制裁的政策;另一项是对透明度和负责任的钴生产施加更大压力的政策,这与欧洲关于"带血矿产"(blood minerals)政策有关。然而,除了缺

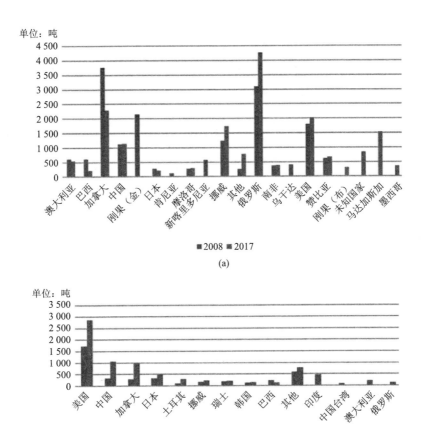

单位:吨

■2008 ■2017

(a)

单位:吨

■2008 ■2017

(b)

图1-11 2008/2017年欧盟初级产品、中间产品和精炼产品的
主要供应方(a)和消费方(b)

注:有关此图的彩色版本,请参见 www.iste.co.uk/fizaine/mineral1.zip。

少数据来证实这种推测外,刚果(金)的产量通过特定国家转运,包括嘉能可一家精炼厂所在地的挪威,这符合先前的推测结果。

　　了解澳大利亚、加拿大、俄罗斯和新喀里多尼亚等钴生产国的价值链,有助于了解这些国家用于出口的产品类型及其钴含量。例如,阿勒巴拉齐(Al Barazi,2018)基于原矿石的来源国和不同类型,估算了镍锍的钴含量。他还重点分析了加拿大和澳大利亚矿业部门制造的产品类型(阴极或钴块,99.5%的钴含量),为了合理分析这两个国家"钴锍和其他冶炼钴时所得中间产品,未锻轧钴,钴粉"流量的供应,该研究考虑了多种不同价值的产品类型,此处不再赘述。

由于缺乏有关钴含量的数据,某些数据来源不准确,有时甚至出现多个数据来源,这对建立一个物质流分析而言是一个真正的挑战。对于"钴锍和其他冶炼钴时所得中间产品,未锻轧钴,钴粉"的流量来说,情况尤其如此。正如我们在一些流量(钴锍及其他冶炼钴时所得中间产品,未锻轧钴,钴粉,以及各种含钴的化学品)中所观察到的那样,由于钴含量的数据缺失,因此必须根据文献中得出的假设进行估算。在数据库中还发现了一些输入错误。数量之间的差距有时太大,可以肯定是错误的(如,丹麦 2013 年和 2014 年进口氯化钴的数据),或缺乏清晰和一致的指标(如,碳化物按重量计算,单位是千克、吨还是件?),这些对流量计算的影响可能很大。考虑到数据的不确定性,我们在计算钴含量、生命周期或回收率时,选择了固定限值而非可变限值。我们认为,可变限值会使计算过程更加复杂,但计算结果不一定更精确。对于含量 3%~10% 的钴精矿和钴矿石(Hannis et al. ,2009;Darton Commodities,2019)或含量 20%~72% 不等的氢氧化物(Darton Commodities,2019;Shedd,2019),情况尤其如此。

再看价值链的下游,有许多关于电池钴含量的信息,但在使用欧盟统计局贸易统计数据估算时,这些信息几乎不适用。虽然文献提供的数据确实是每件或每千瓦时(kW·h)的含钴量(Buchert et al. ,2011;Harper et al. ,2012;Nordic Council of Ministers,2015;Pillot,2017),但欧盟统计局仅提供以吨或百千克计的数量。同样,数据库没有显示流量中的电池类型[镍锰钴酸锂电池(NMC)、镍钴铝酸锂电池(NCA)、钴酸锂电池(LCO)等]。关于超合金的回收,通过与专业人士的讨论证实,只有谢德(Shedd,1993)提供了有用信息。鉴于缺乏关于化学品的信息,我们决定将流量分为两部分:硫酸钴、硫酸钛的流量;硝酸钡、硝酸铍、硝酸镉、硝酸钴、硝酸镍、硝酸铅的流量。同样不可能精确计算出制成品或进出口产品中的钴含量。对存疑的数据,我们引用了德勤(Deloitte,2015)的数据,欧盟制造的钴最终产品中有 17% 是化学品,消费产品中也有 7% 是化学品。

第五节　结论

　　针对欧盟的钴物质流分析研究有助于确定分析方法的要点和有价值的结果。首先，价值链分析和物质流分析看起来是相辅相成的，通过站在全球视野上观察参与者和市场转型的策略，可以更好地理解存量、流量及其演变。除了严谨的定量结果外，物质流分析还揭示了存量和流量在定性方面的特征：产品类型、供应方类型及其演变。通过物质流分析我们还可以看到，欧洲工业正越来越关注高附加值的环节，这带来了欧洲产业战略方面的一些问题。事实上，价值链的上游经济活动（如开采、精炼等）正在减少，而下游经济活动正在增加，使得欧盟在钴资源和电池技术两个方面都处于对外依赖的状态。这一点在回收环节尤其明显，尽管回收部门的重要性不断增加及有关的问题也越来越多，但仍在艰难的起步期。虽然人们对已有的废料转化为资源的城市矿产业务有一些兴趣，但对这些废料再利用远未达到最优利用，特别是因为这项业务的收入存在许多不确定性。从不同金属废料出口的大量关税壁垒（OECD，2014）可以看出，废料正逐渐成为一种战略资源（strategic resource），但其经济价值仍然不高。

　　最后，研究欧盟贸易伙伴的演变，从某种程度上来说，并不能使我们观察到不同国家所推行产业政策的有效性，或者反过来说明它们所遇到的制约因素。刚果（金）的案例清楚地表明了这一点。尽管有高税收和关税壁垒，但由于过于有限的基础设施和腐败的政治行政系统，该国仍在尽力谋求发展。俄罗斯作为欧盟主要的钴供应国，也存在一个问题，即欧盟能否与其建立合作伙伴关系。事实上，尽管欧盟和俄罗斯存在明显的紧张关系，并且有对等的贸易制裁政策，但近几年来，欧盟并不像关心钛等其他金属那样关心钴的供应。该问题不是本章所要回答的问题。

26

附录:初级和精炼流量中钴含量、回收率和钴废料管理

表 1-1　初级产品流量和精炼产品流量中的含钴量(单位:%)

HS 编码	产品名称	钴含量(平均值)
HS 26 05 00	钴精矿及其矿石	7%
HS 28 22 00	钴的氧化物及氢氧化物	72.9%
HS 28 34 29 20	硝酸钡、硝酸铍、硝酸镉、硝酸钴、硝酸镍和硝酸铅	22.5%
HS 28 27 39 30	氯化钴	26.6%
HS 28 33 29 30	硫酸钴和硫酸钛	26.9%
HS 81 05 30 00	钴废碎料	37%[1]
HS 81 05 20 00	钴锍及其他冶炼钴时所得中间产品,未锻轧钴,钴粉	3%~99%[2]
HS 81 05 90	钴,未另作规定的物品	99%[3]
HS 75 03 00 90	镍合金废碎料	7%
HS 75 01	镍锍	1%~5%
HS 75 02 10 00	未锻轧镍合金	0.5%
HS 75 02 20 00	未锻轧非合金镍	1.5%

---

[1]　作者根据谢德(Shedd,1993)、奥迪翁等(Audion et al.,2013)、罗斯基尔(Roskill,2017)、阿勒巴拉齐(Al Barazi,2018)、阿尔维斯迪亚斯等(Alves Dias et al.,2018)、达顿商品(Darton Commodity,2018)、拉登伯格等(Ladenberger et al.,2018)欧盟委员会(European Commission,2019)的研究进行的计算。

[2]　作者根据如罗斯基尔(Roskill,2017)、阿勒巴拉齐(Al Barazi,2018)和达顿商品(Darton Commodity,2018)流量和价格的来源所进行的计算。

[3]　基于流量价格的个人计算。

表 1－2　制成品流中的含钴量①

产品名称	钴含量（平均值）	生命周期（年）
超合金	250 kg/件	5
硬质合金	11%	1
硬质或锋利金属	11%	3
催化剂	2.75%	5
电子产品电池：镍镉电池	1%	3
电子产品电池：镍氢电池	3%	3
电子产品电池：锂离子电池	9%	3
电池（运输）	30%	8
磁体（铝镍钴、钐钴）	24.5%～66%	5
化学产品	无数据	1

表 1－3　含钴制成品的回收率②

产品名称	回收率	功能回收	降解回收	未经处理的
超合金	100%	50%	30%	20%
硬质合金	100%	15%	75%	10%
硬质金属	100%	55%	20%	25%
催化剂	90%	75%	无数据	32%
电子产品电池	10%	80%	无数据	92%
电池（运输）	80%	80%	无数据	64%
磁体	无数据	10%	6%	84%
化学产品	0%	0%	0%	0%

---

① 作者根据谢德（Shedd，1993）、奥迪翁等（Audion et al.，2013）、罗斯基尔（Roskill，2017）、阿勒巴拉齐（Al Barazi，2018）、阿尔维斯迪亚斯等（Alves Dias et al.，2018）、达顿商品（Darton Commodity，2018）、拉登伯格等（Ladenberger et al.，2018）和欧盟委员会（European Commission，2019）的研究进行的计算。

② 作者根据谢德（Shedd，1993）、布赫特等（Buchert et al.，2011）、哈珀等（Harper et al.，2012）、格雷德尔等（Graedel et al.，2015）、罗斯基尔（Roskill，2017）、于斯曼等（Huisman et al.，2017）和拉登伯格等（Ladenberger et al.，2018）。

表 1 - 4　制造过程中的损耗管理①

产品名称	磨损损失	减少	收集	回收	降解回收	未经处理的
超合金	尚无数据	66%	70%	70%	20%	10%
硬质合金	16%	5%	35%	100%	无数据	无数据
金属	16%	5%	35%	100%	无数据	无数据
催化剂	6%	无数据	无数据	无数据	无数据	无数据
电池(电子产品和运输)	无数据	无数据	无数据	无数据	无数据	无数据
磁体	无数据	无数据	10%	无数据	无数据	无数据
化学产品	100%	0%	0%	0%	0%	0%

参 考 文 献

Al Barazi, S. (2018). Rohstoffrisikobewertung: Kobalt. Document, Deutsche Rohstoffe Agentur (DERA), Berlin.

Allenby, B.R. and Cooper, W.E. (1994). Understanding industrial ecology from a biological systems perspective. *Environmental Quality Management*, 3(3), 343–354.

Alves Dias, P., Blagoeva, D., Pavel, C., Arvanitidis, N. (2018). Cobalt: Demand-supply balances in the transition to electric mobility. Report, Publications Office of the European Union, Luxembourg.

Asari, M. and Sakai, S.I. (2013). Li-ion battery recycling and cobalt flow analysis in Japan. *Resources, Conservation and Recycling*, 81, 52–59.

Audion, A.S., Hocquard, C., Labbé, J.F., Dupuy, J.J. (2014). Panorama mondial 2013 du marché du cobalt. Report, Bureau des recherches géologiques et minières (BRGM), Orléans.

Ayres, R.U. and Kneese, A.V. (1969). Production, consumption and externalities. *American Economic Review*, 59(3), 282–296.

Ayres, R.U. and Simonis, U.E. (1994). *Industrial Metabolism: Restructuring for Sustainable Development*. United Nations University Press, Tokyo.

Baccini, P. and Brunner, H.P. (2012). *Metabolism of the Anthroposphere: Analysis, Evaluation, Design*, 2nd edition. The MIT Press, Cambridge.

---

① 作者引用谢德(Shedd,1993)、哈珀等(Harper et al. ,2012)、布朗丹(Blandin,2015)、罗斯基尔(Roskill,2017)和希兰等(Heelan et al. ,2016)。

Berthoud, F., Bihouix, P., Fabre, P., Kaplan, D., Ducasse, A., Lefèvre, L., Monnin, A., Ridoux, O., Vaija, S., Vautier, M., Verne, X., Efoui-Hess, M., Kahraman, Z., Ferreboeuf, H. (2018). Lean ICT : pour une sobriété numérique. Report, The Shift Project, Paris.

Bihouix, P. and de Guillebon, B. (2010). *Quel futur pour les métaux ? Raréfaction des métaux : un nouveau défi pour la société*. EDP Sciences, Les Ullis.

BIO by Deloitte (2015). Study on data for a raw material system analysis: Roadmap and test of the fully operational MSA for raw materials. Prepared for the European Commission, DG GROW.

Blandin, M.C. (2016). 100 millions de téléphones portables usagés : l'urgence d'une stratégie. Rapport d'information fait au nom de la mission d'information n° 850 sur l'inventaire et le devenir des matériaux et composants des téléphones mobiles. Report, Sénat, Paris.

Brunner, P.H. and Rechberger, H. (2004). *Practical Handbook of Material Flow Analysis*. CRC Press, Boca Raton.

Buchert, M., Jenseit, W., Merz, C., Schüller, D. (2011). Verbundprojekt: Entwicklung eines realisierbaren recycling-konzepts für die Hochleistungsbatterien zukünftiger Elektrofahrzeuge – LIBRI. Teilprojek: LCA der Recyclingverfahren. Report, Öko-Institut, Darmsatdt.

Centre national de la recherche scientifique (2016). Le recyclage des métaux [Online]. Available at: https://ecoinfo.cnrs.fr/2014/09/03/3-le-recyclage-des-metaux/ [Accessed 31 August 2019].

Chen, W. and Graedel, T.E. (2012). Anthropogenic cycles of the elements: A critical review. *Environmental Science and Technology*, 46(16), 8574–8586.

Chen, Z., Zhang, L., Zu, Z. (2019). Tracking and quantifying the cobalt flows in mainland China during 1994–2016: Insights into use, trade and prospective demand. *Science of the Total Environment*, 672, 752–762.

Dahlström, K. and Ekins, P. (2006). Combining economic and environmental dimensions: Value chain analysis of UK iron and steel flows. *Ecological Economics*, 56, 507–519.

Darton Commodities (2019). Cobalt market review 2018–2019. Report, Darton Commodities Ltd, Guildford.

Dubois, A., Hulthén, K., Pedersen, A.C. (2004). Supply chains and interdependence: A theoretical analysis. *Journal of Purchasing & Supply Management*, 10(1), 3–9.

European Commission (2008). Initiative "matières premières" – répondre à nos besoins fondamentaux pour assurer la croissance et créer des emplois en Europe. Report, Commission au Parlement et au Conseil, Brussels.

European Commission (2019). Critical raw materials [Online]. Available at: http://ec.europa.eu/growth/sectors/raw-materials/specific-interest/critical_fr [Accessed 31 August 2019].

European Commission (n.d.a). Policy and strategy for raw materials [Online]. Available at: https://ec.europa.eu/growth/sectors/raw-materials/policy-strategy_en [Accessed 31 August 2019].

European Commission (n.d.b). Une Europe efficace dans l'utilisation des ressources [Online]. Available at: https://ec.europa.eu/eurostat/fr/web/europe-2020-indicators/resource-efficient-europe [Accessed 31 August 2019].

Fischer-Kowalski, M. (1998). Society's metabolism. The intellectual history of materials flow analysis, Part II. *Journal of Industrial Ecology*, 2(1), 107–136.

Fischer-Kowalski, M., Krausmann, F., Giljum, S., Lutter, S., Mayer, A., Bringezu, S., Moriguchi, Y., Schuetz, H., Schandl, H., Weisz, H. (2011). Methodology and indicators of economy wide material flow accounting. *Journal of Industrial Ecology*, 15(5), 855–876.

Fizaine, F. (2018). Toward generalization of futures contracts for raw materials: A probabilistic answer applied to metal markets. *Resources Policy*, 59, 379–388.

Geldron, A. (2017). L'épuisement des métaux et minéraux : faut-il s'inquiéter ? Report, Agence de l'environnement et de la maîtrise de l'énergie (ADEME), Angers.

Gereffi, G. and Korzeniewicz, M. (1994). *Commodity Chains and Global Capitalism*. Praeger Edition, Westport.

Gereffi, G., Humphrey, J., Sturgeon, T.J. (2005). The governance of global value chain. *Review of International Political Economy*, 12(1), 78–104.

Gerst, M.D. and Graedel, T.E. (2008). In-use stocks of metals: Status and implications. *Environmental Science and Technology*, 42(19), 7038–7045.

Graedel, T.E., Harper, E.M., Nassar, N.T., Nuss, P., Reck, B.K. (2015). Criticality of metals and metalloids. *Proceedings of the National Academy of Sciences (PNAS)*, 112(14), 4257–4262.

Guyonnet, D., Planchon, M., Rollat, A., Escalon, V., Tuduri, J., Charles, N., Vaxelaire, S., Dubois, D., Fargier, H. (2015). Material flow analysis applied to rare earth elements in Europe. *Journal of Cleaner Production*, 107, 215–228.

Hannis, S. and Bide, T. (2009). Cobalt: Commodity profiles. Report, British Geological Survey (BGS), Keyworth.

Harper, E.M. and Graedel, T.E. (2008). Illuminating tungsten's lifecycle in the United States: 1975–2000. *Environmental Science and Technology*, 42(10), 3835–3842.

Harper, E.M., Kavlak, G., Graedel, T.E. (2012). Tracking the metal of the goblins: Cobalt's cycle of use. *Environmental Science and Technology*, 46(2), 1079–1086.

Heelan, J., Gratz, E., Zheng, Z., Wang, Q. (2016). Current and prospective Li-Ion battery recycling and recovery processes. *Journal of the Minerals, Metals and Materials Society*, 68(10), 2632–2638.

Hopkins, T.K. and Wallerstein, I. (1977). Patterns of development of the modern world system. *Fernand Braudel Center*, 1(2), 111–145.

Huisman, J., Leroy, P., Tertre, F., Ljunggren Söderman, M., Chancerel, P., Cassard, D., Løvik, A.N., Wäger, P., Kushnir, D., Rotter, V.S., Mählitz, P., Herreras, L., Emmerich, J., Hallberg, A., Habib, H., Wagner, M., Downes, S. (2017). Prospecting secondary raw materials in the urban mine and mining wastes. Final report, ProSUM, Brussels.

Humphrey, J. and Schmitz, H. (2001). Governance in global value chains. *Institute of Development Studies (IDS)*, 32(3), 19–29.

Humphreys, D. (1995). Whatever happened to security of supply? Mineral policy in the post-cold war world. *Resources Policy*, 21(2), 91–97.

Humphreys, D. (2010). The great metals boom: A retrospective. *Resources Policy*, 35(1), 1–13.

Humphreys, D. (2013). Minerals: Industry history and fault lines of conflicts. In *Conflict and Cooperation in Global Resource*, Dannreuther, R., Ostrowski, W. (eds). Palgrave Macmillan, London.

Jebrak, M. and Marcoux, E. (2008). *Géologie des ressources minérales*. Ressources naturelles et faunes, Quebec.

JOGMEC (Japan Oil, Gas and Metals National Corporation) (n.d.). History of JOGMEC [Online]. Available at: http://www.jogmec.go.jp/english/about/about003.html [Accessed 31 August 2019].

Journal officiel de l'Union européenne (2017). Règlement d'exécution (UE) 2017/1925 de la Commission du 12 octobre 2017 modifiant l'annexe I du règlement (CEE) n° 2658/87 du Conseil relatif à la nomenclature tarifaire et statistique et au tarif douanier commun. European Commission, Brussels.

Kaplinsky, R. and Morris, M. (2001). A handbook for value chain research. International Development Research Center (IRDC), 113.

Kogut, B. (1985). Designing global strategies: Profiting from operation flexibility. *Sloan Management Review*, 26(4), 15–28.

Ladenberger, A., Arvanitidis, N., Jonsson, E., Arvidsson, R., Casanovas, S., Lauri, L. (2018). Identification and quantification of secondary CRM resources in Europe. Solutions for critical raw materials – A European Expert Network (SCREEN). Report, European Union, Paris.

Le Gleuher, M. (2017). La Chine de plus en plus dépendante de ses importations de nickel [Online]. Available at: http://www.mineralinfo.fr/ecomine/chine-plus-en-plus-dependante-importations-nickel-diversifie-approvisionnement-poursuit [Accessed 31 August 2019].

Lebedeva, N., Di Persio, F., Boon-Brett, L. (2017). Lithium ion battery value chain and related opportunities in Europe. Technical report, Joint Research Council (JRC), Publication Office of the European Union, Luxembourg.

Lifset, R. and Graedel, T.E. (2002). Industrial ecology: Goals and definitions. In *A Handbook of Industrial Ecology*, Ayres, R.U., Ayres, L.W. (eds). Edward Elgar Publishing, Cheltenham.

Machacek, E. and Fold, N. (2014). Alternative value chain for rare earths: The Anglo-deposits developers. *Resources Policy*, 42, 53–64.

Machacek, E., Richter, J.L., Lane, R. (2017). Governance and risk-value construction in closing loop of rare earth elements in global value chain. *Resources*, 6(4), 59.

Mudd, G. (2010). Global trends and environmental issues in nickel mining: Sulfides versus laterites. *Ore Geology Reviews*, 38(1–2), 9–26.

32

Mueller, E., Hilty, L.M., Widmer, R., Schluep, M., Faulstich, M. (2014). Modeling metal stocks and flows: A review of dynamic material flow analysis methods. *Environmental Science and Technology*, 48(4), 2102–2113.

Nansai, K., Nakajima, K., Kagawa, S., Kondo, Y., Su, S., Shigetomi, Y., Oshita, Y. (2014). Global flows of critical metals necessary for low-carbon technologies: The case of neodymium, cobalt, and platinum. *Environmental Science and Technology*, 48(3), 1391–1400.

Nassar, N.T., Graedel, T.E., Harper, E.M. (2015). By-product metals are technologically essential but have problematic supply. *Science Advances*, 1(3).

NRC (National Research Council) (2008). *Minerals, Critical Minerals, and the U.S. Economy.* The National Academies Press, Washington.

Nuss, P. and Blengini, G.A. (2018). Towards better monitoring of technology critical elements in Europe: Coupling of natural and anthropogenic cycles. *Science of the Total Environment*, 613–614, 569–578.

Pillot, C. (2017). The worldwide rechargeable battery market 2016–2025. Report, Avicenne Energy, Nice.

Porter, M.E. (1985). *Competitive Advantage: Creating and Sustaining Superior Performance.* The Free Press Edition, New York.

Porter, M.E. (1990). *The Competitive Advantage of Nations.* The Free Press Edition, New York.

Reuter, M., Oyj, O., Hudson, C., Van Schaik, A., Heiskanen, K., Meskers, C., Hagelüken, C. (2013). Metal recycling: Opportunities, limits, infrastructure. A report of the Working Group on the Global Metal Flows to the International Resource Panel. Report, United Nations Environment Program (UNEP), Nairobi.

Roskill (2017). Cobalt: Global industry, market and outlook to 2026, 13th edition. Report, Roskill.

Saurat, M. and Bringezu, S. (2008). Platinum group metal flows of Europe, Part I. Global supply, use in industry, and shifting of environmental impacts. *Journal of Industrial Ecology*, 12(5–6), 754–767.

Saurat, M. and Bringezu, S. (2009). Platinum group metal flows of Europe, Part II. Exploring the technological and institutional potential for reducing environmental impacts. *Journal of Industrial Ecology*, 13(3), 406–421.

Schmidt, T., Buchert, M., Schebek, L. (2016). Investigation of the primary production routes of nickel and cobalt products used for Li-ion batteries. *Resources Conservation and Recycling*, 112, 107–122.

Shedd, K.B. (1993). The material flow of cobalt for the United States, Information Circular 9350. US Bureau of Mines, Washington.

Shedd, K.B. (2010). Cobalt. United States Geological Survey (USGS), Mineral Commodity Summaries, Reston.

Shedd, K.B. (2017). Cobalt. United States Geological Survey (USGS), Mineral Commodity Summaries, Reston.

Shedd, K.B. (2019). Cobalt. United States Geological Survey (USGS), Mineral Commodity Summaries, Reston.

Stanisavljevic, N. and Brunner, P. (2014). Combination of material flow analysis and substance flow analysis: A powerful approach for decision support in waste management. *Waste Management & Research*, 21(8), 733–744.

Wolfman, A. (1965). The metabolism of cities. *Scientific American*, 213(3), 178–193.

第二章 矿产和金属市场金融化：
起源、挑战和前景

伊夫·热古雷尔

法国,佩萨克,法国波尔多大学经济学和国际金融分析与研究实验室(LAREFI)

第一节 引言

35   21世纪前十年,涌现出大量与大宗商品市场金融化主题相关的科学文献。价格飙升引发了后来所谓的大宗商品"超级周期"(super-cycle),但是关于这个问题的大量实证研究,集中在这一结构性增长的决定因素方面,区分了基本面因素与"严格的"(strictly)金融变量因素(De Meo,2013)。其研究目的,重点在于理解指数挂钩型投资基金在现实价格中的作用。在这个精准的实证框架中,金融化被视为一种金融投机(financial speculation)或是金融投机的特殊形式。特别是亚当斯和格鲁克斯(Adams and Glucks,2015)认为,金融化是最近出现的一种现象,其特点是机构投资者(共同基金、养老基金、保险公司、对冲基金)的资本大量涌入大宗商品领域。事实上,由于大宗商品衍生产品提供的预期收益(部分原因是任何衍生产品所固有的杠杆效应),以及这种收益与传统金融资产收益之间的低相关甚至负相关性(Gorton and Rouwenhorst,2006),大宗商品衍生产品已经逐渐确立了自己作为一种资产类别的地位。

36   如果我们暂时搁置这些最新的研究工作,而去翻阅更久以前的学术文献,就可以采用另一种方法来研究金融化现象。其特点是,在一个大宗商品部门的组织中,衍生产品的金融市场发挥的经济作用不断增加。期货的首要功能的确应该被牢记，那就是为价值链上所有运营者提供都可以观察到的无成本无延迟的价格参照，如 19 世纪以来的芝加哥商品交易所（Chicago Mercantile Exchange，CME），再如伦敦金属交易所（LME）交易的期货。这些特殊属性意味着，对应的实物交易，能够以不同的方式使用该价格，作为谈判的基础，以确定可以执行该交易的有效价格。因此，在这种方案中，原材料的实物价格来自于金融价格；由于商业合同条款与期货条款存在显著差异，它们并不完全一致，但理想情况下，二者仍然高度相关。期货的第二项功能尤为重要，即价格风险保护机制（Edenrigton，1979）的有效性，因为其本质上取决于这两种价格之间相关系数和稳定性。期货作为一种工具的第三项功能，也即最后一项功能，是提高有关原材料储备决策的效率（Tomek and Gray，1970），进一步解释，通过为价值链上的经营者提供不同到期时间的不同价格，协助有关生产、消费、储备甚至生产性投资方面的决策（Black，1976）。

这两种大宗商品市场金融化的研究方法自然不是对立的，第一种方法最终是第二种方法的结果之一。一个金融商品市场只满足该行业实体经营者的利益是不可能持久地维持下去的，而投机者的存在是其流动性的**必要条件**之一。在这方面，也许有必要对**市场**的金融化和**行业**的金融化加以区分。然而，从更广泛而非仅从金融投机的角度来探讨金融化问题，就有可能详细了解大宗商品部门的结构变化，并解决以下基本问题：一个行业为什么会金融化？这种非金融化向金融化转变的优点和缺点是什么？引发这种金融化转变的条件是什么？最终是否会得到一种理想的结果？哪些经营者从中受益最大？金融化驱动力的表现形式是什么？其下一步的发展是什么？通过参考有关这一主题的大量经济文献，本章将试图回答这些问题。尽管这种金融化现象在所有主要原材料家族中都很常见，但本章提出的分析将主要集中于铁矿石和钢铁、铝土矿、氧化铝和铝、铜、锌、锡、镍、铅等这些基本或工业矿石和金属的国际市场。

第二节 金融化驱动力：理解矿产品和金属行业异质性

要理解金融化现象，我们必须首先牢记，商品链（或称供应链）必须将经济参与者作为连续统一体来理解。经济参与者的共同点是交换处于不同开发阶段的同种产品,他们的价格来自通用的国际性参照价格。该概念并不能通过正式验证的定义而获取,这一点很容易理解,因为无论是从赋予它的地理"边界"(perimeter)来看,还是从界定它的"下游"(downstream)来看,该概念都具有主观性。例如,"钢铁"(steel)行业就不容易界定,不仅要确定它是法国的、欧洲的,甚至是全球的,还要确定粗钢的相对概念,亦即制造工艺复杂,需求面相对较窄的"特种钢"生产是否从"原材料"(raw materials)核心概念中区分开来。原材料确实具有同质化产品的特征(Marquet,1993),亦即这种产品可能存在的质量差异不足以使生产商在竞争中持续保护自己。换句话说,如果一种产品的销售可以应对非价格竞争策略,它就不能被视为原材料。尽管铁矿石和其他矿产一样,不同地理产地有不同的金属品位,但它是一种优质的大宗商品,以澳大利亚和巴西通常的"离岸价"(free on board,FOB)或中国港口的"到岸价"(cost,insurance,freight,CIF)进行国际贸易。不管所研究的是哪种产品,原材料链都涉及生产者、加工者和消费者,同时还包括实体贸易商,他们的经济功能是在时间和空间上协调这些生产者和消费者。

一、原材料链功能和外包价格风险

从结构上看,原材料行业承担三项主要功能(Marquet,1993)。第一项功能是工业和商业性质的功能,目的是转换产品链上游(开采)的产品,使其适应下游表达的需求。举例来说,铝土矿没有其他用途,只有被转换为氧化铝,然后氧化铝在冰晶石电解质中溶解,经电解过程而生产原铝。因为铝是一种全球性市场贸易的商品,而且由于物流和经济,开采矿石的地理区域没有必要与生产含矿石材料的地理区域完全重合。因此,这种产业转移伴随着一项国际运输活动。原材料链的第二项功能,是增加相关价值链上各环节产品的价值。当一家上下游一体化的集团公司承担了从上游到下游的全部或部分产业转换时,所产生的价格可以称为"转让价格"(transfer prices);当产品在不同经济实体之间进行交换时,可以称为"市场价格"(market prices)。

原材料链的第三个也是最后一项功能,与前一项功能密切相关:风险管理和稀释。一种大宗商品从上游到下游的物理转移产生了产业、物流、商业和金融等各类风险。在金融风险中，价格风险占据主导地位。与产品本身和/或生产终端用户所需原材料的不同投入有关，价格风险被定义为，生产者（用户）不知道他/她将能够以什么价格出售（购买）所述原材料，并将采取生产者（买方）价格下跌（上涨）而实体交易方与加工商的中间/加工利润减少的形式。无论是低风险还是高风险，这种风险可以由该行业内的不同参与者分担，也有部分外部化，即由严格意义上不属于该行业的参与者承担。两种并不是相互排斥的机制，在原理上是可能的。第一种机制是由政府通过保证价格或补贴来承担。第二种机制是在一个有组织的市场上发展金融衍生产品的交易市场。这使实体经营者能够制定对冲风险的策略，而金融经营者（指数基金、对冲基金等）能够进行投机，即承担一部分风险以换取一种预期的高回报，从而修正"套期保值"（hedging）的非对称性（Gray，1961；1966）。这种商品衍生产品市场的存在是金融化的必要条件，但不是充分条件。目前存在的几种钢铁期货（表2-1），但无法确认钢铁市场像铝、铜、镍或其他基本金属那样已经金融化。这些商品合同大多流动性不强，是区域性的，并且基于一种被称为"现金结算"（cash settlement）的清算程序，这意味着产品的实物交割是不可能的。2017年1月至12月，伦敦金属交易所（LME）"铝"和"铜"交易合约（伦敦证券交易所流动性最高的两项合约）的交易量分别为5 143万手和3 388万手，而废钢和螺纹钢只有307 732手和64 430手。在上海期货交易所（Shanghai Futures Exchange，SHFE）交易的"螺纹钢"合约受益于巨大的流动性，并且以人民币计价。这种金融化的原因很简单：与铜、铝或镍不同，钢铁市场在地理位置和主要交易的产品系列方面，都存在很多细分领域，这导致了期货需求的"碎片化"。

39

　　如果使用这种"广义"方法，很显然，几乎所有的基本金属和贵金属都受金融衍生产品的影响，而稀有金属和矿物则很少或根本没有金融化。尽管钴和钼的期货在伦敦金属交易所（LME）上市，但这些期货的流动性并不好，而在中国仅次于上海的第二大商品交易所——大连商品交易所（the Dalian Commodity Ex-

40 change,DCE)的标志性铁矿石合约,则不对外国交易者开放①。虽然我们必须谨慎,不能在这个问题上发表过于笼统的意见,但似乎有两个主要原因可以解释这种缺乏金融化的情况。第一个原因是,矿物和稀有金属交易的市场没有足够的资金量流动,或者受到供应过于集中的"影响",因此无法鼓励商品交易所尝试推出期货。第二个原因是,在这些市场上,普遍存在着高度一体化公司之间的长期商业合同,这约束甚至规避了价格风险,而衍生产品的功能正是管理这类风险,因此衍生产品上市完全不适合。在许多方面,商品交易所与其他公司一样,盈利能力确实是其商业行为的自然决定因素之一。

表 2-1　主要的钢铁期货

证券交易所名称	钢铁类型	合同类型
伦敦金属交易所 (LME)	热轧卷板	现金结算(阿格斯指数,参照"中国离岸价")
		现金支付(普氏指数,参照北美地区)
	螺纹钢	现金支付(普氏指数,参照"土耳其离岸价")
	废钢(重熔钢)	现金支付(普氏 TSI 指数,参照"土耳其到岸价")
芝加哥商品交易所 (CME-Nymex & Comex)	热轧卷板	现金结算(CRU 指数,参照 Midwest 公司)
		现金支付(普氏指数,参照 Midwest 公司)
	废金属(废钢)	现金支付(AMM 指数,参照 Midwest 公司)
	废钢(重熔钢)	现金支付(普氏指数,参照"土耳其到岸价")
上海期货交易所 (SHFE)	螺纹钢	实物交割
	线材	实物交割
	热轧卷板	实物交割
新加坡商品交易所 (SGX)	热轧卷板	现金支付(TSI 指数,进口价,ASEAN)

---

① 新加坡商品交易所也提供其他铁矿石期货,但与钢铁期货一样,都是现金结算交割方式。

二、商业实践和期货作用

这里出现了一个基本问题,就是如何解释各种金属和矿物之间的异质性,如何解释原材料行业内这种衍生产品市场的兴起和延续。对此,可以从几个层次解释这些问题。第一种是非常具有"可操作的"(operational),证明推出一种期货是合理的,事实依据是它满足了该行业经营者所表达的价格透明度和价格风险管理两个方面的诉求。因此,除其他变量外,该行业的不同参与者偏好使用现货交易方式,再加上较高的价格波动性(这两个因素共同解释了生产商和终端用户为什么会面临着巨大的价格风险),是当预期交易量足够大时创建此类衍生产品的因素(表 2 - 2)。如果这些诉求在合同推出后得到确认以及合同有效地满足了这些诉求,并且如果多头或空头持仓的经营者在中长期内保持平衡(Gray,1966),那么,这种金融化的驱动力就有可能会继续下去。

表 2 - 2　期货市场推出上市并成功的标准

推出上市条件	成功条件
一种同质化产品,且受主要的交易所流量的影响	根据市场经营者所期望的标准,适当定义的合同
一个持续运作的市场	基础风险低
习惯于现金交易	活跃的投机和一个平衡的市场
行业一部分经营者有透明度的诉求	提升经营者对套期保值技术行业的认识
价格波动性对行业的交易者来说是短期价格风险的代名词	商品交易所的推广策略
套期保值不能被"替代"(substitute)	具有国际市场力量的影响力
原材料交易所的有偿付能力需求和盈利前景	/
投机者的利益使其有可能在长期内保证短线和长线的平衡	/

　　上述"可操作的"方法的优势是简单。但实际上,它并不能准确理解一个行业逐渐选择使用期货风险管理方法的机制。正如拉德茨基(Radetzki,2013)所提醒的那样,事实上,在价值链中可以确定几种不同的价格决定机制,因此也可以发现一些商业惯例,其中一些机制可以避免价格风险——垂直一体化工业集团内的子公司之间实行的转让价格;所谓的"生产者"(producer)价格,当该产品市场形成寡头垄断时,允许生产者保证其价格相对稳定性;出口国为保证本国税收水平或维护本国生产者的收入而调节价格;以及反映供需变化的严格现实的"纯"(pure)市场价格。

　　在这些不同的价格合同机制中,将固定价格合同(fixed-price contracts)和待固定价格合同(price-to-be-fixed)进行对比会很有意思,后者只确定了数量和成交价格公式(而非确定了价格)[①]。前者与后者不同,前者可规避承包商受价格风险的影响,因此重要的是,要明确为什么大多数行业愿意放弃该类价格合同,而接受衍生产品市场的兴起。任何商业合同都存在交易对手风险,与买方或卖方不履行其全部或部分义务的事实有关。在固定价格合同中,当原材料的价格与合同双方谈判的价格相差甚远,而缔约双方之间又不存在信任或相互依赖关系时,这种风险就更为突显[②]。为了从更有利的市场价格中获利,商品价格的任何离差,可能导致卖方(正离差)或买方(负离差)违约。实际上,在合同谈判之前这种风险就已知,这就鼓励交易所的交易对手偏好于使用固定价格合同,因为从其结构来看,这种固定价格合同本身不存在这种风险。在这个意义上,商品链的金融化必须被理解为经营者套利的结果,他们在交易对手风险和价格风险之间进行套利,而价格风险更容易通过对冲策略来管理,因为衍生产品正是为此目的而创造。与固定价格合同不同,这种对冲将交易对手风险转移给了清算所

---

　　① 作为后一类合同的一部分,间歇性交付的年度合同规定了每月交付/接收的数量,以及确定每月交易时的价格公式。传统上,公式定价是参照交易所相应期货每日观察价格的平均值,该参考交易所在适用溢价和折价制度基础上,以考虑商业合同条款(产品质量、国际贸易术语解释通则和交货条款等)和标准化的期货价格之间的差异。

　　② 以液化天然气(LNG)市场为例,长期购销协议定价合同历来占主导地位,但这主要是由于该行业所需的基础设施成本(液化和再气化终端),以及由此产生的生产商和进口商之间很强的独立性。特别见奇亚平等(Chiappini et al.,2019)关于这个问题的讨论。

(Carlton,1984)，也允许风险在时间和空间上的可分割性，这大大有利于其管理①。

金融化的驱动力也可以理解是放弃历史生产者价格体系，转而采用市场价格主导体系。铝行业的历史可能是最好的例证之一。从 20 世纪 50 年代到 70 年代末，该行业由六家西方公司（六巨头②）主导，它们按照这种特殊的定价机制运作。正如纳皮（Nappi,1985;2013）所提醒的那样，当时是通过调节产能和（去）库存政策带来的数量变化平衡市场。虽然贴现做法并不少见，但这确保了稳定的相对价格（Radetzki,1990;Brault,2008）。然而，有几个重要因素，导致了这个体系的脆弱性并最终被抛弃。首先，20 世纪 70 年代的经济危机，这意味着铝需求下降使供应必须调整，从而增加了维持这种议价做法的生产商成本。其次，铝业回收的蓬勃发展削弱了市场力量。超级利润的存在与比较优势的变化让这一点就更加真实了，因为石油危机刺激了公司，特别是上市公司与传统生产者竞争（Mouak,2010）。最后，生产者数量的增加，不可能利于实施这种运行系统所要求的合作战略。1978 年 12 月，伦敦金属交易所（LME）推出的原铝期货可能加速了向纯市场价格的过渡。面对由生产商制定的相对不透明的定价，其价格逐渐在商业合约中体现，从而机械地为商业价格和"纸面"价格之间的强相关关系创造了条件，进而为这种对冲产品的成功创造了条件。20 世纪 90 年代，东欧国家铝金属供应的增加，以及中国公司不断增强的自信（2018 年占世界产量的 56％以上）③，也是这六大巨头金属产量下降的关键因素。

这意味着市场力量的丧失，但也意味着迫不得已地接受投机行为，投机行为有时会产生泡沫，有时会造成不同程度的恐慌，一种期货的形成历来不是生产企业所渴望的。正如阿里克和穆特鲁（Arik and Mutlu,2014）所指出的那样，在 20 世纪末推出的钢铁期货并未受到生产企业的欢迎，他们认为这可能加剧价格波

———————

①　例如，一家美国生产商希望获得 1 000 t 铝期货价格，可以在纽约商品交易所（New York Mercantile Exchange,Nymex,是 CME 的子公司）出售 40 期货，并找到多达 40 个交易对手（空间上可分割）。由于清算所允许的权代位原则，他们不会面临任何风险。根据这些有组织的市场的创始原则，这些"买入"交易对手也可以在他们希望的任何时候自由地取消他们的持仓，只要相关期货没有到期（时间分割）。

②　分别为加拿大铝业集团（Alcan）、美国铝业公司（Alcoa）、瑞士铝公司（Alusuisse）、美国凯撒铝业（Kaiser）、法国铝业集团皮切尼（Pechiney）、美国雷诺兹（Reynolds）。

③　根据国际铝业协会的估计，中国公司产量为 3 648×10⁴ t，全球供应量为 6 433×10⁴ t。

动,并且传统上,经济理论及其经验验证往往符合这一说法。

尽管铁矿石于 1877～1920 年就在伦敦金属交易所(LME)交易,但随着 2013 年 10 月大连商品交易所(DCE)推出的期货,铁矿石成为最近被金融化的主要非农业"大宗商品"之一。此外,与中国的同类商品不同,芝加哥商品交易所(CME)和洲际交易所(Intercontinental Exchange,ICE)提供的期货不允许实物交割。铁矿石这种期货可能是未来十年固体矿产商品链的金融化标志。首先,在面对伦敦金属交易所(LME)和芝加哥商品交易所(CME)这两个历史悠久的商品交易所的主导地位时,这标志着中国衍生产品市场得到了肯定。虽然因为他们的国别范围不同,所以需要对其巨大的交易量进行细致的解读分析,但由于其逐步国际化,来自中国金融市场(包括上海和大连)的竞争必将不断加剧[①]。 2018 年 3 月,上海国际能源交易所(Shanghai International Energy Exchange, INE)推出的原油合约是以人民币计价的,但是允许国际运营商参与,并可以用美元支付追加保证金;因此,没有理由相信,它的开市最终会不利于在上海期货交易所(SHFE)或大连商品交易所(DCE)上市的金属期货。其次,这预示着参照证券交易所经营的行业数量将"上升"。像任何公司一样,这些交易所也在制定战略,来获得市场份额。因此,基本金属和贵金属板块的饱和将促进交易所推出冶金行业上游原材料合约,这些冶金原材料与化肥(磷酸盐、钾肥、尿素)一样,仍然是尚未金融化的主要不可再生"商品"。从这个角度应该理解芝加哥商品交易所(CME)在 2017 年和伦敦金属交易所(LME)在 2019 年推出了澳大利亚氧化铝合约后,上海期货交易所(SHFE)也很可能在中短期内推出此类合约。

第三节　金融化影响:从价格变化到价值链变化

作为一项研究主题,大宗商品市场金融化通常属于更好地了解大宗商品价格变化的海量研究的一部分。这一领域的文献特别丰富,包括从有效市场

---

① 这与人民币国际化密切相关。

理论框架内分析期货价格预测能力的古老主题,到试图描述这些大宗商品的发展趋势、周期或波动的现实主题(Jacks,2013)。最近的一些研究工作,试图明确投资基金(尤其是指数挂钩基金)在多大程度上,可以解释 2002 年和 2012~2014 年的价格大幅上涨。更具体地说,这些研究的目的是将所谓的"基本面"因素(特别是与新兴国家需求蓬勃发展有关的因素)与纯粹的金融或投机因素区分开来。

一、金融化和原材料价格变化

最近关于原材料价格的实证研究,很大一部分由三条主要轴线组成。第一条轴线,是倾向于采用超长期的方法,旨在区分趋势、周期或超级周期[①]和短期波动性,无论所研究的资源是作为一个整体还是按产品(特别是金属)类型考虑。这条轴线的目的是明确金融因素特别是投机因素在价格飙升中的作用。这种方法本质上是复杂的,因为影响商品价格的因素很多。此外,随着新兴国家对原材料需求增加,投资基金实力也在增强,使得这个测量方法的工作更加复杂[②]。关于这个问题的综合研究,自然超出了本章的范围。因此,我们引用欧文等(Irwin et al.,2009)有意义的分析,强调这种趋势的加剧,不能仅仅归因于投资基金的多头头寸。欧文等人利用商品期货交易委员会(Commodity Futures Trading Commission,CFTC)的交易员承诺(Commitment of Traders,COT)数据指出,2006 年 1 月至 2008 年 4 月间,在其账册中所考虑的 9 种农产品中,有 8 种商品[③]投机性多头头寸的幅度有所增加,但其中有 4 种[④],被生产商和实物交易商的空头对冲头寸的增加而抵消。在这种情况下,很难对投资基金的不稳定作用

[①]　区分"周期"和"超级周期"确实很重要,上涨阶段的持续时间是分类标准。因此,超级周期的最初特征是,由于与大规模城市化和工业化现象相关的需求结构性增长,大部分原材料(特别是工业原料)的实际价格在一个或多个十年(10~35 年)内出现增长。

[②]　陈和怀恩(Chen and Wyong,2013)也指出,期货市场上所有被认定为实体领域操作者的操作者,都可以持有远远超过其套期保值需求的期货多头或空头头寸,使他们成为事实上的投机者。

[③]　这些农产品分别为:美国芝加哥期货交易所(Chicago Board of Trade,CBOT)交易的玉米、大豆、豆油和小麦,美国堪萨斯城农产品交易所(Kansas City Board of Trade,KCBOT)交易的棉花、饲养牛、活牛和瘦肉猪。

[④]　指的是 CBOT 的小麦、活牛、饲养牛和瘦肉猪。

下结论。也有研究采用了其他方法。假设的出发点是以金融化这一特殊形式作为基础,来确定大宗商品是一种资产类别,许多研究侧重探讨属于不同子类别的一些产品价格变动。因此,唐和熊(Tang and Xiong,2012)指出,2004 年后,非能源商品[1][谷物、"软性商品"[2](soft commodities)、牲畜、金属[3]]期货价格和石油价格之间的互动关系增强,这一现象在该行业的两个重要旗舰指数(标普高盛商品指数 S&P GSCI 和道琼斯—瑞银商品指数 Dow Jones-UBS)上尤为显著。在关于这个问题的众多研究中,有一篇斯蒂恩和乔尔伯格(Steen and Gjolberg,2013)的文章,他们研究了投机者特有的羊群行为,得出结论认为,大宗商品之间的交易以及大宗商品与传统股票市场之间的交易有所增加。

46　　　　第三种方法与金融化这一特殊形式有关。该方法试图确定其对正在发生的商品价格动态变化这一现象的影响。具体来说,就是看一种衍生产品市场的发展(或定义为是一种必然结果的投机),是否有可能加剧价格的波动。以弗里德曼(Friedman,1953)对投机稳定作用的分析为标志,这当然不是新的问题,而是许多研究的主题。这些研究得出的结论是,一种期货的形成不会增加商业价格的可变性,甚至会降低这种可变性(Powers,1970;Peck,1976)。在金属行业,菲格罗拉-费雷蒂和吉尔伯特(Figuerola-Ferretti and Gilbert,2001)衡量了伦敦金属交易所(LME)推出的"原铝"合约对铝金属商业价格波动的影响。他们分三个阶段考虑:第一阶段为 1970 年 1 月至 1978 年 12 月,即期货上市之前;第二阶段为 1979 年 1 月至 1985 年 12 月,即过渡时期,该阶段的标志是生产者价格体系和来自伦敦金属交易所(LME)合约的参照价格并存;最后一个阶段为 1986 年 1 月到 2000 年 6 月,标志是生产者价格体系的消失。他们强调,最后一个阶段的价格波动性增加,但没有确定其与所推出合约的因果关系。在 20 世纪 80 年代确实是存在异常高的波动性,而这种波动性在 20 世纪 90 年代已消失。就 20 世纪最后十年而言,波动性似乎既没有高于也没有低于 20 世纪 70 年代的水平。

与铝和其他工业金属一样,铁矿石交易在 2010 年发生了一个重大转变,即

---

① 更具体地说,它是以这些商品为基础资产的期货价格。

② 咖啡、可可、棉花、橙汁和木材。

③ 金、银、铜、铂和钯。

从钢铁制造商和主要铁矿石生产商历史年度谈判所形成的价格,转变为基于"成本加运费"(cost and freight)的现货价格(Astier,2010)。在前期工作基础上,沃雷尔(Wårell,2014)尝试描述了新的定价体系对中国钢铁行业这一战略性原材料价格动态的影响。

　　更具体地说,他研究了现货价格对铁矿石价格波动性的影响。所研究的时间段为 2003 年 1 月至 2012 年 8 月,研究对象为中国铁矿石月度进口价格(天津港 62% 铁矿石 CFR 现货指数)。不出所料,他发现,现货价格机制的引入,确实加剧了铁矿石价格波动。然而,从进口价格中扣除运输成本后,似乎进口铁矿石的价格波动性在价格体系改变后反而有所下降。

47

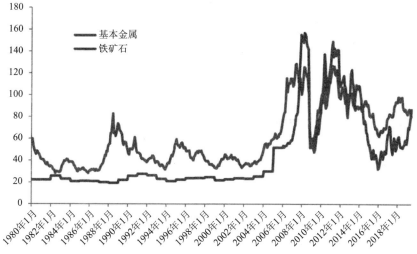

图 2-1　铁矿石和基本金属价格演变情况(指数,基期 2000 年 1 月＝100)

资料来源:World Bank(pink sheet).

注:此图的彩色版本,可参见 www.iste.co.uk/fizaine/mineral1.zip。

　　阿里克和穆特鲁(Arik and Mutlu,2014)的计量经济学分析,是关于推动有组织商品市场影响的最新实证研究之一。以上海期货交易所(SHFE)交易的螺纹钢合同为重点(表 2-1),作者们完善了螺纹钢合同推出前后衡量钢铁价格波动性的方法。基于传统 VECM① 处理的 2009 年 3 月 27 日至 2014 年 3 月 14 日每日观测数据，他们证实了现货和期货价格之间存在长期和短期的双边关系，正如与该主题有关的文章所述：尽管从长期看，现货市场似乎是钢铁价格的主要驱动力；但在短期内，期货市场的作用得到加强。此外，这些价格与代表工业金属市场的主要指数之间的波动有所增加。他们还发现，只有在期货合约推出后，才适用 GARCH② 模型(衡量金融价格波动性的传统方法)，这表明钢铁价格的变化在期货合约推出后，投机成分增强。菲扎因(Fizaine，2015)对 2010 年 LME的两种稀有金属(钼和钴)报价进行了研究，并使用 VECM 结构断裂和多类种因果关系验证，提出钼期货的推出增强了钼价与镍价之间的相关性③，这要归因于该行业经营者实施的套利策略。

二、金融化对商品链结构影响

　　虽然已经开展了大量关于金融化/投机对商品价格波动各方面影响的研究，但在我们看来，有两个重要的主题必须进一步开展研究。第一个问题涉及对某些矿产或金属投机泡沫的分析。在以短期内相对缺乏供应弹性(与长期供应风险相结合)以及由电动汽车大发展而拉动的需求增长为标志的背景下，一些投资基金已经持有了在环境革命和数字革命时代所需某些金属的大量多头头寸。钴与锂是这个领域齐名的龙头商品，在 2016 年 3 月和 2018 年 3 月间价格飙升(＋310％)，随后在 2018 年和 2019 年间价格大幅下跌。因此，尽管泡沫的存在毋庸置疑，但据我们所知，对泡沫的度量、其起因分析及现实中泡沫对工业经营者的影响，还没有成为研究工作的重大主题。在这方面，关键要注意到，除了钴这个简单的例子之外，金属的历史不时会被所宣布的强有力的中期供应限制所打断，这些限制有时与技术发展相矛盾。一种资源的价格与其可供性之间的强内生性(这自然是不仅仅取决于地质标准，还取决于技术、经济、地缘政治、金融和环境等标准)，是不可再生资源的一个基本特征，必须持续跟踪。尽管金属勘

---

① 向量误差修正模型(Vector error correction model，VECM)。
② 广义自回归条件异方差模型(Generalized auto-regressive conditional heteroskedasticity)。
③ 镍的用途与钼类似，特别是在制造钢、合金和超合金方面。

探投资复苏，但仍缺乏重大发现，金属品位也出现了结构性下降，今天的铜市场就是这一现实的代表。

与前一个主题密切相关，原材料金融化的第二个重要主题，需要从比本章引言部分提出的更广泛视野来看待这一现象。许多历史悠久的矿业和/或冶金公司都在证券交易所上市，这对它们的投资策略有重大影响，从而影响中期或长期的价格水平。关于石油供应的决定因素，奥内特等（Aune et al.，2010）的研究强调，21 世纪前十年原油价格的上涨可能不仅是由于需求的增加，也可能是由于国际石油集团过去几年限制供应的投资策略。此外，这些石油公司通常也在证券交易所上市，为提高平均使用资本回报率（RoACE），实际上减少了勘探投入，从而支持他们的股市估值，其双重目标是既满足股东要求又限制恶意收购风险。虽然在最新的类似分析中，我们没有找到对矿产和金属板块的研究，但这种动态变化很可能自 2014 年以来一直在发挥作用。当时价格下跌导致许多国际生产商不得不进行资产处置，以满足其债务约束，而他们的中国同行则没有这样做。

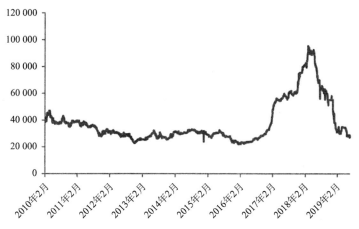

图 2-2　LME 钴长期合约（3 个月）价格变化（美元/t）

资料来源：Datastream.

第四节   结　论

　　大宗商品市场金融化是一个难以把握的复杂现象,但无论是从其精准定义和衡量其对价格动态变化特别是波动性的影响,还是从经历金融化的经济参与者(生产者、使用者、交易商)的现实情况来看,都必须加以把握。如果我们看一下商品衍生产品金融市场所发挥的作用,就可以很明显地发现,这种作用在过去几十年里已经有所增强。在固体矿产板块,预计这一轨迹不会改变,预计将会有越来越多的"大矿产"(large minerals)或中间产品上市。迄今为止,中国的价格参照证券交易所,特别是上海证券交易所,也有可能在人民币升值后走向国际。

　　关于原材料价格行为的大量科学工作,仍然看不到尽头,关于这个主题仍然有大量的研究潜力。对所谓"实体"(real)经济和金融领域之间相互作用的分析,仍然至关重要。从这个角度来看,我们认为有必要通过理解与这类活动相关的,通常是负面社会认知相关的广泛解释变量,来加强对矿业投资金融决定因素的研究。

参 考 文 献

Adams, Z. and Glück, T. (2015). Financialization in commodity markets: A passing trend or the new normal? *Journal of Banking & Finance*, 60, 93–111.

Arik, E. and Mutlu, E. (2014). Chinese steel market in the post-futures period. *Resources Policy*, 42, 10–17.

Astier, J. (2015). Evolution of iron ore prices. *Mineral Economics*, 28, 3–9.

Aune, F.R., Mohn, K., Osmundsen, P.B., Rosendahl, K. (2010). Financial market pressure, tacit collusion and oil price formation. *Energy Economics*, 32(2), 389–398.

Black, F. (1976). The pricing of commodity contracts. *Journal of Financial Economics*, 3, 167–179.

Brault, T. (2008). L'introduction de l'aluminium au London Metal Exchange (1978) : cause ou effet de la transformation du marché mondial. *Les Cahiers d'histoires de l'aluminium*, 40.

Carlton, D. (1984). Futures markets: Their purpose, their history, their growth, their successes and failures. *Journal of Futures Markets*, 4, 237–271.

Cheng, I.-H. and Xiong, W. (2013). Why do hedgers trade so much? Working document, NBER, 19670.

Chiappini, R., Jégourel, Y., Raymond, P. (2019). Towards a worldwide integrated market? New evidence on the dynamics of U.S., European and Asian natural gas prices. *Energy Economics*, 81, 545–565.

Cummins, M., Dowling, M., Lucey, B.M. (2015). Behavioral influences in non-ferrous metals prices. *Resources Policy*, 45, 9–22.

De Meo, E. (2013). Are commodity prices driven by fundamentals? *Economic Notes*, 42(1), 19–46.

Ederington, L. (1979). The hedging performance of new futures markets. *Journal of Finance*, 34, 157–170.

Figuerola-Ferretti, I. and Gilbert, C. (2001). Has futures trading affected the volatility of aluminum transaction prices? Work document, Queen Mary University of London Department of Economics.

Figuerola-Ferretti, I. and Gilbert, C. (2005). Price discovery in the aluminum market. *Journal of Futures Markets*, 25(10), 967–988.

Fizaine, F., (2015). Minor metals and organized markets: News highlights about the consequences of establishing a futures market in a thin market with a dual trading price system. *Resources Policy*, 46(2), 59–70.

Gorton, G. and Rouwenhorst, K.G. (2006). Facts and fantasies about commodity futures. *Financial Analysts Journal*, 62(2), 47–68.

Gray, R. (1961). The relationship among three futures markets: An example of the importance of speculation. *Food Research Institute Studies*, 21–32.

Gray, R. (1966). Why does futures trading succeed or fail: An analysis of selected commodities. *Food Research Institute Studies*, 115–136.

Haase, M., Seiler Zimmermann, Y., Zimmermann, H. (2016). The impact of speculation on commodity futures markets – A review of the findings of 100 empirical studies. *Journal of Commodity Markets*, 3, 1–15.

Irwin, S.H., Sanders, D.R., Merrin, R.P. (2012). Devil or angel? The role of speculation in the recent commodity price boom (and bust). *Journal of Agricultural and Applied Economics*, 41(2), 377–391.

Jacks, D. (2013). From boom to bust: A typology of real commodity prices in the long run. Working document, NBER, 18874.

Marquet, Y. (1993). *Négoce international de matières premières*. Eyrolles, Paris.

Mayer, J. (2012). The growing financialisation of commodity markets: Divergences between index investors and money managers. *Journal of Development Studies*, 48(6), 751–767.

51

Mayer, H., Rathgeber, A., Wanner, M. (2017). Financialization of metal markets: Does futures trading influence spot prices and volatility? *Resources Policy*, 53, 300–316.

Mouak, P. (2010). Le marché de l'aluminium : structuration et analyse du comportement des prix au comptant et à terme au London Metal Exchange. PhD thesis, University of Orléans, Orléans.

Nappi, C. (1985). Pricing behaviour and market power in North American non-ferrous metal industries. *Resources Policy*, 11(3), 213–224.

Nappi, C. (1989). Changing patterns and determinants of comparative advantage in North American metal mining. *Resources Policy*, 15(1), 24–44.

Nappi, C. (2013). The global aluminum industry 40 years from 1972. Report, International Aluminum Institute, London.

Peck, A. (1976). Futures market, supply response, and supply stability. *Quarterly Journal of Economics*, 90, 407–423.

Powers, M. (1970). Does future trading reduce price fluctuations in cash markets? *American Economic Journal*, 60(3), 460–464.

Radetzki, M. (1990). *A Guide to Primary Commodities in the World Economy*. Blackwell Publishers, Oxford.

Radetzki, M. (2013). The relentless progress of commodity exchanges in the establishment of primary commodity prices. *Resources Policy*, 38(3), 266–277.

Steen, M. and Gjolberg, O. (2013). Are commodity markets characterized by herd behavior? *Applied Economics*, 23, 79–90.

Stuermer, M. (2017). Industrialization and the demand for mineral commodities. *Journal of International Money and Finance*, 76, 16–27.

Tang, K. and Xiong, W. (2012). Index investment and financialization of commodities. *Financial Analysts Journal*, 68(6), 54–74.

Tomek, W. and Gray, W. (1970). Temporal relationships among prices on commodity futures markets: Their allocative and stabilizing roles. *American Journal of Agricultural Economics*, 52(3), 372–380.

Wårell, L. (2014). The effect of a change in pricing regime on iron ore prices. *Resources Policy*, 41, 16–22.

Watkins, C. and McAleerb, M. (2006). Pricing of non-ferrous metals futures on the London Metal Exchange. *Applied Financial Economics*, 16, 853–880.

第三章　金属地缘政治：
权力战略与影响力战略的权衡

迪迪埃·朱丽安纳

法国,巴黎,商品与资源所

第一节　引言

　　大约 2500 年前,希腊战略家地米斯托克利(Themistocles)提出人类文明史上第一个自然资源学说,在当时的雅典民主政治制度下,他说服同胞们,集中了劳里昂(Laurion)银矿的收益。公元前 480 年,用这些银矿收益资助建造的两百艘战船,打败了萨拉米斯岛(Salamis)的入侵者薛西斯(Xerxes)。他的思想很简单。如今,我们将其理解为,这是一种城市防御的战略团结表现形式,其武装方式是以一座贵金属矿床来表现的权力战略(strategy of power)。这种权力战略通过征服、对其新国土的影响力战略(strategies of influence)以及科学和哲学的进步得到了延续,这就是光辉灿烂的雅典制海权的精髓之处,与邻近的城市和王国相比,具有鲜明的独特性。

第二节　自然资源学说

　　就像雅典的独特性一样,各个国家都有不同之处,各国都有其各自的自然资源学说,也就是,关于这些资源的依赖性、独立性和相互依赖性以及与资源相关

54　联的经济和安全。我们这些国家是原材料的生产者或消费者,采用了三种学说：国家农业学说与粮食自给自足、国家能源学说与能源独立、矿业学说与民族产业。在不依赖外国领土的情况下,如果这三种学说缺少其中任何一项,则意味着一个国家将无法和谐地催生出一个以维持自身长治久安为目标和道路的共同体。自然资源的地缘政治,是一个国家政治建设和经济发展的前提,也是各国大博弈的前提。在这个大博弈中,生产国或消费国各自详细阐述其自然资源学说,然后相互合作或彼此对抗。各国自然资源学说都有非常长期发展的轨迹,是代际战略团结的结果,因为这些学说塑造了民众与其国家之间的特殊关系,而各国历届政府和国家首脑的行政部门极少做到这一点。

这个阅读体系仅是我个人看法,它以自己的方式揭示了我们这些国家是如何通过叛乱、革命或更和平的手段发展起来的,从而带来了民主、君主立宪制或**"民主制"**(democratura)。

一方面,生产国对其土地或底土实施权力战略,而这种资源民族主义对消费国是否有利,取决于它是否能够取得获取这些原材料的特许权。另一方面,消费国实施影响力战略,以便从生产国获得供应,同时也通过循环利用和更经济的资源消费来实现循环经济的逻辑。

总的来看,北亚国家由于其本地生产长期不足的原因,在所有领域都实施了积极的战略：

——日本和韩国一直以来都在寻求能源和金属的稳定供应,特别是通过与澳大利亚、南美洲和东南亚国家建立长期关系。保持不变的目标：供应多样化、替代和回收。

——当代中国通过自己的资源、煤炭、矿业和农业发展经济。中国采取了集中供应、产业整合和打击走私等措施。关于打击走私,镧系元素是 2010 年出现的偶发现象的一个例子。过度负债的上市公司(China Daily and OECD,2019)就是这种模式的残余。面对巨大的需求、国家资源不足以及实行严格的环境保护规制,中国自然资源学说不是通过对其他国家实施好斗和自我封闭的资源战争的战略,而是通过实施其影响力战略,演变为进口更多的原材料。中国领导人的学业经历,增加了自然资源学说的灵活性。当一个人明白实现国家目标的道路时,就更容易实现这些目标。在曾任和现任的六位国家主席、国务院总理中,

55

除了现任总理李克强是法律专业之外,其他人都接受过专门的工程教育。1998~2003 年任职的江泽民和朱镕基有电子工程专业背景;2003~2012 年任职的胡锦涛有水利工程专业背景,温家宝是一名地质学家。2012 年至今,习近平有化工专业背景,对农业也非常了解。

中国领导人的这一任职年表,与国家的发展阶段是可以相对应的:发电站与煤炭、水电与原材料、地质与矿业生产,这也与中国在非洲的矿业和能源(也涉及农业食品领域)地缘政治进展等相吻合。中国已经像其他亚洲国家(如韩国或日本)那样转向关注其他大陆的农业。最近的一次事件证明这是正确的。2018 年秋季,中国农村出现猪瘟,导致牲畜死亡。2019 年第一季度,北京大幅增加对美国猪肉产品的进口。然而,因为双方贸易僵局,截至 2018 年 7 月,美国对此关税提高至 62%(China Daily,2018)。随着与华盛顿的贸易冲突升级,中国转向其他国家,尤其是 2019 年仲夏转向欧洲和巴西寻求进口。结果,世界价格翻了一番。与此同时,中国向俄罗斯寻求大豆供应(Sputnik News,2019)。然而,这些矿产品、能源和农产品的进口,增加了中国对外国的依赖程度。因此,不可避免的是,为了应对与华盛顿或其盟国在同类问题上的危机,某些原材料(如镧系元素)的出口禁运,将有可能导致对其经济至关重要的其他资源(猪肉、大豆、锂、钴、镍、铁矿石、天然气等)的进口遭受一系列封锁。因此可以说,原材料的世界不会是一条单行道。

在世界其他地方,各国都采取了有选择性的积极学说,但有时它们不能很好地预测事件的发生:

——欧洲有一个既定的农业学说,即共同农业政策(Common Agricultural Policy)。但欧洲仍然没有形成能源和矿产的双重学说,因为布鲁塞尔将不得不整合有时相互矛盾的各国政策。它已止步于战略能源和战略矿产的界定。有什么办法呢?法国能源学说中战略铀与德国的褐煤、波兰的煤炭或东欧的煤炭有什么共同之处?用俄罗斯或美国液化天然气取代欧洲煤炭,满足彼此截然相反的要求,对欧洲的战略意义又是什么呢?会不会是雅尔塔天然气倒流,西欧(尤其是德国)的俄罗斯天然气,东部的美国液化天然气,以波兰为切入点向乌克兰输送天然气的入口点的问题?联盟国家的能源地缘政治在煤炭、褐煤、天然气和铀之间没有交集。至于矿业学说,问题应该更简单;尽管斯堪的纳维亚国家还在

56

生产矿产,但欧洲许多金属总体都处于短缺状态。

——美国凭借非常规天然气和石油成为世界主要能源大国,在思考自然资源问题时不再担忧。美国一开始是消费大国谋求能源独立的战略,现已转向生产国谋求能源主导的战略;因此,华盛顿很有可能利用这种对欧洲的新压力(Les Échos,2018a)对抗来自莫斯科的天然气;波罗的海丹麦岛屿"北溪二号"天然气管道的受挫,应该从这个角度来解读。美国的矿业学说,只是对军工综合体(military-industrial complex)所需某些金属担忧的开始。然而在美国,所担忧的一些资源在其国土范围内或其友好国家已经被发现,特别是在澳大利亚的镧系元素;此外,以战略金属为重点的矿产勘查正在进行之中(Le Monde,2019a)。

——有一些国家在一种资源民族学说的支持下购买农产品,包括卡塔尔、埃及、墨西哥等。

——最后,自然而然地,波斯湾的产油国和澳大利亚、加拿大、刚果(金)、秘鲁、玻利维亚等矿业国,通过生产者学说来生产和销售其自然资源。为实现国家自然资源租金最大化,生产国鼓励投资生产。因此,南非政府以及铂族金属(PGM)矿业公司,希望在国内建立一个汽车催化转化器行业用于出口。刚果(金)修订矿业法,在其中增加战略金属这一概念,目的是增加资源租金："根据当时的国际经济形势,根据矿产资源的关键性和地缘战略背景,由政府酌情决定任何矿物质的重要性。"尤其是,钴和钽已被列为战略物资,其矿产权利金费率增加到10%(JORDC,2018)。这也是印度尼西亚所要表达的愿望,该国希望利用其镍矿和钴矿资源,成为电动汽车的一个工业中心(Bloomberg,2019)。

这些国家之间地缘政治权力的平衡,很少单方面有利于消费国或生产国的学说。相反,消费国享有获取资源的地缘政治特权,生产国则受益于消费国的影响力,特别是在发展其基础设施或工业方面。这种影响力的表现形式是知识和技能的转让、工业部门结构优化、生产力提升、创造就业机会。这些都是新采矿项目可接受性的基本要素。

一般来说,权力战略和影响力战略之间很少相互对立,最近的一次例外是1973年石油危机,以及随后发生的第二次石油危机;但在矿业领域,这两种力量往往在金属大博弈的地缘政治版图上相互平衡。镍就是如此。例如,印度尼西亚通过禁止镍矿出口来展示其权力,但中国通过在印度尼西亚矿山附近建立下游工厂使其影响力成为可能,这一点表现得尤为明显。南美的锂也不会出现例外的:我们将看到他们的电池工厂与安第亚盐湖相邻吗?

公司往往反映他们本国的学说。在亚洲,风险集中,公司积极识别风险领域并向价值链上游移动。在其他地方,特别是在欧洲,习惯上普遍信任市场及其中介贸易商。两者都确定了彼此依赖性,并将自己的学说应用于各自的项目。汽车制造商就是这种情况。例如,雷诺、宝马或丰田(Usine nouvelle,2018;Actu-Moteurs,2019),已经或将在其电动汽车车型中不再使用镧系元素。电池制造商们正在减少锂离子电池中的钴含量,特别是在新一代镍—锰—钴电池中。

然而,这种双赢的博弈可能行不通。出于对环境的担忧,镧系元素开发商莱纳斯(Lynas)在稳定其位于马来西亚的矿石加厂方面遇到了困难,最终可能会将部分精炼产能转移到澳大利亚。在其他情景下,生产国(特别是在非洲大陆的国家)缺乏必要的技能,或者禁止工业移植。例如,中国禁止外国公司进入采矿业。

第三节　丰富、敏感、关键和战略金属

对许多国家和工业部门来说,在第 21 届联合国气候变化大会(COP21)之后,这些权力战略和影响力战略更加重要,因为能源转型正从依赖碳氢化合物转向依赖金属,这些金属用于发电、输电、储电以及消耗电力的发电机、配电设施、电池充电桩、蓄电池和发动机。

国家和公司应该如何思索金属的地缘政治问题(PIR,2012)? 我们需要再次回到基本面来回答这个问题,并提醒自己仅仅考虑四种类型的金属:丰富金属、敏感金属、关键金属和战略金属。

国家自然资源学说的工具已被广泛用于丰富金属的生产和消费。这些丰富金属都是通过一个充满活力的工业结构和创造性的外交来寻找和发现的。然后,已证明一系列技术是适用的,可以从地下开采、精炼这些金属,并且采用生态设计可以减少这些金属单位数量的消费量,而且增加用途。最后,它们可被回收利用。

　　然而，如果上述任何一个环节出现问题，这些丰富原材料就会变得敏感。例如，当对一种商品的需求(包括投机原因)变得旺盛，而供应量不能及时满足旺盛的需求，这种情况就可能会发生。例如，20 世纪 90 年代铂和钯的价格，2011～2012 年部分镧系元素的价格，以及 2018 年锂、钴和钒的价格：每种价格都呈现出一种钟型价格曲线。每一次供求基本面紧张都伴随着投机，随之而来的是实体产业的买方必须应对的价格下跌。

　　在没有科学技术突破为替代品铺平道路的情况下，如果一种原材料出现短缺的风险很高，则这种原材料就是关键原材料。然而，这种原材料可能在一个行业是关键原材料，而在另一个行业却不是，并且这种关键性还将随着时间推移，根据这个金属的市场基本面而变化。锂从一种关键金属降级到一种敏感金属(Le Monde，2019b)，这个变化就属于这种情况。

　　如果一种资源的消费加速增长(比如有机农业)，或者如果某一事件阻碍了生产(比如巴西尾矿库崩溃后的铁矿石产业)，那么，金属的关键性将在中期内持续存在。具有长期记忆的谨慎消费者，会经常性关注这些金属以及实际供应和工业需求之间的平衡；否则，危险在于冻结了其关键性，或者相反，危险在不赋予其时间动态的情况下冻结了其丰富性。

　　例如，未来能源转型至关重要的金属之一无疑是铜，而正如我们刚才所说，对制造商来说，镧系元素正在失去其关键性，因为人们正在电动汽车中禁止使用镧系元素。

　　此外，如果一种金属是另一种主金属的副产品，观察主金属的供求平衡则至关重要。如果不评估锌市场(主金属)的基本面，就不可能预测铟市场(副产品)的基本面：

　　——对镓的分析，必须首先分析铝土矿市场以及铝市场；

　　——铼是钼的副产品，就像钴是铜的副产品一样；

　　——铑市场紧紧跟随南非的铂市场和俄罗斯的镍市场；

　　——钕与铈市场相互依存。

　　相反，尽管锂、钴价格在 2018 年同时上涨，但正是因为锂(一种主产品)和钴(一种副产品)之间的这种结构性差异，使得对电动汽车电池这两种成分之间的预期存在差异。

最后一类是战略金属,这类金属脱离了地质或市场标准。战略金属是维护国家主权、捍卫国防,以及消费国或生产国的基本政治追求所不可或缺的资源。因此,作为陆地最常见原材料之一,铁矿石证明了丰富原材料也可以成为战略资源而不能成为关键资源的观点。作为中国城市化战略政策中所使用钢铁不可或缺的一部分,铁矿石自 21 世纪初以来就在中国具有战略意义,并在 2008～2011 年达到顶峰。基础设施所需的铜和混凝土用砂也是如此。

在法国,除了铀(这种矿产得益于一部法律、一部法令和分类指令)之外,严格来说没有其他战略原材料。在欧洲范围内,如果没有一套共同政策,欧洲就没有战略金属,因为一种原材料对欧洲的一个国家来说是战略性的,但对另一个国家来说则不是,而且这种情况会随着时间的推移而变化。

第四节 竞争性消费

一些人认为,如果一些金属既是关键金属又是战略金属,那么因这些金属难以找到而产生的紧张局势将会触发战争;这些人正在洞察过去能源大博弈的模式,特别是洞察一个世纪以来耳熟能详的关于石油和/或天然气的大争夺。后者最常采取的模式好像冷战,有时则会导致真正的冲突。

然而,这一模式并不适用于金属或现代农业。就金属领域而言,并非如此好战,以至于一个现代国家用军队入侵邻国并引发高强度战争,如第一次海湾战争;或者不那么激烈的紧张局势导致油轮遭到袭击或扣押,如 2019 年夏天在霍尔木兹海峡(Strait of Ormuz),甚至是对阿美石油公司(Aramco)石油基地的无人机袭击。金属是多样的、灵活的、可替代的;碳氢化合物则不是这样。地壳中到处都是不同丰度的金属,而碳氢化合物则更集中,尽管非常规碳氢化合物的发展潜力已经彻底改变了这个行业。虽然金属行业也有协会,但没有在 OPEC+①的帮助下运作的 OPEC。天然气排斥两方权力战略,即美国和俄罗斯在欧洲市场上的战略,但铜、铝、锂、钴和镧系元素并不排斥任何生产国。

---

① 不再有以俄罗斯为首的非 OPEC 成员国。

此外，当关键金属和战略金属融合时，会导致竞争性消费，即这种金属的不同关键性消费领域之间的竞争。生产者倾向于最符合自身战略目标的用户：首先是本国产业。然而，这种情况也只是短暂的；可能没有对地壳中的该种金属进行充分的调查，或者该种金属处于生态过度消费之中，甚至正在从一种边缘金属演变为一种成熟金属。

这些情况一般属于暂时管理不善的且很快就会陷入困境的有限金属市场。2018 年钴、锂和钒的价格飙升就说明了这一点。这三种金属的价格泡沫已经破灭，生产、投机、替代和生态设计已经完成了它们的工作。2010～2012 年，镧系元素也出现了类似的情况：先是紧张，然后在泡沫破裂后平静下来。

第五节　"不可得金属"假新闻的宣传效果

由于涵盖了国家和企业政策，将关键金属和战略金属与竞争性消费融合在一起的范式成为地缘政治的目标，并有可能成为假新闻的目标。在石油领域，每个人都会记得第二次海湾战争期间发生的令人震惊的虚假信息，尤其是在联合国。在这方面，碳氢化合物世界远远糟糕于金属世界。过去，"钯危机"(palladium crisis)使汽车业损失惨重；福特公司(Ford)就损失了 10 亿美元 (New York Times，2002)。2007 年"铀危机"(uranium crisis)导致了乌瑞明公司(Uramin)收购事件(Le Point，2019)，并揭开了阿海珐公司(Areva)25 亿美元的财务黑洞。在这两个案例中，市场只是被操纵的受害者，没有任何假消息。最近，2011～2012 年(Julienne，2012a)，"镧系元素危机"(lanthanide crisis)开始成为一场生产危机，但这给那些逆势买入股票的日本加工商的股票估值留下了污名，然后他们在假消息之后逆流而上，尽管已经发出第一次警示(Julienne，2015)，但最终还是以受到法国金融市场管理局(AMF)警告(AMF，2016)和司法调查(Le Parisien，2016)而结束。2017～2019 年，假新闻以前所未有的活跃程度开启新篇章：针对的是"稀有金属"(rare metals)或勘查难度大的金属，如锂、钴或钒。这些金属并没有真正的生产危机；相反，它们的价格上升到历史最高水平，一旦重新回归现实，价格就会崩溃。随后我们会发现，这些价格变动对战略储备的有害后果。

这类假新闻现象接二连三地发生，一条虚假信息引发下一条虚假信息。第一件事，一般采取引人入胜的形式出现：稀有或难以发现的金属，称为"不可得"（unobtainium）金属。这会吸引生产国政治家的注意力，这些政治家会想象这是其权力战略的一个地缘政治因素；同时，它又会催眠消费国的政治家，认为这是其影响力战略的一个关键要素。但这只是一个虚构的事，一个矛盾的修饰法，一个危险的信号，一个可能对决策产生破坏性后果的幻觉，因为它们将使政治家走进死胡同，在这样或那样的工业政策、能源政策之间，以及在这样或那样的国家安全考量之间，做出欺骗性选择。电池空客就是一个有趣的例子。这一工业倡议，无疑是欧洲追赶中国、韩国、日本三大世界领头羊的绝佳方式；但是，为什么要像某位部长最近所做的那样，将这一事件的相关性正式与"稀有金属"联系起来？这种说法很奇怪："在这个行业，我们必须有同样的逻辑：从头吃到尾。我们将致力于这项工作，从寻找稀有金属（与智利或阿根廷等国合作），到实现电动电池，通过其在汽车中的整合，部长详细说明道……"（Essor, 2019）。这些被指责的"稀有金属"是什么，考虑到这两个国家的资源情况，是锂吗？由于上游的开采努力和下游的研发，锂远非稀有。锂的价格已经崩溃，似乎还很丰富！由于这种错觉，电池空客工业纵向一体化的论点，就失去了很强的说服力。相反，更雄心勃勃、更强有力的说法应该是：电池必须摆脱对"稀有或不可得金属"（rare or unobtainium metals）的一种依赖。

一些保障措施可以避免这种错误，并给政治家以启示：数据收集、数据分析并撰写报告。然而，这些工作都滞后于假新闻的传播和所采取的行动。如果一个骗局来自局部的、模糊的、不相干的、有罪或无罪的广泛搜索，那么它是快速的，具有连贯性和纯粹性的吸引力，而且最初比需要验证和耐心的、复杂的、有约束性的真相要强，因为真相比一条假新闻更难澄清。政治家一般都忙碌，很难真实地推理出一个基于虚假元素的虚拟世界，即"不可得金属"。这些形式的虚假信息，旨在产生过度解读，然后产生情绪，诱发错误。这些"时髦主题"（fashionable subjects）、权力和影响力战略的受害者，将使国家或公司的行动与市场现实脱节。

这第一个"不可得金属"骗局可能会产生第二条假新闻，即引发稀缺性的过错方。在 2000 年的"钯危机"中,指控俄罗斯推迟钯的交付,以刺激价格上涨,但就在紧张局势的源头——日本期货市场东京商品交易所(TOCOM)对其钯合约实施限制后,价格立刻下降(Smith,2001)。

今天,"稀有金属"假新闻中有一个惯常被指责的对象,那就是中国,而且花样百出。这包括,指责中国在某些金属方面的主导地位,中国在"绿色电动汽车"(green electric vehicles)的"红色电池"(red batteries)金属(钴、锂、镧)领域的进展(Les Echos,2018b;Le Monde,2019c),以及工业部门的纵向一体化。

首先,是所谓"政治正确"(politically correct)骗局的假新闻。这些假新闻告诉我们,中国通过倾销自己的矿产品,正在确保垄断某些特定的无法找到的"亮眼"金属,例如镧系元素、钨等,然后扼杀住这些金属的市场,以扼杀中国境外的矿山。然后,中国将会让自己的公司低价收购海外公司。这些假信息具有讽刺意味和耸人听闻的吸引力,因为控诉的对象是中国。但是,有哪一座矿山的关闭,是真正由于中国表现出现实和证实的自我封闭意愿? 证据又是什么?

现实不是这样的。智利成为世界主要的铜生产国,并不是针对相互竞争的亲生产国的敌对地缘政治战略的结果,而是因为其地下蕴藏着丰富的铜资源。印度尼西亚、菲律宾、俄罗斯、新喀里多尼亚和加拿大是镍供应的第一梯队,这也是出于矿物学方面的原因,而不是因为一场镍战争。得益于资源禀赋,南非的铂产量成为世界第一,但南非与世界第二大生产国俄罗斯保持着和平而非好战的关系。此外,铁矿石市场由澳大利亚和巴西共同主导,因为其铁矿石资源禀赋好,但这两个国家没有发生战争。几内亚提供大量的铝土矿,不是它使其他生产国筋疲力尽,而是因为几内亚拥有资源。中国镧系元素或钨的供应量世界第一,不是出于特殊的自我封闭的地缘政治原因,而是一次又一次的地质原因:有富矿,在开采。

63　　　其他国家拥有或多或少、或富或贫的资源储量,但这些国家没有开采。法国阿里耶格(Ariège)的萨劳(Salau)钨矿就是一个典型的例子;这无疑是一座世界级矿床,但仍未被勘探和开采。这是为什么? 肯定不是因为北京!

总之,无论是中国或是其他任何国家,都没有发动一场经济战争而迫使金属价格下降,从而使其他国家的矿山消失。这种关于中国的偏见,其初始想法就是一则假新闻,但没有人愿意说出来。

　　第二个是最近的刚果(金),可能会在一段时间内,成为另一个假新闻针对的对象(Le Monde,2019c)。刚果(金)是世界上最大的钴生产国,中国进口了刚果(金)的大部分钴矿产量。中国公司洛阳钼业是如何成为刚果(金)最大钴矿山的所有者的? 中国发动了战争吗? 是否要求其军队进行了干预? 是否对这片领土进行了殖民或入侵? 是否利用了地下网络来掩盖整个决策链? 都不是! 2016年,洛阳钼业公司只是从一家矿业公司手中收购了这座巨大的矿山,而这家矿业公司是一家总部位于亚利桑那州凤凰城的美国公司。两家具有不同战略发展愿景的公司进行了和平销售,但同样,没有人说这一事实与"中国钴战争"的假新闻之间相互矛盾。反过来说,如果真的有钴战争,美国为什么要把世界上最主要的一座钴矿山留在中国人手里,而不是在它的盟友手中?

　　在 2018 年底中美贸易战进程中,世界领先的锂生产商智利公司(SQM)24%的股份,为加拿大钾肥公司(Canadian Potash Corporation)所持有,后来被中国天齐锂业公司以超过 40 亿美元的价格收购,当时的情况也是一样的。天齐锂业还投资了中国和澳大利亚其他生产矿山,因此成为世界级生产商。即使人们已经认识到,自从因科(Inco)、鹰桥(Falconbridge)和诺兰达(Noranda)消失后,加拿大的矿业战略就一直在走下坡路。我们可以扪心自问,如果有一场锂战争,为什么看不到一家西方公司和天齐为了智利公司而发生斗争? 为什么华盛顿或欧洲没有进行干预? 同样,事实告诉我们,这不是一场锂战争,而是两家公司之间和平的私下买卖;而非精心策划一场骗局,直到没有任何一个国家阻止中国的进步为止。

　　另一个所谓错误的真相是镧系元素之战。中国稀土矿石产量约占世界产量的 70%,并在自己的精炼厂进行加工。世界剩下的 30%矿石中,只有约 5%在中国以外精炼,其余的也出口到中国精炼厂进行加工。如果有一场稀土战争,这种把世界上 95%的原材料留给交战方是什么对抗模式? 美国芒廷帕斯公司(Mountain Pass)的一个少数股股东是中国人,但这个事实丝毫不能解释这座加州矿山向中国出口产品的事实,自华盛顿发起贸易战以来,该矿的关税已提高到 25%。在 2011～2015 年的美国莫利矿业公司(Molycorp)事件之后,如果发生这样一场镧系元素冲突,美国是否无力资助一项不到 5 亿美元的"战争"和 300 个工作岗位,在自己的土地上用加利福尼亚州的矿石或位于德克萨斯州、科罗拉多州、怀俄明州和阿拉斯加州的矿床生产永磁体? 直到 2019 年 5 月底,美国国防部的一份声明才设想拿出资金,减少对源自中国的镧系元素的依赖,特别是在军事应用方面;随后,特朗普总统提出了购买格陵兰岛的想法(Julienne,2019)。

至于欧洲的未来,如果这场镧系元素战争确实存在的话,那么,当距离格陵兰更近的拉罗谢尔(La Rochelle)的法国工厂能够加工镧系元素的时候,在没有欧洲人反对的情况下,投资美国芒廷帕斯公司的同一家中国公司,如何又能够成功地与未来的格陵兰矿山签订供应合同呢? 如果说在这个领域有一场战斗,那也是转瞬即逝。有必要回溯到 2009 年,澳大利亚保护莱纳斯矿山,抵制一家中国公司的收购,但反过来,同样在澳大利亚,杨吉巴纳(Yangibana)采矿项目将其未来的生产加工承包给了中国公司。再一次,中国正在实施其权力和影响力战略,以获得镧系元素的供应,而没有一个国家运用一种矿业学说来抵制中国获得矿山,或限制中国在矿石加工方面的技术进步。

在某些金属占据主导地位之后,随后的假新闻就是垂直化,即对某个行业活动的霸权。然而,这是基于一个所有人都在实践的工业现实,即行业。如果他们给自己提供手段,即谁控制了金属生产,谁就能主导下游的工业行业。30 年来,中国的巨大飞跃需要大量金属,而中国同之前和几个世纪以来的其他大国一样,一直在自己的领土上开发。然后,通过从外国获得冶金和采矿业的工业和商业地位,冒着与当地经济政策背道而驰的风险从外国进口。这种垂直化非但没有与生产国的资源民族主义相冲突,反而影响了他们达成妥协的权力战略。

2009 年,印度尼西亚通过一项法律,从 2014 年开始禁止其矿产资源在未经加工的情况下出口,特别是出口到中国。中国并没有与雅加达开战。相反,中国化危为机;五年后的 2019 年,有竞争力的中国冶金公司在印度尼西亚矿山建立了下游业务。中国实业家跨越国界在海外实现了纵向一体化,从开采矿产到在同一个集团内甚至在国际供应链中销售制成品,如 CATL、LG 和特斯拉(Tesla)在印度尼西亚的情况(Telsarati,2019)。得益于印度尼西亚的和中国的矿业学说相融合,印度尼西亚现在与将来都会是不锈钢和电池用镍的全球主要参与者。

正如假新闻所做的那样,这种纵向一体化战略是否要归咎于中国,尽管这也并不新鲜？安赛乐-米塔尔公司（Arcelor-Mittal）以这种方式运作从铁矿或煤矿到钢铁销售，韩国浦项制铁公司（Posco）通过确保新喀里多尼亚镍矿石的忠诚度也是如此，芬兰奥托昆普公司（Outokumpu）通过经营自己的铬矿来生产钢铁。挪威的挪威海德鲁公司（Norsrk-Hydro）以同样的方式经营铝土矿来生产铝。米其林（Michelin）为其轮胎生产而种植了橡胶园。邦杜埃勒公司（Bonduelle）购买农田种植蔬菜。俄罗斯的罗斯泰克集团（Rostec Groups）实行军备冶金整合，并经营自己的铜、金、铌和稀土矿山。雀巢公司（Nestlé）为其咖啡胶囊而与咖啡生产商建立了友好关系。电力公司莱茵集团（Rheinisch-Westfalische Elektrizitatswerk，RWE）在其发电厂使用所生产的褐煤，而法能能源技术有限公司（Engie）的天然气也是如此。就中国或日本的汽车制造商而言，他们什么都没有做，只是控制着从勘探锂或钴的矿业公司到电动汽车营销的这个行业。控制上游是为了更好地发挥下游的作用，纵向一体化的现实与所谓的"北京创新霸权"的假新闻相矛盾，尤其是在电动汽车方面。在这方面，中国再次填补了矿业学说缺失所留下的空白，并可以降低国家的总体生产成本。此外，关键金属和战略金属专业人士早就观察到，中国在这一领域的举措，正在引发中国私营公司之间的"资本主义竞争"（capitalist competition），将一种中国所谓的"自我封闭战略"的阴谋送回它的起点，即骗局。

各种假新闻接踵而至，比如反对循环经济的新闻，声称"绿色电动汽车的中国红色电池"（Chinese red batteries of green electric cars）不可回收，可能会损害电动汽车。相反，在欧洲，装备欧洲汽车的这些亚洲产地的电池收集电路几乎都是完善的（Les Echos，2017）；激励措施是规范性的，而不是经济性的；拆解模块是劳动密集型的，需要最低限度的自动化。其次，随着金属精炼技术广为人知，同时随着回收量的增加，该行业将变得更加有利可图。

让我们停止讨论这些假新闻问题吧。这些已经表明，中国并没有发起过一场金属战争。相反，由于我们自己矿业学说的空白，使中国以和平的和商业的方式获得了矿山；但随之而来的问题是，为什么这些利用无知和情感制造的假新闻，在那些希望只证实其既定信念的信息新手中备受推崇，被归纳为"金属战争"（metal war）虚构故事。不管是什么原因，这个强化冲突信念的传说，已经在大脑中扎根，就像在鸟类巢穴中因错误的原因而缺席一样，并且我们分析了其中三

66

个虚构故事。

第一个虚构故事，是顽固反华者的凭空猜想。这是美国和中国之间全方位贸易战的一个小插曲。危险在于它需要一种好战的回应。值得庆幸的是，没有因为锂或钴而宣战。中国国家主席最近宣布，关于镧系元素，美国对华为(Huawei)实施制裁后，将对其"重要战略资源"(important strategic resources)实施禁运，但这仍然只是一些声明而已。北京方面尚未以稀土禁运来回应美国的责难。我们最希望的是假新闻的反转，这种回归现实的有益效果将会遏制反华情绪，教训那些被这种思想所禁锢的年轻人，因为这些人顽固不化地认为，在自然资源领域拯救地球将是不可能的，而中国是一个已经胜利的敌人。因此，回归真相的另一个好处，是反民主情绪的软化。事实上，在欧洲倡导100%可再生能源的模式，或美国民主党的绿色新政(Green New Deal)，其规模之大，在为争夺自然资源而进行的真实或虚拟战争的环境中，都是不切实际的。然而，最大的危险是，意识形态和支持它们的政治承诺，如生态转型，有可能将自己排除在现实生活之外，不再理解它们对人类的影响，并失去与工业世界的联系。如果因为这些承诺会导致建立在"金属战争"(metal war)这样神话上的冲突而变得不可能兑现，那么受影响的就是最广泛意义上的民主。

语言是有意义的，但是在不知情时使用"战争"这个词令人遗憾。我们不需要关于"金属战争，无论这些金属是丰富、关键、战略、稀有，还是难以发现"的假新闻来拯救地球。相反，我们需要一个关于"金属和平"(metals peace)的真相，不带感情地进行谈判。只有与北京、莫斯科以及其他技术和自然资源生产国之间的包容性合作，就像印度尼西亚和中国所取得的成就那样，才能实现欧洲能源转型的承诺，不再把夸夸其谈和改革混为一谈。

第二个虚构故事与第一个虚构故事相邻。"金属战争"是一个危险的虚构故事，因为它会产生麻醉效果。每个国家都原地不动，每个国家都认为中国的矿业学说正在被另一个国家所利用，因为假新闻表明中国和另一个国家之间会存在一场战争。每个国家都原地不动，大家都认为中国的矿业学说正在被另一个国家所利用，因为假新闻宣扬中国与另一个国家之间正在对抗。然而，这场对抗并不存在，所谓的另一个国家也不存在；最近没有发生过专门针对铜、镍、铁、铂族金属、铼、铍、钴、镓、锗、石墨、铟、铌、锂或镧系元素的战争，甚至也没有发生过经济方面的战争。没有人阻拦他们的影响力和矿业进步。这场金属战争只是一个诱饵，而从未发生过。

在这里，各国列出的战略或关键金属清单，并不能回答是一场战争或是一场谈判的问题。清单既不是战争的证据，也不是武器或进攻的证据。相反，这是一种应该保持神秘的观察，这是一种愚蠢的智力投降，以至于为了缺乏一名战士而展开一场虚拟的"金属战争"。当所有人都认为，有人在对抗中国的时候，北京却在没有遭到反击的情况下取得了进展。没有人阻拦他们的影响力和矿业进步。指责中国发动"金属战争"有助于促进中国的进步，因为通过谴责一个症状，使这种疾病继续蔓延，而其邪恶的原因仍然隐藏着：放弃我们的矿业学说。

消除实际上由其他国家发动的虚拟战争的麻醉，包括声称中国已经获得主导地位，因为其他消费国已经放弃了矿山和矿业（Julienne，2009）。这些国家缺乏远见，没有重新评估其具有战略意义的冶金业和矿业界的齐心协力（Julienne，2019b），并放弃了他们的影响力战略。

如果不采取任何措施，没有新的矿业学说，那么下一个被告，下一个假新闻的受害者，可能是矿业公司，从事电池、电动汽车、太阳能、电子等业务的公司，甚至是因锂、钴、锰、镍、锡、铜等行业的社会责任投资和环境与社会治理标准的托词而被指控的公司。所以，有必要建立矿业学说，同时对未来与金属有关的假新闻质疑，以此来保护自己。

其他理论也是可以想象的，但让我们再提一下第三个虚构故事。关于"稀有金属之战"（war of rare metals）的假新闻并非不可能，它是我们这个传播时代特有欲望的产物：想要成为最新时尚，获得恶名，制造轰动，最终目的是被认可。我们将把这最后一种凭空猜想归纳为"冒牌货带来的虚荣心"（vanity of imposture）这一修饰语。在我们总结的三种虚构故事中，这是最简单的、也许也是最有可能的一个，但不可否认的是，按时间顺序来看，第三个虚构故事紧随第一个或第二个虚构故事，作为一个更大的行动要素，顽固反华，如今在整个大西洋非常流行。

第六节　影响力战略、战略储备和矿产勘查

68　　　　深入参与能源转型产品制造的工业部门,如风能和太阳能、电池、电子产品、5G 等,正在寻找工具,通过他们的影响力战略来减少对金属的依赖。有几个原则可供他们参考。

　　第一个可能性是基于战略储备。有必要将国家储备与公司储备区分开。国家储备必须有明确的准入和退出规则;储备构成必须根据市场基本面随时间变化而变化;建立储备必须是为了长期目标,这些资源具有脆弱性,因为储备的建立有责任在投机盛行的市场环境中,起到预测和引导作用。中国、美国、韩国、法国、日本等国家,均建立了各种能源、金属或农业原材料的战略储备。这些政府储备不能与私人部门的储备合并。法国在 20 世纪 90 年代临时进行了储备管理,结果是国内制造商在汽车催化剂中大量使用铂和钯的第一波浪潮之后,向国际市场出售铂族金属。

　　在商业方面,储备必须由公司董事会指导。因此,董事会必须具备处理这些问题的必要技能。另一个选择是,利用贸易公司来管理产业链的库存,没有什么比观察日本综合商社(sogoshosha)对日本公司的作用,更能说明这个问题。

　　满足需求增长的第二种方式是下游消费端管理。金属在开采地、精炼地、商品地和消费地之间循环,然后在回收后又以这种方式重新开始。这个主题在本书的其他章节中也有论述。

　　满足需求的第三个方式是增加产量。美国更熟悉月球表面的矿物成分,而不是国内底土下电动汽车所需的原材料。美国拥有锂矿床或钴矿床,也拥有稀土矿床。虽然我们不知道法国地下资源的价值,但我们可以很容易用控制金属生产的矛盾论点来控制下游工业部门。这就是为什么保障供应需要通过改革我们的环境、社会和治理标准,从而增加勘探活动和提高国内产量。在这种新情况下,我们将有可能一方面评估采矿项目的生态影响,另一方面只开采对政府政策

69　和未来工业有利的战略和关键金属,并且抑制其他金属的生产。本章提出的这个新的阅读体系,将有助于客观地决定是否对阿里耶格的钨矿、中央高原

(Massif Central)的锂矿、法属圭亚那(French Guiana)的金矿或科罗拉多州、怀俄明州或阿拉斯加州的稀土矿山进行开采。

第七节　结论

除了中国正在进行的改革之外，21世纪的自然资源地缘政治已经在围绕两个主轴进行演变：第一个主轴是印度的城市化，因为印度是下一个消费大国。第二个主轴有利于新的自然资源大博弈，即生产国的自我消费。就像沙特的国内消费者，预计将消费自己国家生产的一半以上的石油(Energy Post,2014;Gulf News,2014;La Tribune,2019)，"当非洲消费者苏醒时，中国将会颤抖"的预言(Julienne,2011b)表达了非洲、安第斯或东南亚国家的消费量将超过其自身的自然资源产量的假设。因此，欧洲必须将思路集中在两个方向上：寻找新的战略性的地球深部矿床；自然资源的地缘政治支点是与俄罗斯的合作(Julienne,2011a)。未来会告诉我们，最近巴黎和莫斯科关系升温(Le Figaro,2019)是不是原因之一。第二个平行点是，金属的地缘政治与自然资源开发的环境、社会和治理标准之间的联系必须加强，要特别突出两个标准化，一是某种给定资源的开采决策标准化，二是良好保护环境和利益攸关方的开采技术标准化。

参 考 文 献

Actu-Moteurs (2019). BMW promet des voitures électriques sans terres rares pour 2020 [Online]. Available at: https://actu-moteurs.com/2019/08/02/auto/actualite/104_a/bmw-promet-des-voitures-electriques-sans-terres-rares-pour-2020 [Accessed January 2021].

AMF (2016). L'Autorité des marchés financiers alerte le public contre la société MTL INDEX [Online]. Available at: https://www.amf-france.org/Actualites/Communiques-de-presse/AMF/annee-2016?docId=workspace%3A%2F%2FSpacesStore%2F261b8df1-7727-4afb-9ff5-61c3ea272df8 [Accessed January 2021].

Bloomberg (2019). Indonesia plans auto-rules overhaul to form electric-car hub [Online]. Available at: https://www.bloomberg.com/news/articles/2019-07-31/indonesia-plans-overhaul-of-auto-rules-to-form-electric-car-hub [Accessed January 2021].

70 China Daily (2018). Tariff battle slicing US meat exports, 25 July 2018 [Online]. Available at: http://www.chinadaily.com.cn/a/201807/25/WS5b5809f7a31031a351e900e2.html [Accessed January 2021].

China Daily (2019). SOEs to face tighter financial oversight [Online]. Available at: http://www.chinadaily.com.cn/a/201901/17/WS5c3feabea3106c65c34e4ffa.html [Accessed January 2021].

Energy Post (2014). The Gulf oil kingdoms are having their own oil crisis [Online]. Available at: https://energypost.eu/trouble-oil-paradise-domestic-challenges-saudi-energy-market-global-implications/ [Accessed January 2021].

Essor (2019). Bruno Le Maire en visite à STMicroelectronics [Online]. Available at: https://www.lessor38.fr/bruno-le-maire-en-visite-a-stmicroelectronics-24194.html [Accessed January 2021].

Gulf News (2014). Saudi Arabia's soaring domestic energy consumption [Online]. Available at: https://gulfnews.com/business/analysis/saudi-arabias-soaring-domestic-energy-consumption-1.1559918 [Accessed January 2021].

Journal officiel de la République démocratique du Congo (2018). [Online]. Available at: https://www.mines-rdc.cd/fr/wp-content/uploads/Code%20minier/J.O._n%C2%B0_spe%C3%ACial_du_28_mars_2018_CODE_MINIER%20DE %20LA%20RDC.PDF [Accessed January 2021].

Julienne, D. (2009). Matières premières et intelligence économique [Online]. Available at: http://didierjulienne.eu/matieres-premieres-et-intelligence-economique [Accessed January 2021].

Julienne, D. (2011a). Russie et matières critiques. *Géoéconomie*, 59.

Julienne, D. (2011b). Quand l'Afrique s'éveillera la Chine tremblera. *La Revue Internationale et Stratégique*, 84.

Julienne, D. (2012a). Le problème des métaux et des terres rares. Institut de France. Académie des Sciences Morales et Politiques, 6 February 2012 [Online]. Available at: https://academiesciencesmoralesetpolitiques.fr/2012/02/06/le-probleme-des-metaux-et-terres-rares [Accessed January 2021].

Julienne, D. (2012b). Matières premières : le grand retour des stratégies publiques. Paris Innovation Review, 5 December 2012 [Online]. Available at: http://parisinnovationreview.com/article/matieres-premieres-le-grand-retour-des-strategies-publiques [Accessed January 2021].

Julienne, D. (2015). Sécurité d'investissement en terres rares [Online]. Available at: https//didierjulienne.eu/securite-dinvestissement-en-terres-rares [Accessed January 2021].

Julienne, D. (2019a). Why Donald Trump won't buy Greenland's rare earths [Online]. Available at: https://didierjulienne.eu/why-donald-trump-wont-buy-greenlands-rare-earths [Accessed January 2021].

Julienne, D. (2019b). Solidarités stratégiques et politiques d'État ? [Online]. Available at: 71
https://didierjulienne.eu/solidarites-strategiques-et-politiques-detat%ef%bb%bf [Accessed
January 2021].

La Tribune (2019). Pourquoi privatiser Aramco en pleine guerre ? [Online]. Available at:
https://www.latribune.fr/opinions/tribunes/pourquoi-privatiser-aramco-en-pleine-guerre-
828144.html [Accessed January 2021].

Le Figaro (2019). Les raisons qui ont guidé le tournant prorusse d'Emmanuel Macron
[Online]. Available at: http://www.lefigaro.fr/international/les-raisons-qui-ont-guide-le-tournant-
prorusse-d-emmanuel-macron-20190908?redirect_premium [Accessed January 2021].

Le Monde (2019a). Extraction Minière : environnement et métaux stratégiques ne sont pas
contradictoires [Online]. Available at: https://www.lemonde.fr/economie/article/2019/06/21/
extraction-miniere-environnement-et-metaux-strategiques-ne-sont-pas-contradictoires_5479
744_3234.html [Accessed January 2021].

Le Monde (2019b). La guerre du lithium n'aura pas lieu [Online]. Available at: https://
www.lemonde.fr/idees/article/2019/08/07/didier-julienne-la-guerre-du-lithium-n-aura-pas-
lieu_5497258_3232.html [Accessed January 2021].

Le Monde (2019c). En RDC, la lutte contre le trafic des "minerais de sang" s'améliore
[Online]. Available at: https://www.lemonde.fr/idees/article/2019/05/08/en-rdc-la-lutte-
contre-le-trafic-des-minerais-de-sang-s-ameliore_5459623_3232.html [Accessed January 2021].

Le Point (2019). Rachat d'Uramin par Areva : la perspective d'un procès repoussée après de
nouvelles mises en examen [Online]. Available at: https://www.lepoint.fr/societe/rachat-
d-uramin-par-areva-la-perspective-d-un-proces-repoussee-apres-de-nouvelles-mises-en-
examen-18-07-2019-2325384_23.php [Accessed January 2021].

Les Échos (2017). SNAM, des batteries lithium-ion en Aveyron ? [Online]. Available at:
https://www.lesechos.fr/idees-debats/cercle/snam-des-batteries-lithium-ion-en-aveyron-
1009901 [Accessed January 2021].

Les Échos (2018a). Gaz russe – GNL étatsunien : le nationalisme énergétique ou la paix en
Europe [Online]. Available at: https://www.lesechos.fr/idees-debats/cercle/gaz-russe-gnl-
etatsunien-le-nationalisme-energetique-ou-la-paix-en-europe-146966 [Accessed January
2021].

Les Échos (2018b). Les terres rares ne sont pas rares [Online]. Available at: https://www.
lesechos.fr/idees-debats/cercle/terres-rares-arnaque-et-canular-238717 [Accessed January
2021].

New York Times (2002). Ford lost $5.4 billion in 2001 after charge for revamping [Online].
Available at: https://www.nytimes.com/2002/01/18/business/ford-lost-5.4-billion-in-
2001-after-charge-for-revamping.html [Accessed January 2021].

OECD (2019). State-owned firms behind China's corporate debt [Online]. Available at:
http://www.oecd.org/officialdocuments/publicdisplaydocumentpdf/?cote=ECO/WKP(201
9)5&docLanguage=En [Accessed January 2021].

72   Smith, A. (2001). White mischief. *Alchemist*, 22, 10–13.

Sputnik News (2019). La Chine substitue les achats du soja américain en se tournant vers la Russie [Online]. Available at: https://fr.sputniknews.com/international/201907291041 818355-la-chine-substitue-les-achats-du-soja-americain-en-se-tournant-vers-la-russie/ [Accessed January 2021].

Teslarati (2019). Tesla is looking to build a lithium battery raw material factory in Indonesia, claims report [Online]. Available at: https://www.teslarati.com/tesla-to-build-lithium-battery-raw-material-factory-indonesia-report [Accessed January 2021].

Usine nouvelle (2018). Toyota veut chasser les terres rares (et chères) de ses moteurs électriques [Online]. Available at: https://www.usinenouvelle.com/article/toyota-veut-chasser-les-terres-rares-rares-et-cheres-de-ses-moteurs-electriques.N656629 [Accessed January 2021].

第四章　建构一种矿产财富禀赋

米歇尔·贾布拉克

加拿大,蒙特利尔,魁北克大学

> 资源本非资源,而是在一定条件下才成为了资源。
>
> ——埃里希·齐默曼(1933)

第一节　引　言

地球上的矿业财富是分布不均的。一些国家拥有几乎取之不尽、用之不竭的矿山,开采时间可长达几个世纪;而另一些国家,则是资源禀赋匮乏,长期依赖矿产的进口。

资源的这种不均匀分布是许多冲突的原因,包括从邻国之间的掠夺战争到内战。2016 年,俄罗斯干预富含碳氢化合物的克里米亚,只不过是古代特洛伊金羊毛之战(Trojan War for the Golden Fleece)、比属刚果(Belgian Congo)的殖民化以及 19 世纪安第斯国家之间硝酸盐战争的最新翻版。然而,这种分布不均也是国际贸易的起源:很早以前,金属和宝石等稀缺商品必须通过陆路和海路运输。随着美国殖民化的发展,西班牙人提出了金银本位主义(bullionism),认为黄金和白银的数量是衡量财富卓越的指标(Spector,2003)。从这种重商主义者(mercantilist)方法的角度看,一个富裕的国家应该是一个拥有贵金属的国家。

74　　因此,一个国家的矿产禀赋是衡量其财富的必不可少的方法之一。在国际贸易理论和比较优势理论中经常用到这个方法(Tilton,1983;1992)。在今天它仍然有着重要意义。矿产禀赋是开发银行特别是欧洲开发银行(European Development Bank)和世界贸易组织(World Trade Organization)(2010)矿业项目投资的评估工具之一。"地质丑闻"(Geological scandals)一词用于描述例如几内亚或刚果等国家的状况,为了强调矿床的推定价值与居民悲惨生活之间的鲜明对比(N'Diaye,2015)。

在本章中,我们首先用当前国际统计和调查数据讨论矿业专业人员的现有评估情况。其次,以铜和锡这两种自古以来普遍使用的基本金属为例,分析矿产禀赋的历史演变。这使我们能够突出建构矿产禀赋的主要原因并衡量其相关性。

第二节　矿产禀赋,阐明一些概念问题的尝试

衡量矿产禀赋的工具有如下几种:年产量,CRIRSCO[①] 术语定义的储量,资源量,以及甚至是矿产勘查者的认识。

一、产量和储量

特定年份的产出价值可能是经济学家最早使用的衡量工具(Leamer,1984)。所得出的价值可以用于与全球生产进行比较,并与 GDP 规模相关联。人们也可以使用领土范围内所有矿床的矿产储量评价这个工具,即可以经济开采的金属数量。最终,可以考虑采矿地质学家用来评价一座矿床中金属数量的工具,即资源量。"储量"和"资源量"这两个术语现在在全世界已经标准化[②]。

----

① 矿产储量国际报告标准委员会(Committee for Mineral Reserves International Reporting Standards),www. crirsco. com(网站访问时间:2019 年 4 月 4 日)。

② 同上。

在 20 世纪末资源产业加速发展之初,年产量与储量之间存在着正相关关系,这表明各国矿产产出的增长在很大程度上与该国的一般禀赋有关(Tilton, 1983)。年产量和资源量在对数—对数曲线图中的相关系数为 67.9%(Mudd and Jowitt,2018)。但是,这类图无法估计储量和产量之间关系的时间演变。 **75** USGS 的数据可用于计算过去 20 年铜和锡主要生产国的储产比(储量与年产量比率,reserves to annual production ratio,R/P)(图 4-1)。以铜为例,一个多世纪以来储产比一直在 40 左右(Schodde,2010)。由于金融危机导致的产量陡降, 1921 年和 1931 年储产比曲线出现了急剧变化。

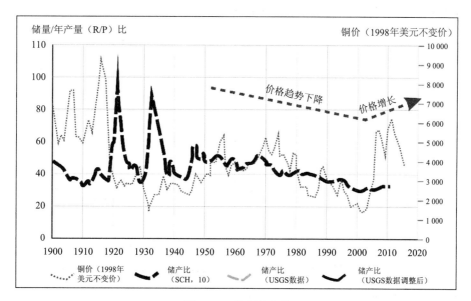

图 4-1 储产比变化

资料来源:Schodde,2010;USGS,1998~2018.

注:1921 年和 1932 年储产比出现的峰值与产量下降有关。肖德(Schodde,2010)的数据与这里使用的 1998 年之后 USGS 的数据略有不同,这证明 1998~2000 年对储产比值进行的调整是合理的。

长期来看,储产比在 20 世纪下半叶持续下降。然后,1998 年至今的近 20 年,储产比从 28.2 增加到现在的 46.3,并且这个比率与铜价格的总体趋势(以美元不变价计算)相关。1950~2000 年储产比下降则表明储量有下降的趋势,反映出由于缺乏足够的价格支持而导致勘探活动下降。相反,2000 年以来储产比的增加,反映了消费复苏、价格上升、勘探活动增加而带来的储量增加。所以说,在全球范围内,储产比反映了对需求的预期(Monnet et al.,2017)。

76　　这一比值也因国家而异,加拿大、智利、中国和刚果(金)最低,墨西哥、秘鲁和澳大利亚最高(图4-2)。

不同国家储产比比值的差异,有一部分原因是矿床的性质和投资额。大型铜矿床,特别是斑岩矿床,规模相当大,需要超过10亿美元的投资。因此,人们会在早期对确定长期储量存在担忧。

相反,较小型的矿床,如火山成因硫化物矿床群,因为它们的规模和铜品位的高度可变性,所以不适合确定长期储量。

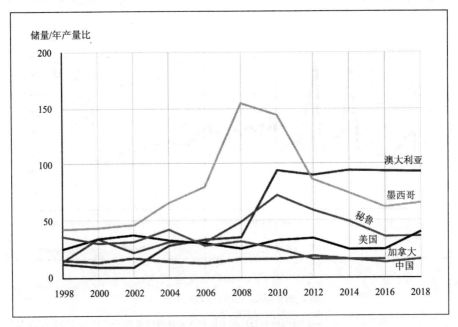

图4-2　铜储产比按国家的变化情况

资料来源:USGS,1998～2018.

注:有关此图的彩色版本,请参见 www.iste.co.uk/fizaine/mineral1.zip。

就锡而言(图4-3),各国储产比的差异更为显著,从17(世界上最大的锡矿生产国中国的平均值)到近1 000(泰国的平均值)不等。显然,这些差异很大程度上反映了产量(大量非法贩运)和金属储量的统计不确定性。

77

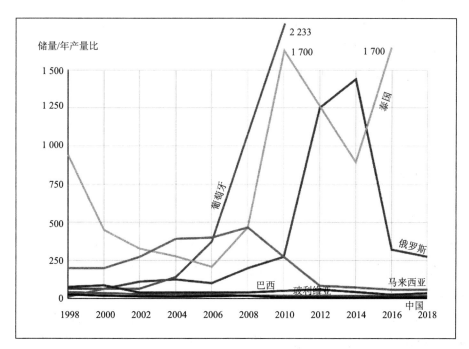

图 4-3 锡储产比按国家的变化情况

资料来源:USGS,1998～2018.

注:有关此图的彩色版本,请参见 www.iste.co.uk/fizaine/mineral1.zip。

储产比经常被用来表示矿山生产的年限,这是一个理论上的运营年限。已经使用储产比这个概念作为倡导一种峰值矿产的支持手段(Prior et al.,2012),即在短期内出现不可避免枯竭前的最大产量假设。该假设所基于的固定存量理论与具有自我调节能力的经济现实相差甚远,其中,价格、市场或技术创新是不变的(Tilton and Guzmán,2016)。铜的储产比比值约为40,只能简单地表明超过40年的矿产储量计算具有局限性,这大约是一个经济周期的时间。除此之外,投资于一个不可预测的世界是没有意义的。

过去20年来,随着亚洲经济繁荣,铜和锡的生产和消费都有所增加。过去20年储产比的增加表明,全球范围内储量的增长甚至超过了产量。这一增长可能是由于开采越来越多的大型低品位矿床;特别是安第斯山脉的大型斑岩铜矿床。因此,储量往往会增加,这与预测的短缺完全相反!

78   这些数据表明，以一座矿床的规模来衡量的矿产禀赋不仅仅取决于矿床类型等地质因素，还与生产因素有关：一座矿床的品位是资本、劳动力和能源成本以及技术水平等其他因素的函数。矿产禀赋对公共政策(public policies)和国际市场竞争力也很敏感(Tilton and Guzmán，2016)。矿业国家正在制定有利于生产某些矿产品的政策(Wright and Czelusta，2004)。这样，矿产禀赋的概念在很大程度上得以构建。

二、资源量和对潜力的认知

在区域尺度上，美国官方机构在 20 世纪 70 年代提出储量基础(reserve base)的概念，突破了开采储量(mining reserves)的概念[美国(原)矿务局和美国地质调查局，1980]：这对应于根据地质知识估算的地质资源量(geological resources)——经济资源量(economic resources)和次经济资源量(sub-economic resources)。基于拉斯基定律(Lasky's law)，计算矿床的品位和吨位的反向关联。地质资源量可以高达开采储量的两倍。最近，USGS 提议评估尚未发现的铜资源量(Singer，1993；Dicken et al.，2016)。调查深度范围从斑岩矿床的 1 km 到沉积环境中矿床的 2.5 km。

以铀为例，在地质统计工作(Harris and Verle，1988)基础上，开发了计算最终资源量(ultimate resources)的模型(Monnet et al.，2017)。如果铀价格低于260 美元/kg，最终资源量应为 $3\ 600 \times 10^4 \sim 7\ 200 \times 10^4$ t，而查明资源量(resources identified)仅为 800×10^4 t。这些数字与 1945～2016 年 280×10^4 t 的总产量(World Nuclear Association，2018)形成了对比。

再有，以金为例，弗里梅尔(Frimmel，2008)指出，迄今为止在矿床(产量＋储量＋资源量)中查明 31.1×10^4 t 金，只占地壳中以微量元素存在的 450×10^8 t 金的一小部分。这项缺乏经济标准的研究清楚地表明，对金属潜力的认知需要考虑品位和技术限定因素。因此，从根本上来说，这项工作取决于价格，任何对资源量的评估，即使仅仅是地质评估，都必须在考虑需求增加和技术进步的情况下进行重新评估。

最后，我们可以考虑通过对矿业公司高管的年度调查，评估一个国家的矿产潜力；弗雷泽研究所的调查（Fraser Institute,2018）就是如此。

　　表 4 - 1 显示，拥有最高铜年产量、资源量、禀赋（Mudd and Jowitt,2018）和 ⁷⁹
潜力预期的国家，大都是相同的国家。也有相反的例子，比如中国目前在稀土生
产量中的比重。中国主导了稀土产量，但似乎资源量没有达到相同的排名。然
而，稀土仍然只是一个小众市场，一个新兴市场，只有非常少部分地遵守市场
规律。

表 4 - 1　铜最丰富的国家排名

产量（2018）	资源量（百万吨铜）	禀赋（产量、储量和资源量）（百万吨铜）	问卷调查中地质潜力鼓励投资的受访者所占百分比
数据来源：USGS,2018	数据来源：Mudd and Jowitt,2018	数据来源：Mudd and Jowitt,2018	数据来源：Fraser Institute,2018
智利（5 800）	智利（896）	智利（1 052）	美国（阿拉斯加,亚利桑那州）（74%）
秘鲁（2 400）	美国（330）	美国（446）	秘鲁（72%）
中国（1 600）	秘鲁（210）	秘鲁（242）	智利（68%）
刚果（金）（1 200）	澳大利亚（136）	俄罗斯（175）	墨西哥（64%）
澳大利亚（950）	俄罗斯（131）	澳大利亚（163）	刚果（布）（63%）
赞比亚（870）	中国（128）	中国（154）	澳大利亚（59%）
印度尼西亚（780）	刚果（金）（110）	加拿大（144）	印度尼西亚（56%）
墨西哥（760）	加拿大（101）	刚果（金）（134）	俄罗斯（57%）
俄罗斯（710）	墨西哥（81）	赞比亚（102）	中国（不适用）

　　因此，尽管定量确定潜力存在困难，但对某个国家在某一特定时间点的财富
指标人们已达成了广泛共识。但随着时间推移又会如何呢？

第三节　资源分布不均

金属生产量的历史分析表明,随着时间推移,各国矿业禀赋发生了显著变化。我们以铜和锡这两个例子来说明。

80　一、铜

铜是一种普遍存在的金属,分布在各种地质环境中。它可以以天然铜的形式露头出现,通常也可以以孔雀石的形式产出,这是一种易于识别的蓝绿色氧化物。硫化物形式的黄铜矿是铜的主要经济矿物。铜可以产在沉积岩中,特别是在波兰和刚果(金),也可以在环太平洋火山带斑岩矿床中的花岗岩中富集。铜在欧洲地中海和加拿大的古地下水下温泉中也形成了富矿群。此外,在俄罗斯诺里尔斯克地幔岩中还发现了铜矿床(Jébrak and Marcoux,2008)。

铜在世界各地的分布显示出强烈的反差。从储量(USGS,2018)看,智利和秘鲁等安第斯科迪勒拉山脉(Andean Cordillera)国家每平方公里的铜储量超过50 kg。美国、加拿大和中国等主要生产国的禀赋却低于世界平均水平(5.8 kg Cu/km^2)。这种数量级的差异没有非常明确的解释;可能是受最近对更大型矿床勘探的影响,也可能是地理上稀释的结果。例如,加拿大的铜富集大多只在其一个省。因此,这个参数不能真正严格地用来代表各国的铜禀赋。

作为一种通用金属,公元前 7000 多年近东欧和南欧就首次使用到铜。随后,整个地中海盆地都开发了铜矿山。铜的运输迅速展开,"奥茨冰人"(Ötzi)带着他的铜斧(公元前 5300 年)或乘着乌鲁布伦(Uluburun)船(公元前 1350 年左右)穿越阿尔卑斯山(Alps),靠近土耳其的博德鲁姆(Bodrum),从塞浦路斯(Cyprus)运来 354 个铜锭,已经证明了这一点。

铜矿山为地中海贸易奠定了基础;因此,在《旧约》(*Old Testament*)中,乔纳斯(Jonas)是在乘船去力拓的矿山时遇到的鲸鱼。塞浦路斯、哈尔基斯(Chalcis),是当时的贸易中心。在公元前 10 世纪,腓尼基人(Phoenicians),紧接着是他们的迦太基(Carthaginian)殖民地,控制着从东方到西方的市场。铜石并用时代(Chalcolithic)的革命并不依赖于少数大型矿床,而是依赖于广泛分布在整个欧洲的矿床。欧洲的富矿床支撑了整个中世纪的采矿活动,直到工业革命开始。德国矿山是汉萨(Hanseatic)金属贸易的供应源,早在14世纪,伦敦就开始储备铜。瑞典的法伦矿山(Falun)在10世纪至20世纪开采。在1650年的鼎盛时期,它是世界上最富的铜矿山,生产了世界2/3以上的铜(Sundberg,1992)。

　　第一次工业革命开始时,情况发生了巨大变化。1710年,位于英格兰康沃尔和威尔士矿业中心之间的斯旺西海岸区,建起了第一批使用燃煤反射炉的铜冶炼厂。随后,威尔士安格尔西岛(Anglesey)的帕里斯山(Parys Mountain)铜矿山成为世界上第一座铜矿山。

　　紧接着,首先是来自古巴的矿石,然后是来自澳大利亚(Bura Bura,1845)和智利(1850年占主导地位)等世界各地的矿石,被运到这些冶炼厂。世界铜产量因为这些冶炼厂从1700年的2 500 t增加到1850年的53 000 t以上! 从1830年开始,斯旺西的冶金中心在技术和资金投入上都领先于世界其他地区。这就是当时铜的全球化,从以地质为基础的本地矿业经济起步,发展到以大西洋为中心的全球海运矿业经济。

　　然而,这个"铜世界"(copper world)只持续了一代。美国铜业的发展削弱了斯旺西冶金中心的地位。首先是在19世纪70年代密歇根州为美国供给了一半以上的产量;天然铜这种矿石,不需要复杂的加工,卡鲁梅特与赫克拉公司(Calumet & Hecla)以倾销价格(Schmitz,1986)控制市场。在19世纪和20世纪之交,铜的生产方法发生了变化,美国西部的大型露天斑岩铜矿山使用非选择性采矿方法和浮选工艺。冶金中心开始直接建在大型矿山旁边。当时世界上最大的铜矿山是犹他州的宾厄姆坎宁矿山,满足了北美经济扩张的需要。在20世纪之初,美国生产了世界2/3的铜(Mudd and Jowitt,2018)。早在1899年,大型纵向一体化的美国公司就开始在丘基卡马塔(Chuquicamata)和厄尔特尼恩特(El Teniente)开发智利的斑岩铜矿。

　　当前,大部分开采的铜自低品位大吨位的斑岩铜矿床。2018年全球十大铜矿山中,从美国亚利桑那州到智利有九座是环太平洋火山成矿带的斑岩型矿床。

今天世界上最大的铜矿山是智利的厄尔特尼恩特矿山,其产量大量出口到亚洲。与斯旺西时代一样,铜再次成为一种跨大洋运输的全球化金属。

　　由当时世界最大铜矿山所在位置为代表的铜禀赋,以此方式,从瑞典到英国,再到美国,最后是智利。这些矿山的规模与当时的时代背景一致。放到现在,帕里斯山将只是一座普通的矿山;矿床规模在上升,但品位在下降(Mudd and Jowitt,2018),全球铜总储量从 1934 年的 9 510×10⁴ t 铜增加到 2010 年的 $6.409×10^8$ t 铜(Mudd and Jowitt,2018)。

83　　　铜矿的地质特征使几乎世界各地都可以形成铜矿床。因此,尽管确实有一些大型的含铜区域,但最大铜矿山所在位置首要反映了需求;在任何特定时间,最大铜矿山都毗邻主要消费市场:古代近东的塞浦路斯、中世纪汉萨的法伦、英国工业革命时期的帕里斯山以及美国-加拿大繁荣期的宾厄姆坎宁矿山(Bingham)(图 4-4)。正是这些矿山解释了产量和储量的增加。技术起着附属但重要的作用。世界上最顶尖的矿山正在试验现有发明目录中的最新技术,使它们能够扩大生产。

(a)　　　　　　　　　　　　　　　　　(b)

图 4-4　当年最大的两座大型铜矿床:英国安格尔西岛的帕里斯山矿床(a)
和美国犹他州宾厄姆坎宁矿床(b)(米歇尔·贾布拉克摄)

　　经济和政治历史也发挥了关键作用。接近市场是获得投资不可缺少的一种资本。正是这种资本的可得性,使我们能够在某一特定时间调动资金和技能,在对风险有充分认识的情况下,在一种封闭的环境中经营矿山。

二、锡

　　和铜一样,锡是古代(Antiquity)的七种金属之一。然而,锡是一种更稀有的金属,主要存在于氧化物(锡石)中,少量产在硫化物中。锡石是一种耐磨且不易溶解的矿物,既产出于原生矿床,也赋存在次生矿床(砂矿)中。据估计,砂矿约占世界锡资源量的80%(Kamili et al.,2017)。几乎所有的锡矿床都与来自大陆地壳熔融的特定花岗岩有关。这是一种仅在少数山脉中发现的独特地质背景,因此锡矿床比较罕见。

84

　　现有锡矿床分布有着极为明显的分布不均匀性。我们使用了比 USGS 数据更完整的国际锡研究协会(ITRI)2016 年的资源量和储量数据。提供完整且详细的锡资料还是特别困难,因为几乎一半的产量来自手工或小型矿山,还有很大一部分产量是国有化矿山。一般而言,对手工矿山(Artisanal mines)不评估它们的资源量和储量,而国有化矿山不需要通报他们的评估结果。

　　锡矿床被发现得非常早,因为在铜制成作为古代第一种合金的青铜的过程中,锡是的一种必不可少的补充成分。锡镴是冶金的秘密武器,腓尼基人对这些锡矿床的位置是长期保密的。

　　自古代以来,世界锡矿版图逐渐丰富;罗马人熟知了阿富汗、康沃尔和中欧(Erzgebirge,厄尔士山脉)的锡矿床,中国人之前很早就知道华南个旧地区的锡资源。西班牙殖民者在安第斯山脉(玻利维亚、秘鲁)发现了锡,而非洲殖民者从基伍(Kivu)[刚果(金)]和尼日利亚带来了锡。19 世纪,马来(Malay)和印度尼西亚超大型砂矿中的锡是中国人、荷兰人和英国人之间争夺的对象。亚马孙河流域的皮廷加地区在 1976 年才发现锡矿,在 20 世纪末才在阿拉斯加地区发现锡矿(Goldfarb and Miller,1997)。

　　与通常靠近文明中心的铜不同,锡仍然是在农村和专门矿区使用的一种金属。除了用作合金外,1839 年艾萨克·巴比特(Isaac Babbit)发明了锡罐,随后锡的消费急剧增加。如今,锡取代了铅用于焊接。一批铸造厂,从最初位于工业化的欧洲国家,转移到生产矿山场地附近。

　　锡工业起源于康沃尔矿床,到 1870 年,康沃尔矿床都是世界产量的主要来源。随后,印度尼西亚和马来西亚接替了这一地位。世界上第一家矿业公司必和必拓(BHP Billiton)的名字,直到最近,人们又想起了它起源于印度尼西亚的勿里洞岛(Belitung),这是印度尼西亚的一个锡岛,荷兰、中国和新加坡的商人都通过它而发了财。今天,马来西亚因其石油和旅游资源而降低了锡产量,而印度尼西亚则继续生产。自1849年以来,波托西(Potosi)的锡一直是玻利维亚的财富来源(Daly,2018)。今天,不管矿床位于何处,锡的高价值都可以使得长途运输到达欧洲、美国和亚洲的消费中心。

86　　　　因此,随着时间推移,锡禀赋似乎随着殖民大发现而同步迁移。地质学可以明确其具体来源,但便捷的交通更是发挥了根本性作用:丝绸之路沿线上的阿富汗矿床、海格力斯之柱(Columns of Hercules)以外世界各地可以到达的地中海的康沃尔矿床,以及位于中国和西方消费者之间世界主要海上航线之一上的东南亚砂矿。位于大陆腹地的矿床,特别是在非洲,开发程度相对不高。锡甚至比铜更甚,不仅仅是地质方面起作用,消费市场、运输工具以及殖民历史都发挥着重要作用。

第四节　讨论:建立矿业禀赋

　　矿业禀赋似乎既是基于某个特定时间点若干经济参数得出的一个稳健的概念,又是在矿业发展过程中一个不断变化的概念。矿业禀赋是一种历史建构,起源于以下多个领域:

　　——矿产资源地质学;

　　——矿产生产和加工技术的演变;

　　——矿业经济和接近消费市场。

　　自然资源的全球分布主要取决于**地质数据**。矿床是通过地球动力学过程和气候作用过程形成的,这两种过程有时是叠加的。这两者在地球上的分布非常不均匀。因此,大量矿床形成于构造板块边缘(Groves and Bierlein,2007);与岩浆岩有关的主要铜矿床,或者赋存在沿裂谷大洋板块的地层带(增生带),或者直接赋存在俯冲带之上的岛弧或科迪勒拉山脉,这是两个构造板块(其中一个是大洋板块)碰撞的结果。由于安第斯国家处于南美洲板块和太平洋板块交汇处,这正解释了这些国家目前在铜生产中的主导地位(Jebrak and Marcoux,2008)。锡矿形成于不同的地质环境中;它们形成于两个大陆板块碰撞的过程中,这个过程发生得更少。第二种环境也位于俯冲带的后面,例如波托西(玻利维亚)。地质作用对矿产禀赋的贡献是不可或缺的一个前提。然而仅仅是地质作用还不够,所形成的富集浓度必须已知且可利用。

矿产技术的演变与经济密切相关。供需不平衡会导致新类型矿床的开发利 ₈₇用。几乎所有情况下,新技术都已经预先存在,仅仅是等待价格水平足够高就可以实施(Jébrak,2011)。矿业创新在所有活动领域都能找到:勘探区域的扩大、生产效率的提高、获取日益复杂的矿石进行加工,以及环境影响的减缓(Jébrak and Vaillancourt,2011)。

每个时代在决定一种矿床类型时都会用一个吨位/品位组合:

——以氧化物或冲积层的形式存在、含量高、集中在地表的矿床,主要是古代、殖民时期和今天手工采矿的矿床;

——与热液或与含硫化物火山群有关的富矿脉,主要是中世纪和文艺复兴时期直至 19 世纪的矿床;

——20 世纪的低品位浸染状矿化。

每种类型的矿床都伴随着能源使用强度的逐渐增加,能源主要用于研磨、使用新的采矿和加工技术以及日益增加的环境影响。在矿床类型的这些变化中,矿业创新发挥了至关重要的作用,使得矿业能够专注于日益广泛的目标。因此,生产设备规模的增加有助于经营更大规模的矿山,运营规模的增加最终有助于增加本土矿产禀赋。

今天仍然可以看到矿床类型之间的这种转变;新技术让小规模手工采矿从自给性采矿转变到正规化生产,如金属探测器、中国原产的小型磨碎机和手工氰化法等技术;尽管氰化法存在风险,但可使手工采矿能够通过增加回收率来开发新的细粒金矿床。2018 年,手工淘金占全球金产量的 10% 以上(Seccatore et al.,2014)。

第三个参数是介于地缘政治和地缘经济之间的**矿业经济**。矿产开采本质上是资本密集型的,因为考虑到高风险(和潜在的高回报),因此在获得回报前必须在很长一段时间内持续投资大量资金。因此，从 15 世纪的福格(Fugger)家族到今天的养老基金，投资者始终是最稳健的金融家。矿床类型的变化导致投资需求越来越高，技术创新可以缓解部分投资需求。新的矿床规模更大、品位更低、更复杂，在设备购买和能源供应方面需要更高的资本密集度。此外，这些大型矿床必须能便于通往主要消费市场，或者直接靠近市场，或者通过船运这种最经济的运输方式进入市场。例如，与欧洲的锡和铜矿床相比，康沃尔的锡和铜矿床可以通往世界各地的消费市场。智利和秘鲁就是这样。矿床实际接近市场或认为接近市场，带来了资本和先进采矿技术的可得性。

　　因此，首先可以用文化传承来解释盎格鲁-撒克逊矿业国家的主导地位。在撒克逊矿工的支持下，盎格鲁人是第一批发展工业化运营的；他们很快就拥有了开发矿山所需的资本和信心。他们的海上统治地位，使生产和贸易过程迅速融合。一个包括地质学家、矿工、冶金学家、后勤专家、律师等的真实矿业生态系统体现了这种矿业文化。

　　中国也有根深蒂固的采矿和冶金文化传承。汉朝(公元前 202～220 年)已经开采了铁、铜和锡，开凿了第一批卤水钻孔，甚至将原材料国有化。因此，中国一直是一个矿业大国，拥有小规模采矿和国有资本的矿山。和英国一样，他们也在很大程度上着眼于国外以确保供应。"一带一路"是丝绸之路从陆地到海上的最新版本。

　　尽管西班牙是一个殖民帝国，却从未形成适合于矿业发展的文化，并且今天，智利代替西班牙，形成了西班牙语国家最发达的矿业生态系统。

　　法国已几次接近成为一个矿业国家。1920 年，佩尼亚罗亚(Peñarroya)采矿和冶金公司曾经是世界领先的矿业公司之一；在 1950 年该公司的营业额曾与力拓持平，但今天这个公司已经消失。殖民遗产留下了从新喀里多尼亚到加蓬的一些金属矿床。尽管拥有高质量的技术专长，但长期缺乏私人资本，以及反复无常的资源产业政策，限制了其在国内和海外的采矿能力。法国不再冒险重蹈维京人(Viking)从波伊图掠夺银铅(848 年)或普鲁士人(Prussian)入侵洛林(Lorraine)(1871～1918 年)掠夺铁的覆辙！

　　与设想高产矿区将枯竭并被废弃的蝗虫理论相反(Bihouix and de Guillebon, 2010)，几个世纪以来，生产区的迁移相对较少。三个世纪以来，智利一直是铜的主要生产国;四个世纪以来,印度尼西亚一直是锡的主要生产国。采矿区的长期建立,巩固和延续了比较优势,更容易开拓新矿山、建立物流、了解地质情况。这些国家具有广泛构建的比较优势,这使他们能够在第一批所发现的资源枯竭后找到新的矿床。

第五节　结　论

矿产禀赋是一种现实的赐予吗?

根据宗教的世界观,矿产财富是上天赐予的一种礼物。在地质的世界观中,它反映了成矿作用过程的各向异性。在这两种情况下,资源分布都是人类要去揭开的一份礼物。本章的分析与这些观点不一致。一方面,没有可靠的定量标准来评估一个国家的矿产禀赋;每平方千米的金属密度在很大程度上反映的是政治边界切割;在十年尺度上年产量、储量和资源量表现出显著变化,伴随各自信息中的敏感性变化。另一方面,在历史尺度上,矿产禀赋与经济发展的关系很大,显示出消费区的潜力。然而,对一种矿产禀赋的理解,如今已成为对某一特定物质达成共识的主题;它同时整合了科学、技术、环境和政治数据。

因此,矿产资源不应被视为是一种固有的内在财富,而应被视为是一种为人类预先存在的要素。然而,这正是许多政府和非政府组织对它们的经常看法。20世纪60年代,魁北克"平静革命"(Quiet Revolution)开始时,负责矿山的部门被称为自然资源部(Ministry of Natural Resources);安大略省也是如此,这是该省负责矿山部门的法语名称。"掠夺非洲财富"的小册子已经不计其数(例如Duval,2017)。就好像资源经济仍然被视为是一种聚集型经济。在这种经济中,与禀赋相比,经济、技能、技术、投资和市场只起到次要作用:这是一个非常实际的简化表述,用来谴责剥削者,即那些提供所缺乏的人力、技术和金融要素的特定人。在现实中,揭示潜力是构建资源禀赋不可或缺的一个部分。因此,矿床图和矿产禀赋图反映了地质潜力和人类能力的结合。

这也就是新喀里多尼亚政府(2009)所强调的:"一种自然资源,能不能成为财富,取决于人类对其利用和开发利用它的技术。"

致　谢

感谢格扎维埃・加利耶格(Xavier Galiègue)和弗洛里安・菲赞的邀请以及对本章的建设性意见。感谢来自魁北克大学蒙特利尔分校(加拿大蒙特利尔)、阿比蒂比特米斯卡明魁北克大学(UQAT)(加拿大 Rouyn-Noranda)和洛林大学(法国南希)同学们热情和批判性思维。

参 考 文 献

Bihoux, P. and de Guillebon, B. (2010). *Quel futur pour les métaux ? Raréfaction des métaux : un nouveau défi pour la société*. EDP Sciences, Les Ulis.

Congrès de la Nouvelle-Calédonie (2009). Préambule. Schéma de mise en valeur des richesses minières de la Nouvelle-Calédonie, 2009-05 [Online]. Available at: https://dimenc.gouv.nc/sites/default/files/ [Accessed January 2021].

Daly, S. (2018). *From the Erzgebirge to Potosi: A History of Geology and Mining Since the 1500's*. Freisen Press, Vancouver.

Dicken, C.L., Dunlap, P., Parks, H.L., Hammarstrom, J.M., Zientek, M.L. (2016). Spatial database for a global assessment of undiscovered copper resources. U.S. Geological Survey Scientific Investigations Report 2010–5090–Z [Online]. Available at: http://dx.doi.org/10.3133/sir20105090Z [Accessed January 2021].

Duval, J. (2017). Pillage des ressources et néocolonialismes. *Le Grand Soir*, 23 October.

Fraser Institute (2018). Annual survey of mining companies [Online]. Available at: https://www.fraserinstitute.org/studies/annual-survey-of-mining-companies-2018 [Accessed January 2021].

Frimmel, H.E. (2008). Earth's continental crustal gold endowment. *Earth & Planetary Science Letters*, 267, 45–55.

Goldfarb, R.J. and Miller, L.D. (eds) (1997). *Mineral Deposits of Alaska*. Society of Economic Geologists. Available at: https://doi.org/10.5382/Mono.09 [Accessed January 2021].

Groves, D.I. and Bierlein, F.B. (2007). Geodynamic settings of mineral deposit systems. *Journal of the Geological Society*, 164, 19–30. Available at: https://doi.org/10.1144/0016-76492006-065 [Accessed January 2021].

Harris, D. and Verle, P. (1988). Geostatistical abundance resources models. In *Quantitative Analysis of Mineral and Energy Resources*, Chung, C.F., Fabbri, A.G., Sinding-Larsen, R. (eds). Springer, Berlin.

Ingulstad, M., Perchard, A., Storli, E. (2015). *Tin and Global Capitalism. A History of the Devil's Metal, 1850–2000*. Routledge, London. 91

ITRI (2016). Global Tin, Resources and Reserves. Report.

Jébrak, M. (2011). Innovation in mineral exploration: Successes and challenges. *SEG Newletters*, 86, 12–13.

Jébrak, M. (2015). *Quels métaux pour demain ? Les enjeux des ressources minérales*. Dunod, Paris.

Jébrak, M. and Marcoux, E. (2008). *Géologie des gîtes minéraux*. Ministère des Ressources naturelles et de la Faune, Quebec.

Jébrak, M. and Vaillancourt, J. (2011). *100 innovations dans le secteur minier*. Minalliance, Montreal. Available at: https://docplayer.fr/4540352-100-innovations-dans-le-secteur-minier.html [Accessed January 2021].

Kamili, R.J., Kimball, B.E., Carlin Jr., J.F. (2017). Tin. In *Critical Mineral Resources of the United States – Economic and Environmental Geology and Prospects for Future Supply*, Schulz, K.J., DeYoung, J.H., Seal, R.R., Bradley, D.C. (eds). U.S. Geological Survey Professional Paper, S1–S53.

Leamer, E. (1984). *Sources of Comparative Advantage*. The MIT Press, Cambridge.

Monnet, A., Gabriel, S., Percebois, J. (2017). Long-term availability of global uranium resources. *Resources Policy*, 53, 394–407.

Mudd, G.M. and Jowitt, S.M. (2018). Growing global resources, reserves and production: Discovery is not the only control on supply. *Economic Geology*, 113, 1235–1267.

N'Diaye, I.S. (2015). *Le Scandale géologique guinéen*. L'Harmattan, Paris.

Prior, T., Giurco, D., Mudd, G., Mason, L., Behrisch, J. (2012). Resource depletion, peak minerals and the implications for sustainable resource management. *Global Environmental Change*, 22, 577–587.

Rainelli, M. (2015). *Le commerce international*, 11th edition. La Découverte, Paris.

Schaffartzik, A., Mayer, A., Eisenmenger, N., Krausmann, F. (2016). Global patterns of metal extractivism, 1950–2010: Providing the bones for the industrial society's skeleton. *Ecological Economics*, 122, 101–110.

Schmitz, C. (1986). The rise of big business in the world copper industry 1870–1930. *The Economic History Review*, 39, 392–410.

Schodde, R. (2010). The key drivers behind resource growth: An analysis of the copper industry over the last 100 years. In *MEMS Conference Mineral and Metal Markets over the Long Term*. Phoenix, USA, 3 March 2010.

Seccatore, J., Veiga, M., Origliasso, C., Marin, R., Tomi, G. (2014). An estimation of the artisanal small-scale production of gold in the world. *Science of the Total Environment*, 406, 662–667.

Singer, D.A. (1993). Basic concepts in three-part quantitative assessments of undiscovered mineral resources. *Nonrenewable resources*, 2, 69–81.

Spector, C. (2003). Le concept de mercantilisme. *Revue de métaphysique et de morale*, 39, 289–309.

Sundberg, U. (1992). *Ecological Economics of the Swedish Baltic Empire: An Essay on Energy and Power*. Elsevier, Issy-les-Moulineaux.

Tilton, J.E. (1983). Comparative advantage in mining. Working document, IIASA, Lavenburg.

Tilton, J.E. (1992). Mineral endowment, public policy and competitiveness. A survey of issues. *Resources Policy*, 18, 237–249.

Tilton, J.E. and Guzmàn, J.I. (2016). *Mineral Economics and Policy*. Routledge, New York.

U.S. Bureau of Mines and U.S. Geological Survey (1980). Principles of a Resources/Reserve Classification for Minerals. Geological Survey Circular, 831.

U.S. Geological Survey (2018). Mineral Commodity Summaries [Online]. Available at: https://minerals.usgs.gov/ [Accessed January 2021].

World Nuclear Association (2018). Supply of Uranium [Online]. Available at: https://www.world-nuclear.org/information-library/nuclear-fuel-cycle/uranium-resources/supply-of-uranium.aspx [Accessed January 2021].

Wright, G. and Czelusta, J. (2004). Why economies slow: The myth of the resource curse. *Challenge*, 47, 6–38.

Zimmermann, E.W. (1933). *World Resources and Industries: A Functional Appraisal of the Availability of Agricultural and Industrial Resources*. Harper & Brothers, New York.

第二部分

热点问题

第五章 初级生产能耗和金属价格的长期演变建模

奥利维尔·维达尔

法国,格勒诺布尔阿尔卑斯大学,法国国家科学研究中心(CNRS),

地球科学研究院(ISTerre)

第一节 引言

人类正在以前所未有的水平消耗着矿产资源,每年开采 700×10^8 t 原材料,
人均资源消费也达到前所未有的水平(Graedel and Cao,2010;Graedel,2011;
Wiedmann et al.,2015;Elshkaki et al.,2016;2018)。矿产资源生产是高度能
源密集型的,目前约占全球能源消费的 12%,世界工业能耗中 35% 用于钢铁、水
泥、铝和有色金属的生产(IEA,2013)。各种研究表明,金属生产能耗及其长期
价格,根据所开采矿石中金属的稀释度(含量的倒数)的幂律而变化(Sherwood,
1956;Phillips and Edwards,1976;Chapman and Roberts,1983;Johnson et al.,
2007;Gutowski et al.,2013;Daniels,2016)。在技术不变情况下,这种变化意味
着,随着时间推移矿床中有用组分的含量下降将导致生产能耗呈现指数级增长。
这表明,在不久的将来,由于金属生产能耗量将激增到难以负担,金属开采成本
将高得令人望而却步,金属的可获得性会受到影响(Valero et al.,2013)。然而,
历史数据并不支持这一观点;马里斯卡尔和鲍威尔(Mariscal and Powell,2014)
认为,自 1900 年以来,通胀调整后的大宗商品价格实际上是有所下降的。这个
趋势在很多金属价格走势上也能发现。例如据 USGS 报告,铜的美元不变价已

从 1900 年的 7 000 美元/t(按 1998 年美元不变价)下降到 2005 年的 3 000 美元/t(按 1998 年美元不变价)，而同期世界所开采铜矿床的平均品位已从 4％下降到 1％。这一时期的价格变化不是连续的，而是通过周期性波动可以观察到强烈的振荡，周期性波动包括供需的瞬时关系、石油危机和能源价格、冲突、满足快速增长需求所需的生产投资等。然而，铜价和矿石品位的同时下降表明，生产率和能源效率提升带来的技术进步，抵消了矿石质量下降导致的能源使用量增加。在所有资源中，无论是在化石资源中还是在可再生资源中，都能观察到技术进步对生产成本和价格的影响。技术进步使质量较差而更丰富的资源可能替代枯竭而优质的资源，从而增加储量。尽管一个多世纪以来消费呈指数级增长，但因为技术进步使我们今天能够做许多过去不可行的事情，金属储量达到了前所未有之高。这种乐观的观点与预计金属短缺的观点完全相反，预计短缺的观点的形成源于富矿床的枯竭以及能源成本和价格的激增。乐观的观点甚至给人的印象是，资源的永续增长是有可能的。

为了更好地理解这两种相互对立观点的论点，本章的目的是：

——提出一个基于合理物理方法的简单公式，描绘平均矿石品位、金属初级生产能耗、技术进步、价格和储量之间的关系；

——使用一组具有高度可变的含量、生产能耗和价格的金属的现有数据约束模型的当前参数；

——使用长期历史数据约束随时间变化的模型参数演变，定义初级生产能耗和长期价格的目的是重现历史发展并给出未来趋势。

本章的研究表明，对于资源质量下降和技术进步的影响，乐观和悲观的两种对立观点是不矛盾的。20 世纪矿石品位下降所引发的能源过度消耗，技术进步使消耗减少已成为可能，但在 21 世纪初研究的许多金属中，这一趋势发生了逆转。对于这些金属，预计未来生产能耗及其长期价格将会上升。

第二节　含量与生产能耗的关系

金属初级生产能耗(E)可分为三部分：

——将矿石破碎释放出含金属矿物的粉碎能耗（comminution energy, Eb）；

——从分解岩石中分离出含金属矿物的分离能耗（separation energy, Es）；

——从矿物中提取金属的选冶能耗（energy of metallurgical processes, Em）。

颗粒粒径为 s 的无限单位岩体的粉碎能耗，可以用粒度倒数的幂函数（Hukki 定律）（Lynch, 1977）来近似表示：

$$Eb = \text{k} \cdot \left(\frac{1}{s}\right)^n \qquad (5.1)$$

式中：随着颗粒粒径 $s = 10^5 \mu m$ 增加到 $s = 1\mu m$，n 从 0 增加到 2（Thomas and Filippov, 1999）。作为稀释金属，当含量 $C < 1\%$ 时，Eb 也是矿石品位的函数（Norgate and Jahanshahi, 2010; Gutowsky, 2013; Koppelaar and Koppelaar, 2016），这表明金属 i 的粉碎粒径与稀释度成正比，可以用下式表示：

$$Ebi\,(\text{J/g metal}) = \text{ai} \cdot \left(\frac{1}{C\text{metal}}\right)^{ui} \qquad (5.2)$$

式中：a、u 均为常数，i 为某种金属。

从分解岩石中分离含金属矿物所需的最小能量，与两种组分（矿物 j 和岩石）的理想混合物的混合熵成正比，这两种组分之间没有相互作用：

$$Esj\,(\text{J/mol}) = -\text{RT}(xj\ln jx + (1-xj)\ln(1-xj)) \qquad (5.3)$$

式中，R 是通用气体常数[8.314 J/(mol·K)]，T 是温度（298.15K），xj 是混合物中含金属 i 的矿物 j 的摩尔分数，可以用下式表示：

$$xj = \frac{Nj}{Nj + N\text{rock}} \qquad (5.4)$$

式中，m 是质量，M 是摩尔质量。

$$Esj\,(\text{J/g metal}) = -\frac{\text{RT}}{xj.Mi.ni} \cdot \left(\ln xj + \frac{1-xj}{xj} \cdot \ln(1-xj)\right) \qquad (5.5)$$

从矿物中提取金属所需的最小选冶能耗与由其组分形成矿物的自由能成正比（单位为 J/mol）：

$$Emi\,(\text{J/g metal}) = \frac{-\Delta \text{G}°\text{fi}}{Mi.ni} \qquad (5.6)$$

表 5-1 和图 5-1 给出了根据公式（5.2）至（5.6）计算出的一系列金属的

表 5 − 1 能耗和价格的观察值与计算值

	金属的 C (g/岩石)	$\Delta G°f$ (kJ/mol)	Em (MJ/kg)	Es (MJ/kg)	Eb (MJ/kg)	$\bar{r}p$	$\bar{\eta}p$	$\bar{a}$	β (2015)	τ (%)	$\bar{E}$ (MJ/kg)	E obs. (MJ/kg)	P(1998年美元不变价/t)	2005年观察的价格美元 (1998年美元不变价/t)
砖	1.0E+00	—	0.30	3.10E-04	1.00E+00	5	1	1	0.92		3	2	57	45
水泥 CaCO$_3$	5.6E-01	—	0.60	3.04E-02	1.79E+00	5	1	1	0.81		5	4g	101	91
玻璃 SiO$_2$	4.6E-01	—	3.00	6.12E-02	2.15E+00	5	1	1	0.87		17	15	428	300
Fe Fe$_2$O$_3$	5.2E-01a	-742.2	6.75	1.04E-02	1.92E+00	5	1	1	0.70		36	25g	741	550
Al Al$_2$O$_3$	2.5E-01b	-1 582.3	29.30	2.73E-02	4.00E+00	5	1	1	0.62		151	93g	3 287	1 670
Mn MnO$_2$	2.5E-01b	-465.1	8.47	641E-02	4.00E+00	5	1	1	1.23 (1.00)	2	46	57b	1 440	594
Sn SnO$_2$	4.0E-03b	-519.8	3.34	7.36E-02	2.50E+02	5	1	1	0.78		267	207b	7 183	8 850
Hg HgS	2.0E-03	-50.6	0.22	6.76E-02	5.00E+02	5	1	1	0.82		501	409b	14 934	13 400
Zn ZnS	5.0E-02a	-201.3	3.08	1.01E-01	2.00E+01	5	1	1	1.27		35	45b	1 393	1 240
Ag Ag$_2$S	3.0E-04c	-40.7	0.19	4.56E-02	3.33E+03	5	1	1	1.23	1.2	3 334	4 100k	177 834	197 000
Cu CuS	9.21E-03d	-53.6	0.85	1.48E-01	1.09E+02	5	1	1	0.53	1.5	113	60k	1 898	3 190
Cu Cu$_2$S	9.21E-03d	-86.2	0.68	4.46E-02	1.09E+02	5	1	1	0.53	1.5	113	60k	1 898	3 190
Pb PbS	4.0E-02b	-98.7	0.41	3.84E-02	2.50E+01	5	1	1	1.22		27	33b	998	1 130
Pd Pd	4.5E-06c	0.0	0.00	3.10E-01	2.22E+05	5	1	1	0.81		2.22E+05	1.80E+05h	1.03E+07	1.185E+07
Pt Pt	4.5E-06c	0.0	0.00	1.69E-01	2.22E+05	5	1	1	1.22		2.22E+05	2.71E+05b	1.60E+07	1.185E+07
Au Or	3.0E-06c	0.0	0.00	1.73E-01	3.33E+05	5	1	1	0.95	0.1	3.33E+05	3.10E+05h	1.89E+07	1.190E+07
Cr Cr$_2$O$_3$	2.3E-01b	-1 058.8	10.18	1.91E+00	4.35E+00	5	1	1	1.16		55	64b	2 034	1 260
W MnWO$_4$	3.0E-03c	-1 544.8	8.40	6.81E-02	3.33E+02	5	1	1	0.95		375	357b	12 904	24 900
Ti TiO$_2$	1.0E-02f	-890.7	18.61	1.74E-01	1.00E+02	5	1	1	1.86		193	360i	13 020	14 440
Ti FeTiO$_3$	1.0E-02f	-1 142.1	23.79	9.90E-02	1.00E+02	5	1	1	1.96		219	430b	15 760	14 441
Ni NiS	9.0E-03b	-91.0	1.55	1.56E-01	1.11E+02	5	1	1	1.34	1.2	119	160j	5 447	12 300
Mo MoS$_2$	3.0E-03b	-225.9	1.41	8.79E-02	3.33E+02	5	1	1	0.77(1.00)		340	235k	12 263	26 000

注：a—Priester et al.，2019；b—Fizaine et al.，废弃物 2015；c—www.mining.com/world-top-10-silver-mine；d—Vidal et al.，2019，公式（5，11）；e—Philipps，1976；f—www.proactiveinvestors.com.au/companies/news/195095/Neometals-explasts-vs-resources-at-barrambardie-195095.html；g—Gutowsky et al.，2013；h—Ecoinvent 2.02；http://www.ecoinvent.org/database/；i—Norgate and Rankir，2000；j—Nuss et al.，2014，2015；k—Nuss et al.，2014，2015. 对于 Mn 和 Mo，β（2015）的数值未使用 E obs/$\bar{E}$ 的比率。而是使用的括号内数值。

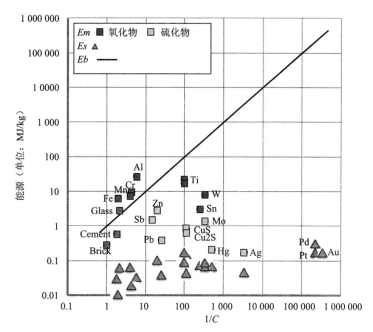

图 5-1　最小选冶能耗(Em)、分离能耗(Es)和采矿加粉碎能耗(Eb)与矿物品位的关系

有关此图的彩色版本,请参见 www. iste. co. uk/fizaine/mineral1. zip。

Eb、Es 和 Em 值,这些金属的含量范围为 $0.0003\%\sim50\%$。最小分离能耗最多可比粉碎能耗和选冶能耗低一个数量级。在 $C<0.5\%$ 时,Eb 的贡献率最高。在 $C>0.5\%$ 时,最小选冶能耗不可忽略,在 $C>5\%$ 时,则选冶能耗会超过粉碎能耗。

考虑最小能耗与实际生产能耗之间的差异,Es 和 Em 必须乘以对应效率倒数的校正因子$\overline{\eta m}$ 和$\overline{\eta s}$。这些因子取决于矿山类型、矿石类型、成熟度和工艺过程类型等许多参数。因此,不同金属的参数$\overline{\eta m}$ 和$\overline{\eta s}$值是变化的,但我们首先假设所有金属的能源效率是相同的。另外假设公式(5.2)中的 $a(i)$ 和 $u(i)$ 取决于矿石品位,则可以对所有金属推导出平均生产能耗的一个单独的公式:

$$\overline{E}=\overline{\eta m}.Emi+\overline{\eta s}.Esi+\overline{a}.\left(\frac{1}{C}\right)^{-\overline{u}} \tag{5.7}$$

$\overline{\eta m}$,$\overline{\eta s}$,$\overline{a}$ 和 $\overline{u}$ 的值由生产能耗的现值和所开采矿床的平均矿石含量估算而来(表 5-1)。

图 5-2 表明,当$\overline{\eta m}=5$ 和$\overline{\eta s}=\overline{a}=\overline{u}=1$ 时,观察值和估计值之间具有良好

的一致性。

　　除了钛(−90%)和铜(+45%)以及次要程度上的铝(+34%)和镍(−34%)之外,对于所有金属来说,计算的能耗和观察的能耗之间的差异小于30%。造成偏差的原因可能是高估或低估了所观察的平均矿石品位和/或平均能耗。对于铝和铜,另一种解释是生产这两种金属的能源效率优于其他金属。对于钛和镍,则其生产的能源效率较低。最后,对于铟、镓和钴来说,造成观察值巨大差异(约+70%)是由于这些金属是开采另一种具有矿山经济价值金属的副产品。逻辑上来说,观察能耗仅能代表计算能耗的一小部分(约30%),因为采矿和粉碎能耗的很大一部分是用于生产主金属的。出于这个原因,没有使用这些金属来估计 $\overline{\eta m}$, $\overline{\eta s}$, $\overline{a}$ 和 $\overline{u}$。

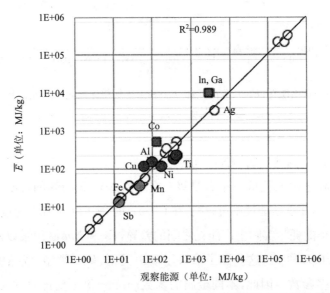

图 5-2　式(5.7)得出的生产能耗计算值与观察值之间的函数关系

注:灰色方块图标代表副产品,圆圈图标代表主要开采物质。红色符号表示回归线上偏差最大的金属。蓝色符号表示价格与能耗回归线上偏差最大的金属(图5-3)。

有关此图的彩色版本,请参见 www.iste.co.uk/fizaine/mineral1.zip。

　　在进一步讨论之前,应该强调的是,参数 $\overline{\eta m}$, $\overline{\eta s}$, $\overline{a}$ 和 $\overline{u}$ 是以纯数学方式估算的,目的是获得 $E(i)$ 值与观察的生产能耗值之间的最小离差。还可以使用额外的约束条件,如观察的选冶、采矿、粉碎和分离能耗的份额。就铜而言(详见下文),诺盖特等(Norgate et al.,2010)估计,开采和粉碎过程初级能耗约为 60 MJ/kg,而选冶过程的初级能耗约为 10 MJ/kg。因此,选冶能耗占生产能耗总量的 14%,而仅占总量的 4%。因此,这意味着在金属的 $\overline{\eta m}$,$\overline{\eta s}$,$\overline{a}$ 和 $\overline{u}$ 值已给定的情况下,可能提高观察比例与计算比例的一致性,但是这不是所有金属的共同值,考虑到可获得数据的现状,求共同值似乎比较困难。

第三节　能耗与价格的对等性

一些研究已经表明,金属价格与生产能耗一样,与开采出矿床中的金属的稀释度呈幂律关系(Phillips,1976;Johnson et al.,2007;Gutowski et al.,2013)。如果所有金属的生产能耗占总生产成本的份额是相似的,则这种观察结果是合乎逻辑的。在图 5-3 中,这一趋势得到证实,图 5-3 显示了 2005 年式(5.7)所得的能耗与 1998 年美元不变价(数据来源于 USGS)之间的函数关系。之所以选择这个时间点,是因为这个时间点早于由强劲的中国需求和投机增加所推动的 2005～2011 年价格繁荣期。因此,推测 2005 年的价格代表了长期价格。

虽然 $\overline{E}$ 和价格之间的相关性并不十分吻合,但图 5-3 恰当地表达了"物以稀为贵"这句谚语。不考虑任何经济因素,金、铂或钯的价格与铁或锰的价格之间相差五个数量级,足以用矿石中金属含量之间的五个数量级来解释。这种含量差异意味着稀释金属的生产能耗要高得多,并且只要能源有价格,生产成本就将更高。

相对于平均趋势,图 5-3 中的铝及次要程度上的铜的生产能耗都过高。相反,相对于所有金属的回归曲线估计值,钛和镍的估算能耗显得太低。这一观察结果似乎证实,铝和铜生产的能源效率优于所有金属的平均回归线估计值,而镍和钛的能源效率则较低。其他金属的能源效率与总体趋势有显著偏差。特别是,相对于平均趋势,锰的观察价格较低,锑价格过高,而锰、锑的计算能耗与观察能耗却是一致的(图 5-2)。至少对于这两种金属来说,2005 年的价格可能不代表长期价格。

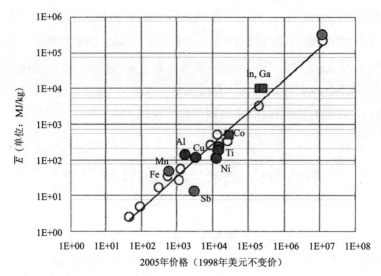

图 5-3　式(5.7)计算的生产能耗与 2005 年金属价格(1998 年美元不变价)的函数关系

注:有关此图的彩色版本,请参见 www. iste. co. uk/fizaine/mineral1. zip。

　　为了降低点 $\overline{E}$ 相对于 2005 年价格的离散度,将 $\overline{E}$ 乘以系数 $\beta = Eobs/\overline{E}$,用于修正每种金属的平均能源效率($\eta m = \beta i * \overline{\eta m}$, $\eta b = \beta i . \overline{\eta b}$ 和 $a = \beta i . \overline{a}$),即:

$$Ei = \beta i . \overline{Ei} \tag{5.8}$$

　　E 与 2005 年价格回归的系数(图 5-4a)略高于在假设 βMn 和 βMo 等于 1 的情况下未经修正计算的系数。用表 5-1 中显示的 β 值的重新计算价格与观察价格非常一致(图 5-4b),E 与 2005 年价格的回归线方程如下(图 5-4a):

$$Pi = 23.02 * (\overline{Ei} * \beta i)^{1.0754} \tag{5.9}$$

　　该公式可用于计算一个给定含量条件下作为估计能源函数的长期价格(图 5-5a,图 5-5b)。图 5-5a 和图 5-5b 显示,价格或能源与 $1/C$ 之间的幂律关系仅在 C 约低于 1‰时有效,在这个区域,大部分生产能耗来自于采矿和粉碎能耗(Eb)。当 $C>1$‰时,冶金能耗与粉碎能耗所占比例同样显著(图 5-1),这导致初级生产能耗与价格偏离幂律关系。因此,式(5.7)至(5.9)为生产能耗与价格的实证关系提供了一种合理(符合自然规律的)解释,这些关系可以用一种稀释度的幂函数来表示。这也是在给定含量范围的条件下有效,超过此范围,该关系不再有效。

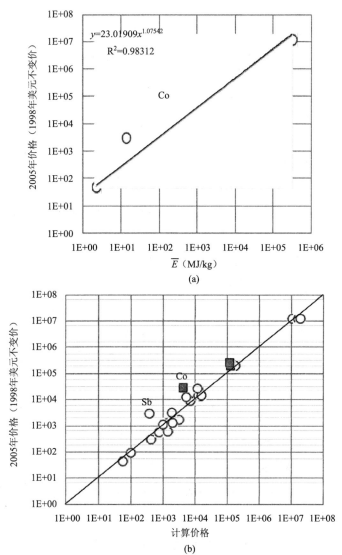

图 5-4 (a)式(5.8)计算能耗与 2005 年观察价格之间的相关性;

(b)公式(5.9)计算的价格与观察价格之间的相关性

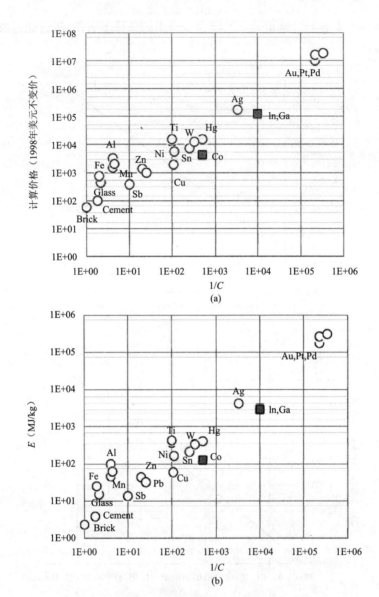

图 5-5　价格(a)和生产能耗(b)分别与当前开采矿
山中金属稀释度(与含量相反的值)之间的函数关系

第四节　时间变化下技术进步与生产能耗 和金属价格的演变

107

从图 5-5 可以看出,平均矿石品位随着时间推移在下降。当 C<1% 时,这必然会导致稀释金属的生产能耗和长期价格呈幂律增加。在引言中已经提到,这个观点反复被认为是未来金属生产的主要限制因素。事实上,未来储量(指按经济可行成本开采的金属量)受到生产成本的限制,生产成本又取决于生产能耗。然而,在对未来做出仓促结论之前,有必要验证能源价格和生产成本(价格)的历史变化是否受矿床中金属含量的有效控制。例如,铜矿床的平均开采矿石品位已从 1900 年的 4% 下降到今天的 1%(Mudd,2009;Northey et al.,2014)。根据式(5.7)、式(5.8)和式(5.9)可以计算出,1900 年以 850 美元/t 的成本生产 1 kg 铜需要 30 MJ;然而,USGS 的数据显示,1900 年铜价为 7 000 美元/t,是这个数字的 8 倍多。这种差异显然是物流和生产技术提升的结果,能源效率随着时间推移提高了,生产成本降低了。因此,图 5-5 所示的能耗或价格与稀释度(含量的倒数)之间的关系仅在当前的金属含量和生产技术条件下有效;不能仅仅根据矿石品位的变化来估算过去或未来的能源和价格。为了估算长期价格的演变,不仅需要考虑矿石品位的变化,还需要考虑技术进步。

一个直截了当的方法是使 β 值随时间而变化。可以通过将生产能耗分解成两项来解决这个问题,分别对应于:

——时间变化下改进技术的能耗($EC_{2015}(t)$),假设 2015 年矿石品位保持不变;

——时间变化下矿石品位降低的能耗($ET_{2015}(t)$),假设 2015 技术保持不变:

$$E(t)=(ET_{2015}(t)+EC_{2015}(t))/2 \qquad (5.10)$$

式中,t 是所考虑的年份,$ET_{2015}(t)$ 由公式(5.9)计算得出。其中,利用 2015 年的 βi 值(表 5-1),含量 $C(t)$ 在时间变化下呈指数级变化(Vidal et al.,2019):

$$C(t)=8*10^{10}*\exp(-0.0125*t) \qquad (5.11)$$

108　　　长期价格 $P(t)$ 也可以分解为与能耗类似的两个项：

$$P(t) = (PT_{2015}(t) + PC_{2015}(t))/2 \qquad (5.12)$$

对于年率保持不变情况下含量值的连续变化[公式(5.11)]，β 值也以固定速率(τ)随时间的变化而变化，可以利用 2015 年的 β 值(表 5-1)计算得出：

$$\beta(t) = \beta(2015) \cdot (1-\tau)^{(t-2015)} \qquad (5.13)$$

因此，技术保持不变条件下的生产能耗以与 $(t)_{2015}$ 相同的速率变化：

$$ET_{2015}(t) = \overline{E} \cdot \beta(2015) \cdot (1-\tau)^{(t-2015)} \qquad (5.14)$$

可以使用除 2015 年以外的另一个参考年，利用 2015 年的值计算参考年 tR 的 $eET(t)$ 和 $eEC(t)$ 值，关系如下：

$$ET_{tR}(t) = \beta(2015) \cdot \overline{E(C)} \qquad (5.15)$$

$$EC_{tR}(t) = E(tR) \cdot (1-\tau)^{(t-tR)}$$

$$E(t) = (ET_{tR}(t) + EC_{tR}(t))/2 \qquad (5.16)$$

式中 $\overline{E(C)}$ 为使用式(5.7)计算出来的含量 $C(t)$ 和 $E(tR) = (ET_{2015}(tR) + EC_{2015}(tR))/2$ 的生产能耗值。

在公式(5.13)至(5.16)中没有考虑另一个约束因素：热力学极限，设定了一个技术进步也不能突破的最小值能耗。对于选冶能耗和分离能耗，热力学极限由 Em 和 Es 值给出[公式(5.5)和(5.6)]。要估算采矿能耗和粉碎能耗的下限比较困难，但美国能源部在 2007 年给出了一个最小能耗值，即现值的 30%。对于一种给定金属，这个最小能耗必定随时间而变化，因为它与含量成比例关系，而含量本身随时间变化而变化。假设最低粉碎能耗为当前金属生产能耗的 30%，最小值可由以下公式给出：

$$E\min = Em + Es + Eb(C) * \beta(2015) * 0.3 \qquad (5.17)$$

109　　按时间 t 时的含量计算出 Eb 值。公式(5.17)中的系数 β 为 2015 年的系数，因为技术进步并未改变 2015 年 Eb 估计的采矿能耗与粉碎能耗之和的最小值。在 $E\min$ 估算中，只需考虑矿石品位是随时间的变化而变化的。

第五节　在铜初级生产的应用

估算所得的 τ(1.5%/年)、$ET_{2015}(t)$、$EC_{2015}(t)$ 和 $E(t)$ 值(图 5-6)，可以重

现 1900～2015 年的长期价格[$P(t)$](图 5-7)。无论参考年是哪一年，$ET_{tR}(t)$
和 $eEC_{tR}(t)$ 以及 $PT_{tR}(t)$ 和 $PC_{tR}(t)$，与显示 $E(t)$ 和 $P(t)$ 趋势的红色曲线均
会相交。当 $t>2\,060$ 时，$EC_{2015}(t)$ 曲线低于热力学极限(图 5-6a)，这表明，超
过该时间节点，技术进步将不能再带来能耗增益。根据公式(5.11)，金属含量在
未来应该会降低，$E(t)$ 在 2015 年后与 Emin 相平行。1900～2010 年，矿石品位
下降了 3/4，$E(t)$ 和 $P(t)$ 也下降了 3/4，这是因为在此期间，技术进步带来的能
耗增益大于矿石品位下降带来的损失。计算的 $E(t)$ 值趋势与 20 世纪 60 年代
至今所观察的 $E(t)$ 值趋势相一致(图 5-6a)。但这一趋势在 21 世纪初发生了
逆转，$E(t)$ 随时间变化而增加，这是因为技术进步带来的能耗增益小于矿石品
位下降带来的损失。长期价格与生产所需能源呈现出相同趋势，在 2100 年将回
到 1920 年的相同值。

　　维达尔等(Vidal et al.，2019)也得出了类似的结果，他们使用一个独立的捕
食—食饵动态模型(prey-predator dynamic model)，将资源量、储量、年产量、工
业资本、生产成本和价格联系起来，讨论了技术进步与铜资源质量下降的相对贡
献。在研究中，$E(t)$ 和 $P(t)$ 呈 U 形曲线，在早期研究中技术进步占主导，在后
期阶段中资源质量下降则占主导(图 5-7a)。

　　图 5-6 和图 5-7 显示的结果具有显著但存在难以量化的不确定性。用于
约束式(5.7)和 $\beta(2015)$ 参数的平均观察能耗的不确定性是难以估算的，原因是
矿石品位和生产技术的可变性。所使用的铜(2015)的参考值($ECu=60$ MJ/
kg)与智利铜业委员会(Chilean Copper Commission，2014)报告的参考值
(图 5-6a 中的点 4)几乎完全相同，但高于马尔森(Mardsen，2008)给出的参考
值(含量为 0.5%～1% 时，为 30～50 MJ/kg，图 5-6a 中的点 5)。后面这两
个数值表明，在 20 世纪 70 年代或 80 年代到 2010 年期间，铜生产的能耗下降了
1/2[根据盖恩斯(Gaines，1980)计算，在 $C=0.76\%$ 的情况下 $E(1975)=120$
MJ/kg，图 5-6a 中的点 3]。相反，我们估算，同期 $E(t)$ 值停滞在 60 MJ/kg 左
右。但这并不意味着我们的估计值与马尔森(Mardsen，2008)的数据有矛盾。
事实上，用 $E(t)$ 表示含量而非时间的函数(图 5-6b)就表明，全球铜品位从
1.6%(1975)下降到 0.9%(2015)，$E(2015)$ 也是 $E(1975)$ 的一半。

　　图 5-7 的结果表明，如果技术进步速度保持不变，铜的价格以及因推广导

致的质量下降的自然资源价格,最终都会上升。因此,从长期来看,乐观观点所认为的技术进步总是能够降低生产成本和价格是不正确的。悲观观点所认为的利用当前生产能耗与矿石品位的关系来预测未来生产能耗和价格也是不正确的,因为它忽略了技术进步的作用。事实上,在技术 $ET_{2015}(C)$ 保持不变条件下生产能耗的变化趋势,与技术变化条件下生产能耗的变化趋势有很大不同。随着技术因 tR 增加而更有效率,$ET_{tR}(C)$ 曲线将随着时间推移向低含量方向移动。因此,在一给定时间 tR,受约束 $ET_{tR}(C)$ 曲线不代表过去或未来的生产能耗。只有图 5-6a 和 5-6b 中的曲线 $E(C)$ 同时考虑了平均矿石品位的变化和技术进步。该曲线表明,**随着矿石品位的增加**,在 $C>1\%$ 时,生产所需能源也增加,而迄今为止已发表的估算值却显示了相反的趋势(图 5-6b 中的星形和虚线),这是因为在一个给定时间下建立的,即技术保持不变。已发表的值与我们对技术保持不变情况下生产能耗[$ET_{tR}(C)$]的估算值相一致。然而,由于金属价格和生产能耗都与稀释度呈幂律变化,1900~2015 年的观察价格下降,意味着生产能耗 $E(C)$ 在同期也在下降。

另一方面,引前中的文献中提出的能耗呈现指数增长的这一未来趋势,在含量非常低的情况下是正确的,因为 $E(t)$ 和 $P(t)$ 呈 U 形,并且因为 $ET_{tR}(C)$ 和 $E(C)$ 在 $C<0.5\%$ 时重叠。本章所提出模型的意义在于,如果给定一种矿石品位的变化和从历史价格变化推导出的技术进步减缓的速度,模型就可以预测长期价格曲线的拐点何时出现。

第六节　　在镍、铝、银和金的应用

除铜之外,铝、镍、银和金的生产能耗和长期价格也可采用以下含量趋势(Mudd,2009)进行估算:$C_{Al}(t)=0.3\times\exp(-0.002\times(t-1900))$、$C_{Ni}(t)=0.15\times\exp(-0.0245\times(t-1900))$、$C_{Ag}(t)=0.003\times\exp(-0.02\times(t-1900))$、$C_{Au}(t)=3.10^{-5}\times\exp(-0.022\times(t-1900))$。

对于镍和银,在 τ 的年变化率为 $1\%\sim1.5\%$(该值与铜相似)时,以及对于金在 τ 的年变化率为 0.1% 时,计算得出的长期价格与历史数值比较合理地保

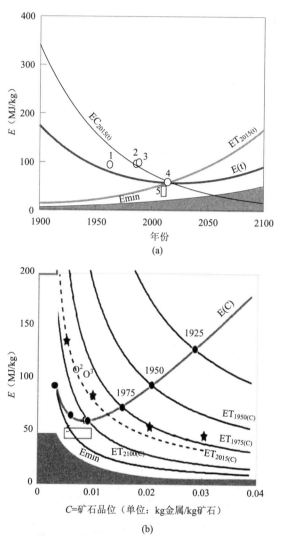

图 5-6　计算得出的铜生产能耗随时间(a)与随平均矿石品位(b)的变化

注:阴影区显示的是低于热力学极限的能耗范围[公式(5.17)]。标识表示凯洛格(Kellogg,1974)、罗

森克兰茨(Rosenkranz,1976)、盖恩斯(Gaines,1980)、马斯登(Marsden,2008)和智利铜业委员会

(Commision Chilena del Cobre,2014)所观察到的历史值。(b)中的虚线显示了来自诺盖特和贾汉沙

希(Norgate 和 Jahanshahi,2010)的值,星形显示的值来自查普曼(Chapman,1974)。

有关此图的彩色版本,请参见 www.iste.co.uk/fizaine/mineral1.zip。

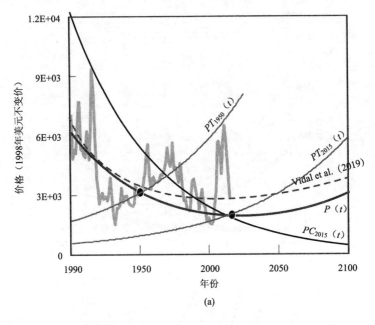

(a)

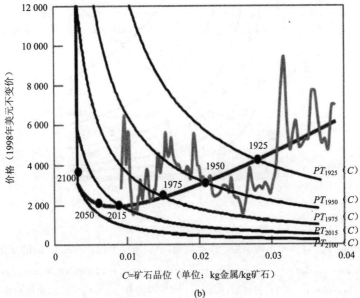

(b)

图 5-7　计算得出的铜价格随时间(a)和矿石品位(b)的变化

注:灰色曲线显示的是历史数据。

有关此图的彩色版本,请参见 www.iste.co.uk/fizaine/mineral1.zip。

持一致(图 5 - 8)。2000～2010 年,银和镍的长期价格上涨速度比铜快。就金而言,长期价格的上涨更快,而且发生得更早,技术进步的速度非常慢。到 2100 年之前,只有铝的价格会下降,因为其平均矿石品位几乎没有变化。这种金属的估算价格太高,这表明,与其他金属相比,要么生产铝的能源成本在总成本中占比低,要么能源价格低。因此,需要对该模型进行改进,才能更好地解释能源—价格的对等性。

　　铝、铜、镍、银和金的结果可以表明,本章所提出的估算金属价格长期变化的方法,能够重现天然矿床中完全不同含量的金属的历史趋势。应该提到一个值得注意的例外,即钢。根据古托夫斯基等(Gutowski et al.,2013)和耶利谢蒂等(Yellishety et al.,2011)的研究,自 1950 年以来,用于生产钢铁的能耗以每年 1%～2% 的速度下降。这一时期铁矿石品位相对稳定,这种生产能耗的下降本应该反映在价格变化上。然而,USGS 所报告的 1950 年和 2005 年的钢材价格非常相似。对于这种能耗和价格演变之间的不一致性,一种可能的解释是,1950～2005 年生产能耗在成本价格中的占比大幅下降。

第七节　结　论

　　基于金属生产所需能源演变作为矿石品位和技术进步的函数的一种方法,再现了目前含量 0.003%～50% 金属的观察价格和观察生产能耗。本章所提出的方法能够再现 1900 年至今的长期历史价格走势。

　　引言中所提出的问题,涉及支持两种经典的、相互对立的观点的论点:高质量不可再生资源的枯竭和低质量资源的开发利用是否会导致生产能耗和价格不可承受的增长,或者是否可以像所设想的那样,技术进步能够合理地弥补矿石品位下降的影响? 我们的结果表明,与矿石质量下降和持续技术进步相关的价格变化遵循经典的 U 形曲线。到目前为止,技术进步所带来的能耗增益已经远远弥补了矿石品位下降所带来的损失。然而,这种情况是不可持续的,因为通过技术提高能源效率受到热力学极限的约束。总有一天,增益会补偿不了损失。

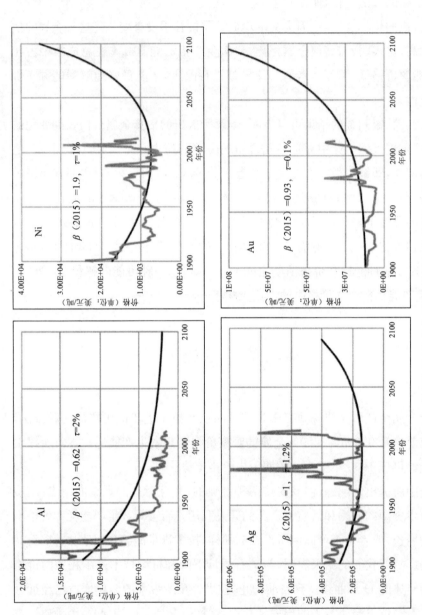

图 5 - 8 观察价格(蓝色曲线)与计算价格(黑色曲线)

注:有关此图的彩色版本,请参见 www. iste. co. uk/fizaine/mineral1. zip。

　　到增益补偿不了损失的那个时点之时，如果渐进式的技术进步保持不变，长期价格就会上升。"渐进式进步"（progressive improvement）一词适用于随时间变化不大的资源类型。如果未来取得颠覆性的技术进步，开发了新类型的矿床，无论是大洋矿床还是深部矿床，都可能从根本上改变这种情况。因此，可持续获取资源的关键是开发新矿床的技术进步。今天我们无法使用中世纪的技术从矿床中采出铜。人们担忧从质量越来越差的矿床中开采越来越多的资源，也并不是新鲜事。这种担忧在 50 年前就已经存在了，当时的价格并没有出现暴涨，并且产量还呈指数级增长，也没有出现短缺。然而，目前的情况与过去不同，我们似乎正进入一个关键时期，因为我们正接近热力学极限。在这个极限条件下，技术进步将使我们无法减少能源和货币成本，也无法减少初级金属生产的环境成本。这种演变可能会给已计划的增产带来新的约束。

　　当然，未来的金属生产不限于初级生产。努力改进回收利用势在必行，因为这将大大减少对初级原材料的需求（Vidal et al. , 2019），还因为与初级生产相比，二次回收的能源密集程度，对环境的影响也更小。也就是说，即使二次回收利用的能源强度远低于初级生产，但也不能确定这会对金属价格产生下行的影响。这是因为，与初级生产不同，回收金属的基础材料具有一个市场价值。这些废弃物，其价值与初级金属的价格挂钩。初级金属的长期高价格将导致废料价值的增加，并因此而导致更高的回收成本和更高的回收金属价格。

参 考 文 献

Calvo, G., Mudd, G., Valero, A., Valero, A. (2016). Decreasing ore grades in global metallic mining: A theoretical issue or a global reality? *Resources*, 5, 36.　　116

Chapman, P.F. (1974). The energy costs of producing copper and aluminum from primary sources. *Metals and Materials*, 8(2), 107–111.

Chapman, P.F. and Roberts, F. (1983). *Metal Resources and Energy*. Butterworths, Kent.

Classen, M., Althaus, H.-J., Blaser, S., Scharnhorst, W., Tuchschmidt, M. *et al*. (2009). Life Cycle Inventories of Metals, Data v2.0. Report, Centre for Life Cycle Inventories, Dübendorf.

Comisión Chilena del Cobre (COCHILCO) (2014). Statistical database on production and energy use [Online]. Available at: http://www.cochilco.cl/estadisticas/intro-bd.asp.

De Bakker, J. (2013). Energy use of fine grinding in mineral processing. *Metallurgical and Materials Transactions E*, 1E, 8–19.

Elshkaki, A., Graedel, T.E., Ciacci, L., Reck, B.K. (2016). Copper demand, supply, and associated energy use to 2050. *Global Environmental Change*, 39, 305–315.

Elshkaki, A., Graedel, T.E., Ciacci, L., Reck, B.K. (2018). Resource demand scenarios for the major metals. *Environmental Science & Technology*, 52(5), 2491–2497.

Fizaine, F. and Court, V. (2015). Renewable electricity producing technologies and metal depletion: A sensitivity analysis using the EROI. *Ecological Economics*, 110, 106–118.

Frimmel, H.E. and Müller, J. (2011). Estimates of mineral resource availability – How reliable are they? *Akad. Geowiss. Geotechn., Veröffentl.*, 28(2011), 39–62.

Gaines, L. (1980). Energy and materials flow in the copper industry. Argonne National Laboratory, Energy and Environmental Systems Division Special Projects Group, U.S. Department of Energy [Online]. Available at: https://www.osti.gov/servlets/purl/6540399.

Grädel, T.E. (2011). On the future availability of the energy metals. *Annual Review of Materials Science*, 41, 323–335.

Grädel, T.E. and Cao, J. (2010). Metal spectra as indicators of development. *PNAS*, 107(49), 20905–20910.

Gutowski, T.G., Sahni, S., Allwood, J.M., Ashby, M.F., Worrell, E. (2012). The energy required to produce materials: Constraints on energy-intensity improvements, parameters of demand. *Philosophical Transactions of the Royal Society A* [Online]. Available at: http://dx.doi.org/10.1098/rsta.2012.0003.

Johnson, J., Harper, E.M., Lifset, R., Graedel, T.E. (2007). Dining at the periodic table: Metal concentrations as they relate to recycling. *Environmental Science & Technology*, 41, 1759–1765.

Kellogg, H.H. (1974). Energy efficiency in the age of scarcity. *Journal of Metals*, 26(6), 25–29.

Koppelaar, R.H.E.M. and Koppelaar, H. (2016). The ore grade and depth influence on copper energy inputs. *Biophys. Econ. Resour. Qual.*, 1(2), 1:11.

Lynch, A.J. (1977). *Mineral Crushing and Grinding Circuits. Developments in Mineral Processing*. Elsevier, Paris.

Mariscal, R. and Powell, A. (2014). Commodity price booms and breaks: Detection, magnitude and implications for developing countries. Working document 444, IDB [Online]. Available at: https://ssrn.com/abstract=2384422 or http://dx.doi.org/10.2139/ssrn.2384422.

Marsden, J.O. (2008). Energy efficiency and copper hydrometallurgy. In *Hydrometallurgy 2000: Proceedings of the Sixth International Symposium*, Young, C.A., Taylor, P.R., Anderson, C.G., Choi, Y. (eds). Society for Mining, Metallurgy, and Exploration, Colorado.

Mudd, G.M. (2009). The sustainability of mining in Australia: Key production trends and their environmental implications for the future. RR5 report, Department of Civil Engineering, Monash University and Mineral Policy Institute.

Norgate, T.E. (2010). Deteriorating ore resources: Energy and water impacts. In *Linkages of Sustainability*, Graedel, T., Van der Voet, E. (eds). MIT Press, Cambridge.

Norgate, T.E. and Jahanshahi, S. (2010). Energy and greenhouse gas implications of deteriorating quality ore reserves. *Fifth Australian Conference on Life Cycle Assessment*. Melbourne.

Norgate, T.E. and Rankin, W.J. (2000). Lifecycle assessment of copper and nickel production. *MINPREX 2000 International Congress on Mineral Processing and Extractive Metallurgy*. Melbourne.

Norgate, T.E., Haque, N., Wright, S., Jahanshahi, S. (2010). Opportunities and technologies to reduce the energy and water impacts of deteriorating ore reserves. *Sustainable Mining 2010 – The Business Case Conference*. Kalgoorlie.

Phillips, W.G.B. and Edwards, D.P. (1976). Metal prices as a function of ore grade. *Resources Policy*, 2(3), 167–178.

Pitt, C.H. and Wadsworth, M.E. (1980). An Assessment of Energy Requirements in Proven and New Copper Processes. Report, U.S. Department of Energy, Washington.

Priester, M., Ericsson, M., Dolega, P., Löf, O. (2019). Mineral grades: An important indicator for environmental impact of mineral exploitation. *Miner. Econ.*, 32, 49–73 [Online]. Available at: https://doi.org/10.1007/s13563-018-00168-x.

Rosenkranz, R.D. (1976). Energy consumption in domestic primary copper production. U.S. Bureau of Mines, Washington [Online]. Available at: https://ia600801.us.archive.org/26/items/energyconsumptio00rose/energyconsumptio00rose.pdf.

Thomas, A. and Filippov, L.O. (1999). Fractures, fractals and breakage energy of mineral particles. *International Journal of Mineral Processing*, 57, 285–301.

United States Department of Energy (2007). Mining industry energy bandwidth study. Report.

Valero, A., Valero, A., Domínguez, A. (2013). Exergy replacement cost of mineral resources. *Journal of Environmental Accounting and Management*, 1(2), 147–168.

Vidal, O., Rostom, F.Z., François, C., Giraud, G. (2019). Prey–predator long-term modeling of copper reserves, production, recycling, price, and cost of production. *Environmental Science & Technology*, 53(19), 11323–11336.

Wiedmann, T.O., Schandl, H., Lenzen, M., Moran, D., Suh, S., West, J., Kanemoto, K. (2015). The material footprint of nations. *PNAS*, 112(20), 6271–6276.

Yellishety, M., Ranjith, P.G., Tharumarajah, A. (2010). Iron ore and steel production trends and material flows in the world: Is this really sustainable? *Resources, Conservation and Recycling*, 54, 1084–1094.

118

第六章 矿产资源的环境足迹

雅克·维尔纳夫,斯蒂芬妮·穆勒,安托万·贝洛,

福斯廷·洛朗,弗雷德里克·拉伊

法国,奥尔良,法国地质调查局

第一节 引言

国际资源小组(International Resource Panel,IRP)掌握了涵盖近 50 年(1970～2017 年)、191 个国家的数据。其数据显示,2017 年全球自然资源使用量估计达 900×10^{-8} t (IRP,2017)。所有自然资源——包括生物质、化石燃料、金属和非金属矿产——开采都呈现较大幅度增长,与此密切相关的是,在这个过程中所产生的废弃物量和排放量也呈现较大幅度增长。本章评估的"环境足迹"(environmental footprints),用于表现这些废弃物量和排放量对环境的影响。特别是金属,开采、加工和利用在位置上的差异同样带来了环境足迹在地理上的差异。本章将通过多区域投入产出(multi-regional input-output,MRIO)模型来提供这些差异的信息。

第二节 环境足迹的概念

一、足迹的由来

一般来说,足迹是一种物体或一类生物通过可变形地面时留下的痕迹。形

象地说,足迹是一种"深刻而持久"(deep and lasting)的脚印①。"生态足迹"(ec-ological footprint)一词的首次使用,可以追溯到约 30 年前(1992 年里约首脑会议),当时人们意识到,人类活动可能存在着"极限"(limits)。这就产生了一个假设:生物圈的再生能力可能是人类经济的极限因素之一。从观察一个城市居民使用城市以外自然资源(农田、森林区)这个角度出发,需要找到一个能够衡量自然资源所承受压力的指标,用于比较这些资源的"供给"(supply)与人类"需求"(demand)。在《我们的生态足迹:减少人类对地球的影响》(*Our Ecological Footprint: Reducing Human Impact on the Earth*)这部具有开创性意义的著作中,作者定义"生态足迹"方法,指测量生产一定人口消费的所有资源和吸纳这些人口所生产的所有废弃物需要的粮食生产地和水域面积(Wackernagel and Rees,1998)。

　　当时,这种方法主要面向粮食和化石燃料的消费。全球足迹网络(Global Footprint Network)②为了说明人类对地球之生物生产能力的占用情况,采用了生态足迹并而不断对其进行改良。作为一种度量指标,生态足迹能根据粮食和能源的需求描述生物生产表面积表征土地利用状况,并说明吸收二氧化碳(CO_2)排放所需要的土地。这些结果用每公顷土地具有的全球平均生产力的通用标准来表示。生态足迹的结果(支持人类活动所需的土地面积,单位为全球性公顷)是"直观的"(intuitive),因此可以为利益相关者的辩论和参与提供信息。事实上,这种沟通工具已经比较完备,更是出现在人类耗尽地球资源的超载日逐年提前(例如,2019 年的生态负债日为 7 月 29 日)③的头条新闻中。生态足迹现有的类型中几乎没有关注矿产资源,也没有考虑环境影响的完整范围。生态足迹的优点是,将不同人类活动的结果整合进"全球性公顷"这个生态系统负荷的衡量指标中。

　　"足迹"(footprint)一词尽管带了"综合性"(integrative)衡量的含义,但即使在定义其范围时,也并不主张考虑全部影响下的概念,而是主要侧重于碳。也有倡议随后提出了"碳足迹"(carbon footprint)。

---

① 　该定义来自法国大型综合性词典《大拉鲁斯词典》(*Larousse Dictionary*)。

② 　见:www.fooprintnetwork.org/。

③ 　见:www.footprintnetwork.org/2019/06/26/press-release-june-2019-earth-overshoot-day/。

二、生命周期评价及影响

121　　与此相反,在环境评价方法中,生命周期评价(life cycle assessment,LCA)已经广泛采用,覆盖"尽可能多"的环境影响为评价目标。作为一个更偏向产业为导向的方法,LCA 的目的是,评价给定产品或服务在其整个生命周期所产生的各种环境影响的重要性,即从所需资源的开采,到生产、到处置所产生的废弃物的周期。这种方法的优点在于,对于从业者来说,可以采用一些现成的标准(ISO 14040 和 ISO 14044),这些标准增加了严谨性,从而可以实现对各种商品和服务的生产、使用和报废时所产生物质流的精准量化。这种量化(或清单)有明确的假设框架,使得评价中可能存在缺项和漏项。换句话说,虽然整体的流线是已知的,但是没有考虑元素流动所有连续的链条(从环境中开采或排放在环境中的物质)。

　　根据清单情况,可以估算出一系列的影响。影响评价方法提出了所谓的"中间"(intermediate)型评价或问题导向型评价,即可测量元素流的生物物理效应在环境中的区室(温室气体对气候变化的影响、金属排入水中对水生生态毒性的影响等),以及对"保护区"(protected areas)影响的"损害导向"(damage-oriented)型评价,即人类健康、生态系统健康和自然资源(要注意的是,气候变化有时被视为是一种损害性影响,而与保护区没有直接关系)。同样,并非所有影响都必须考虑在内,但通常会说明选择影响的原因。

　　无论如何,这种多影响方法为比较基准函数的产品或服务提供了有价值的结果。应该注意的是,在衡量影响是问题导向还是损害导向时仍然存在困难:在空气污染(呼吸系统疾病)和水污染(水生毒性)之间做出选择有什么错吗? 为了克服这一问题,已经提出了"单一评分"(single scores)法,如"生态指标 99"方法(Eco-Indicator 99,2000),并且对影响的货币化进行研究,目前,对在共有单元下描述不同性质的影响,尚未达成共识(如何用同种方法来表达人类生命的内在价值和自然资源的生产价值呢?)。因此,LCA 以"影响"(impact)的概念为特征,计算的仍然是整个生命周期表现出的整体特性,但并不主张在足迹概念基础
122　上的"全球评分"(global mark)的形式。然而,这种语义的区别受到标准本身所

带来的语言变化的干扰,例如用于水足迹的 ISO 14046 和用于碳足迹的 ISO 14067。

三、如何将影响换算为足迹?

足迹的概念,正如我们已经理解的那样,它是更多地用于开展讨论,而不是用于提供人类活动对环境影响的细节。例如,在欧盟委员会的倡议下,2013 年以来一直在研究一种新的产品评级方法(产品环境足迹,the Product Environmental Footprint,PEF)以及机构评级方法(机构环境足迹,the Organisation Environmental Footprint,OEF),明确的目的就是促进对 LCA 结果的理解,使消费者能够比较同一范围内产品的"环境足迹"(environmental footprint)等级,并指导他们的选择。此方法是在试点研究中确定下来的,2018 年 4 月在布鲁塞尔公布了结果。它旨在扩大碳足迹,以评估欧盟消费产品的环境影响。试点阶段的工作表明,碳足迹通常只占总体环境影响的 1/3 左右。PEF 方法的目的是客观地界定产品的环境足迹,并提供所有欧盟成员国共同遵守的严格测量方法。PEF 方法关注每个产品系列的 15 种环境影响[①],涵盖整个生命周期(从制造到处置):

——气候变化;

——资源枯竭;

——致癌性和非致癌性人体毒性;

——生态毒性;

——氯氟烃和氢氯氟烃等气体造成的臭氧层破坏,特别是制冷系统排放的气体(不同于碳影响);

——由非甲烷挥发性有机化合物排放形成的光化学臭氧;

——电离辐射的排放,考虑到辐射释放对人类健康的有害影响;

——考虑到对人类健康有害影响的细颗粒排放;

——由于过量硝酸盐和磷酸盐排放导致海洋、土壤和水道的富营养化,使藻

123

[①]　见:https://ec. europa. eu/environment/eussd/SMGP/communication/impact. htm。

类大量繁殖和氧气耗尽，引发生态系统失衡；

　　——水资源枯竭；

　　——运输过程中排放的氮氧化物和硫氧化物等污染物使土壤和河流酸化，导致森林面积减少和人类健康问题；

　　——土地利用。

　　与 LCA 中的单一评分方法一样，可以对 15 个指标赋权，通过试点研究中所认可的方法求得总评分。建立一套达成共识的方法是通过广泛的磋商而形成的，而不是通过专家们的较量。这些方法过去都被用来探求 LCA 中的单一评分。与过去的这些研究相比，在 PEF 中，得分所代表的含义是没有争议的。下一步是让更多的行动者参与这一过程，并推广加强与环境信息和循环经济相关的政策方法。

四、计算更综合的影响足迹

　　针对 LCA 的另一种(和补充性的)宏观经济方法，是将投入—产出分析扩展到环境研究中。根据跨部门宏观经济统计数据和行业环境数据，这种方法可以考虑到一个国家或地区(无论是世界的一个区域如拉丁美洲，还是一个国家内的某个地区)基础资源流和排放流在整个经济的流动。与 LCA 不同的是，投入—产出分析考虑了生产的所有阶段，例如，通过设备生产活动获得的银行服务支出。相比之下，这种方法不是考虑某一种产品的"生命周期"，而是考虑某一个行业(和/或地区)一年的经济交易过程中产生的流量。因此，它不是一个产品在整个生命周期内所交换物质的资产负债表；以汽车的生产和汽车的回收为例，其与在一年内所制造和回收汽车的物理实体并不相同。然而，物质流的循环问题对于产生经济的"动态"(dynamic)愿景和预测未来影响至关重要。将存量核算整合进流量核算中是当前的一个研究课题。图 6-1 简要概括了"投入—产出"(input-output，IO)方法的细节。原则上，它涉及将产生某类产品类别(product category)影响的供应商链所产生环境影响分配给某种"产品类别"。因此，它是(经济系统的)一种系统方法，就其性质而言，更多的是在"足迹"领域，而不是在"影响"领域。另一方面，再回到引言中对"足迹"的定义，当前，没有任何东西可以证明以这种方法能揭示"深刻而持久"影响的性质。

第三节　投入产出分析的原则

一、投入产出表:经济汇总表

1. 什么是投入产出表?

投入产出表(Input-output tables,IOTs)是受国际核算规则(国民账户体系,system of national accounts,SNA)启发形成的国民账户汇总表。欧盟统计局(Eurostat)根据欧盟国家统计部门(在法国是法国国家统计局,Institut National de la Statistique et des Études Économiques,INSEE)每年汇编的数据,公布所有欧盟国家的投入产出表。投入产出表包括:

——一张供给(产出)表,表明各产品的国内经济活动的产品生产和进口的产出;

——一张使用(投入)表,表明经济中各经济活动对各种资源的使用:经济活动自身(中间使用)和最终使用(居民、机构、出口);

——一张经济活动"主要投入"表,按经济活动表明劳动报酬、资本补偿、税收和补贴,"增加值"(added value)项包括三个组成部分。

这些账户是根据行政管理数据(如增加值税 VAT 或关税登记)和公司调查编制的。根据相关行为者(管理部门、公司、消费者)之间达成共识而形成的术语,对数据进行分类。术语涉及产品(按经济活动分类的产品,Classification of Products by Activity,CPA)和经济活动(欧盟经济活动统计分类,Statistical Classification of Economic Activities in the European Community,NACE)。

一套嵌套或至少兼容的术语体系可以用于比较不同国家和不同地理层级(世界、大陆、国家)的数据。各国可以每年审查本国的这套术语,但"国际"术语规则的修订是平均每五年协商一次并达成一致。

125

产品资源（1） / 产品使用 / 合计

产品	产品资源（1）				中间投入表（2）				最终使用表（3）	
	（PROD）	进口	商品和运输费用	税收（产品）	a	b	商业和运输	小计 CI	终端使用	小计使用（供应）
a	130	20	30	10	0	80	5	85	105	190
b	220	40	10	5	60	30	10	100	175	275
贸易	75	0	−40		5	10	15	20	15	35
合计	425	60	0	15	65	120	20	205	295	500

产业部门生产收入账户

	a	b	商业和运输	小计 CI
增加值	65	100	55	220
工资	50	20	45	115
其他生产税	5	10	5	20
过度利润	10	70	5	85
PROD	130	220	75	425

需求法 295−60

生产法 200+15

收入法 115+20+85+15

GDP 235

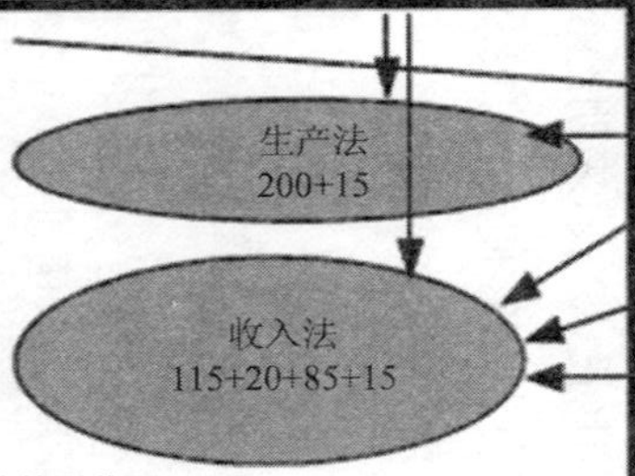

其他与生产有关的税收

图 6−1　法国国家统计局投入—产出表

CPA 与 NACE 是并行结构,这样就可以发布经济活动(列)数量与产品(行)数 126
量相同的"方形"(square)表。欧洲统计局表格的尺寸通常为 60 列×60 行。

2. 投入产出表有什么用处?

特别是,IOTs 可以使用三种计算方法得出 GDP 的近似值(图 6-1):

——"需求"(demand)法:总最终就业减去进口;

——"生产"(production)法:总增加值减去产品税;

——"收入"(income)法,原则上等同于"生产"法,但计算方法不同:总补偿
额、生产税、营业盈余总额减去产品税。

通过对不同来源的账户进行交叉核验,可以获得当前的主要经济总值,即
GDP,除了这项主要功能之外,投入产出表还能强调了最终使用所"推动"的生
产。对此的简单解释是,最终使用代表产品的消费和固定资产的形成,这在某种
程度上"让"家庭、政府和出口立即使用经济。对于某些中间产品(通常是金属板
或金属管),可以想象,投入产出表是在经济活动中被使用而不是在家庭中,因为
这些产品在最终使用之前需要进一步处理。这些产品更可能出现在"中间使用"
(intermediate consumption)而不是"最终使用"(final consumption)中。同样,
汽车等一些产品并不完全都是家庭、机构和出口的最终使用产品,因为许多汽车
是公司购买,以促进其生产。这意味着经济系统必须生产"更多"(more),而不
仅仅只是用于最终使用。这个"更多"实际上是 GDP 的"更少"(less)。就最终
使用和增加值而言,这部分属于生产"损耗"(lost)的份额。因此,也可使用投入
产出表来监控这项"更多"。

因此,近 50 年(1950～2000 年),已经使用 IOTs 来研究"需求冲击"(demand
shocks)的影响,目的是指导行业和产品的经济政策选择(税收和补贴)。

二、经济体中 IOTS 和再分配

1. 从 IOT 到技术系数(IO)表

在国家层面,中间使用是生产要素长期优化的结果。一个企业,以及被称为
"活动"或"行业"的企业的集合,都试图使其购买量最小化,使其销售和增加值最 127

大化。根据经济政策的不同,增加值的最大化将有利于劳动或资本(主要生产要素)的报酬。任何情况下,中间使用代表不可避免的产品购买成本,这是确保生产所需的最低限度。因此,它们反映了经济活动的"技术"(technological)状态,即为实现这一生产而使用的最低限度(a minima)的总产量份额。

借助生产对中间使用进行标准化,每项活动我们可以得到一张"技术矩阵"表(标记为 A),这张表代表了所有活动的中间使用比率。因此,该矩阵沿列方向看,反映中间产品的"配方"和生产与该列相关活动一个单位所需要的主要投入。

通过推理,我们得出:

$$A. p + f = p \qquad (6.1)$$

式中,p 是产量,f 是最终使用。

总产量必须满足中间使用和最终使用。我们可以推导出生产和最终使用之间的所谓"列昂蒂夫逆"(Leontief inverse)关系,这使得可以算出最终使用 f 的分支 p 在生产方面的影响:

$$P = (I-A)^{-1}. f \qquad (6.2)$$

需要注意的是,需求对分支产业产出的影响可以从矩阵 A 通过回归方式确定:

——$A. f$ 是指生产 f 的活动之"直接"中间生产;

——$A.(A. f)$ 是指第一分包商的中间生产;

——$A.(A. A. f)$ 是指第二分包商的生产;

——当这些增量不断减少时,我们最终可以得到:$I+A+A^2+A^3+\cdots+A^n=(I-A)^{-1}$。

2. 行业间增加值的分配

IOTs 功能的重点之一是,它们可以为一个国家的生产系统建模,是将初级投入重新分配(增加值)给所销售产品(最终使用)的一个系统。通过技术矩阵,该模型可以让我们把消费产品的价值链"向上提升"(go up),并计算该消费产品的直接和间接影响的总和。

观察结果如下:

(1)消费的每种产品不会推动相同的生产。因此,可以简单地通过将活动的产量乘以增加值系数,来算出一种产品消费的不同活动中增加值的状况。可以看出,(通过推导)最终使用等于总增加值,不同产品的消费在各种活动中并不以同样的方式参与价值分配。

(2)技术矩阵通过价值再分配将主要投入"转化"(transforms)为消费品:活动的增加值在消费品之间分配,相反,产品的消费在所有活动中创造增加值。在现实中,当然是消费创造了增加值,但在国民账户中,则是增加值对消费的贡献度指导了经济政策。这样,消费"量"(volume)的影响占主导地位,而"分配"(distribution)的影响则不那么明显,但可能产生同样重大的后果。从而,一种产品的最终使用通过其他产品的消费所产生的影响,对增加值具有重要意义。因此,推动一种产品消费的政策可能会对其他活动产生重大影响,因为"增加值转移"(transfer of added value)发生在经济体的内部。这种分析初级投入"转移"(transfers)的能力也与"环境扩展"(environmental extensions)非常相关,这是下一章的主题。

第四节　将 IOTS 扩展到环境领域

从清单和术语中可以汇总 IOTs 中的环境考虑因素,也可以汇总更精细的分解层面。这还必须进口整合,进口对环境的影响远不容忽视。

一、现有扩展表的情况

"扩展表"(extensions)是与 IOT 活动术语相兼容的表格。鉴于最近关于环境质量监管报告义务出现了变化,其相关性并不相同。扩展表涉及排放、自然资源和废弃物。

1. NAMEA 中的排放项

编制大气污染物排放清单是按照排放到大气中的污染物数量和不同的经济活动所填写。现有的主要清单是联合国气候变化框架公约(UNFCCC)的温室气体清单和联合国欧洲经济委员会(UNECE)的跨境污染物清单。

这些清单根据 NFR09 这一术语建立,该术语是根据识别"污染"活动的逻辑建立的。因此,与能源部门有关的活动非常详细。这一术语也关注了被认为是污染的活动,例如水泥生产、废弃物管理和干洗活动。该术语还包括非经济类别的土地利用或火山等。

欧盟统计局以与 NACE 兼容的格式发布数据[①]。

2. 资源

自然资源的统计数据非常分散,因为是根据资源的类型所具体编制。近年来,在高效资源管理政策的强力推动下,编制经济体内的物质流账户(EW-MFA)方面已经取得了进展,数据通常来自与 IOTs 兼容的汇总层面。自然资源由少数经济活动(第一产业)利用,因此构建"资源"外延的工作相对容易。

3. 废弃物:是"产品"还是环境扩展项?

欧洲已有一个描述废弃物类别的术语(欧洲废弃物分类,European Waste Classification,EWC)。这是根据废弃物的类型、可回收性、危险性、废弃物来源所产生的经济活动的行业等内容构建的。这套术语的缺点是与产品术语没有联系。

在 IOT 中纳入废弃物会导致重大的变化。当回收利用取代了初级原材料的"质量"当量,而不是"货币"当量时,废弃物需要在矩阵中包括物理流。

二、IOTS 中包含直接环境扩展表

因此,扩展表被表示为是与活动相关的属性(来自活动产生的排放、活动消耗的资源)。

这涉及构建一个矩阵 B,确定活动的每单位产量所产生排放或所消耗资源的比率,即:

$$BA.p + f = p \tag{6.3}$$

计算 $b = B.(I-A)^{-1}.f$ 给出最终使用 f 推动的总排放量和所消耗资

① 见:http://epp.eurostat.ec.europa.eu/portal/page/portal/environmental_accounts/documents/eeSUIOT%20TechDoc%20final%20060411.pdf.

源量。

通过将 f 进行对角化,可以计算出这些环境压力在不同活动中的分布。

与增加值相似,列昂蒂夫矩阵可以将与活动相关的排放(资源)分配给与产品相关的排放(资源)。因此,可以在经济的所有行业获得产品最终使用的影响。

IOT 及其环境扩展表,可以从两个角度分析环境压力(EEA,2013):

——"生产"视角:描绘出所有生产部门的直接压力,使我们能够算出哪个(哪些)产业造成了最显著的压力。

——"消费"视角:直接和间接造成最大压力的消耗产品是什么? 从这个角度看,可以将最终使用区分为国内消费和出口。

根据"消费"视角,投入产出方法是对所消费产品(类别)进行"生命周期分析"的基础。它是对与产品生产相关的环境进行要素交换的完整清单。这一方法尤其使"影响转移"(impact transfers)的分析成为可能。例如,当"汽车制造业"活动消耗的资源少,而引起的直接排放少,但其生产"推动"资源消耗,从而导致其供应链中的排放多。

投入产出分析可用于计算产品价值链中的环境影响分布。

三、进口和环境扩展表

讨论到目前为止,我们一直在规避进/出口问题。IOTs 有着悠久的历史,主要用于国民经济的分析和增加值或影响(例如,对就业的影响)的跨行业转移。如果进口只占国内生产的一小部分,则可以认为是使用与国内技术"类似"(similar)的技术生产的。然而,今天这一假设一般来说是不正确的,因此必须特别考虑进口。

131

事实上,家庭最终使用推动了国内生产和国外生产。一方面,国外生产是应对与进口的直接最终使用之必须;另一方面,这种对国内产品的最终使用也"间接"(indirectly)推动了国外生产,因为国内经济活动需要消费进口产品。

投入—产出分析中对进口已考虑了多个重点:

——一种已给定最终使用推动"影响"(最广义上讲,从经济或环境角度看)的地点。因此,在投入—产出分析中考虑进口,可以用于算出一种已给定最终使用的国内增加值(在一个国家生产的)、在一个国家产生的废弃物等,而不是已给定最终使用的国外生产。贝洛特等(Beylot et al.,2015)在《评估金属的国家经济重要性:国铜案例的投入产出法》(Assessing the National Economic Importance of Metals: an Input Output Approach to the Case of Copper in France)一文中,专门使用了这个维度;

——在可能考虑到向所研究国家出口的每个国家的生产系统的具体特征时,在相关可用数据的范围内,考虑技术矩阵系数从一个国家到另一个国家的可变性,从而向环境拓展。

因此,贝洛特等(Beylot et al.,2015)计算得出,2006年,在法国为了满足100欧元的最终使用,必须生产约184欧元。这一生产来自162欧元的国内产量(88%),14欧元用于中间使用的进口产品(7%),以及9欧元用于直接消费的进口产品(5%)。总进口(14欧元+9欧元=23欧元)要求这些产品的出口国需要在当地生产37欧元。

132   这样,法国最终使用产生的影响(如气体排放、资源消费)应当按162欧元的国内生产和37欧元的国外生产进行计算。

这种方法的一个局限性是,通常由于缺乏数据,只有假设所涉及的其他国家拥有与法国相同的技术矩阵,这意味着进口到法国的产品、在国外生产的产品,均采用类似技术生产。自21世纪初以来,随着国际贸易的加速和各经济体之间日益增加的相互依存度,出现了具有多区域代表性的投入产出表。根据从A国进口的B国的产品对应于从B国出口到A国的事实,现在可以使用具有全球范围的多区域投入产出(MRIO)表。

第五节   用 MRIO 分析法计算金属环境足迹

一、MRIO 分析法的基本原则

MRIO模型从21世纪前十年开始兴起,用于模拟全球贸易的经济、社会和环境影响(Arto,2014)。MRIO数据库是对上述经典投入产出模型(侧重于特定经济体)局限的回应。因此,这些数据库可以用于描述一个区域经济以及区域间经济中各产业的相互依赖性。图 6-2 显示了 MRIO 数据库的内容。

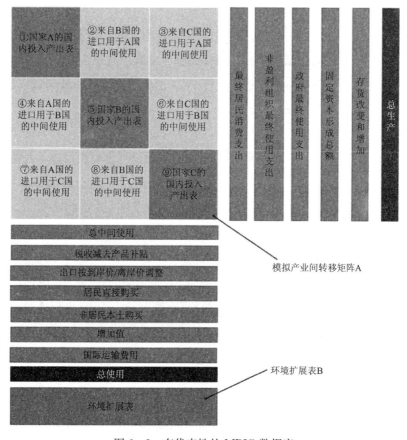

图 6-2 有代表性的 MRIO 数据库

注:要注意的是,"从 B 国进口用于 A 国的中间使用"对应于"A 国出口用于 B 国的中间使用"。A 国出口的一部分将用于 B 国的最终使用。这一份额在"最终使用支出"一栏显示,这些栏目是在完整的表格中存在的,但此处没有按国家进行详细说明。

正如基于列昂蒂夫(Leontiev,1966)投入产出表的投入产出模型一样,MRIO 数据库包含一个矩阵(称为"技术矩阵"),模拟世界各个不同地区"p"的 n 个产品行业×n 个产品行业或 m 个经济活动×m 个经济活动维度上的经济贸易。每一列项列出产品或活动的一个生产单元的中间使用,无论来自国内还是进口。MRIO 基本上是一个以货币单位表示的矩阵。这种 MRIO 方法在方法学上的进步,在于其能够以一种同质方式协同国内行业间交换和国际交换:不同国家的同一行业代表着在全球层面相互交换和与其他部门交换的相同行业。因此,世界由 n(或 m)×p 部门组成。

　　求解列昂蒂夫方程成为可能,已给定最终使用向量下,计算所有国家所有部门的生产向量。例如,**法国最终使用所需的世界金属产量是多少?**

134　　一个环境扩展矩阵 B,可能伴随矩阵 A。矩阵 B 列出了一种产品或活动的一个生产单元、向环境的排放、所开采的资源,或与该生产相关的变量和废弃物。

　　因此,基于对所消费产品和服务的整个供应链中发生的所有影响进行分析,MRIO 模型可用于算出,例如**一国消费所引起的碳足迹或原材料足迹等各类足迹。**

　　非常重要的是,要认识到这种方法包括参与一种产品或服务最终使用的整个供应商链。因此,几乎所有地区的所有活动都涉及每个产品的实现。

　　由于投入产出表的编制工作已经推广到国家/地区,行业、国家以及按国家划分的行业,在概念上是相当的,并且列昂蒂夫的分析是可推广的。因此,就有可能算出一个国家(如法国)最终使用(消费)所需要的产量(按地区)、与一个国家最终使用相关的增加值(按地区)以及该项需求的环境影响(按地区)。

　　从一开始,IO 模型就被用于估计消费冲击的影响。事实上,特定政策可以用来支持或是处罚产品。使用 MRIOs,我们还可以估计进口产品在最终使用中所占份额(或来源地)的变化对环境的影响。

　　然而,要知道该模型不具备预测性。例如,它不能根据消费来估算产量的定性调整。技术矩阵是刚性的,不代表任何限制,例如生产能力的限制。同样,在一个地区内,没有根据消费变化进行生产的自动调整。

　　运用于政策支持的典型例子是,低增加值和高环境影响地区以及其他高增加值和低影响地区。

二、可用数据库

　　目前已有不同的 MRIO 数据库;这些数据库在建模中所使用的粒度测量、建模假设、所覆盖的环境影响以及获取等方面各有不同。表 6-1 概述了不同的全球地理覆盖的数据库不同要素的基本情况。

表 6-1 不同 MRIO 数据库的比较

	WIOD	EORA	Exiobase v3	GTAP	TiVA
网站	www.wiod.org/home	www.worldmrio.com	www.exiobase.eu	www.gtap.agecon.purdue.edu/	oe.cd/icio
时间序列	1995~2009 年（2000~2014 年为更新版本）	1990~2015 年	1995~2011 年	2004 年,2007 年,2011 年	1995~2014 年
地理覆盖范围	建模的 43 个国家,包括一个"世界其他地区"区域	建模的 187 个国家	建模的 44 个国家,包括 5 个"世界其他"地区	建模的 140 个国家,包括 20 个地区	建模的 60 个国家
行业部门数量	35（更新版本中为 56）	15 909 个部门（每个国家统一版本中的 26 个部门）	163	57	48
环境扩展表	温室气体、材料使用、土地利用、能源使用、其他空气排放（更新版本中未提供）	温室气体、材料使用、土地利用、水使用、特殊排放（N 和 P）	温室气体、材料使用、土地利用、水使用、水—特殊排放（N 和 P）、其他空气排放	温室气体、土地的能源利用	温室气体（通过国际能源署的数据）
获取情况	免费访问	介于 1 999~24 999 欧元,具体取决于完整版的用途	免费访问	私营部门需要 5 940 美元	免费获取经济数据

　　应当注意的是，这些数据库都是在项目基础上开发的，而不是根据统计条例来编制的。目前没有一部全球层面的国际条例来对这些数据库进行标准化和定期更新。

　　建立 MRIO 数据库需要收集大量的经济和环境数据，因此通常并不是对所有国家都进行建模，所考虑的工业部门的粒度分析仍然相对粗糙。就地理建模而言，代表较小经济体的大多数国家通常在"世界其他地区"中代表。尽管 EORA 和 GTAP 两个数据库均表示，它们已为 100 多个国家建模，但实际上其中一些国家使用了代理值。例如，EORA 数据库拥有 74 个国家的经济数据；其余国家中有一半以上使用假设建模。就所涉及的行业部门而言，Exiobase 提出了一种相当精细的粒度分析方法，为此模型制定者致力于农业部门的分解，特别是原材料和能源的开采和转化。就环境扩展而言，Exiobase 这组数据库可以算出一种给定最终使用的碳足迹。环境扩展表的其他类型的获取情况则取决于数据库；WIOD 和 Exiobase 可以相对完整地计算一种给定最终使用的环境足迹。最后，表 6 - 1 说明，模型中的最新数据因不同的数据库而异，并取决于各国各统计机构所提供国家经济统计数据的时间跨度。

三、法国最终使用所需的金属

　　我们将采用 Exiobase v3 版本进行以下计算，因为 Exiobase v3 数据库所考虑的行业数量方面具有不凡的能力，这样就能够相对精细地描述金属活动情况（专栏 6 - 1），并且可获得相对较新的数据（2011）。

　　共有 48 个国家/地区（表 6 - 2）。

　　法国最终使用所需金属（专栏 6 - 1 中的所有金属）的产量，如下式所述：

$$p = (I-A)^{-1} \cdot (y_{FR} + y_{FR \to exp}) \tag{6.4}$$

　　式中，y_{FR}是法国最终使用的向量，$y_{FR \to exp}$是法国出口到世界其他地区的最终使用的向量。

专栏 6 - 1　Exiobase v3 中的金属生产活动

生产钢铁、铁合金和其他初级产品。

将使用过的钢再转化为新钢。

贵金属生产。

将使用过的贵金属转化为新的贵金属。

铝的生产。

将使用过的铝再转化为新铝。

铅、锌、锡的生产。

将使用过的铅重新转换成新铅。

铜的生产。

将使用过的铜再转化为新铜。

其他有色金属的生产。

将使用过的其他有色金属用途再转化为新的有色金属。

表 6 - 2　Exiobase v3 中的国家和地区

代码	国家/地区	代码	国家/地区
AT	奥地利	JP	日本
AU	澳大利亚	KR	韩国
BE	比利时	LT	立陶宛
BG	保加利亚	LU	卢森堡
BR	巴西	LV	拉脱维亚
CA	加拿大	MT	马耳他
CH	瑞士	MX	墨西哥
CN	中国(包括中国台湾地区)	NL	荷兰
CY	塞浦路斯	NO	挪威
CZ	捷克	PL	波兰
DE	德国	PT	葡萄牙
DK	丹麦	RO	罗马尼亚

续表

代码	国家/地区	代码	国家/地区
EE	爱沙尼亚	RU	俄罗斯
ES	西班牙	SE	瑞典
FI	芬兰	SI	斯洛文尼亚
FR	法国	SK	斯洛伐克
GB	英国	TR	土耳其
GR	希腊	US	美国
HR	克罗地亚	WA	世界其他地区——亚太
HU	匈牙利	WE	世界其他地区——欧洲
ID	印度尼西亚	WF	世界其他地区——非洲
IE	爱尔兰	WL	世界其他地区——美洲
IN	印度	WM	世界其他地区——中东
IT	意大利	ZA	南非

138　　　　针对 2011 年法国的最终使用，约 600 亿欧元的金属是在全球生产的，其中约 100 亿欧元用于出口。分布如图 6-3 所示。数据来源于 Exiobase 3.4 版本的货币数据。结果表明，这些生产中大多是在法国(19%)、中国(14%)和德国(12%)完成的。满足法国最终使用所生产的最广泛的金属是铁和各种钢材。

四、金属生产的环境足迹

139　　　　当 MRIO 分析提供了为满足某一特定最终使用而需要动员活动的区域化生产清单时，与 MRIO 数据库有关的环境扩展表能够将此生产清单转化为区域化的环境影响。

图 6-4 说明了在法国最终使用所需金属生产这个具体情况下生产清单的区域化和相关的环境影响。在分析与此生产有关的环境影响时，可以看出，最显著的贡献不一定发生在产量最大的国家。

这些金属的生产对气候变化影响在中国的贡献达 32%，但在法国，这一贡

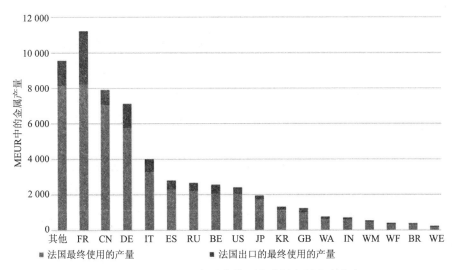

图 6-3 法国 2011 年最终使用的世界金属生产分布

注:此图的彩色版本可参见 www. iste. co. uk/fizaine/mineral1. zip。

国家代码见表 6-2。

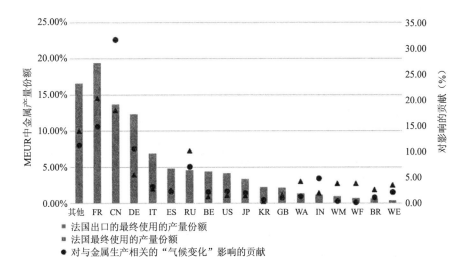

图 6-4 根据 Exiobase 3.4 计算得出的按法国最终使用

所需金属之生产国家的分布及其相关环境影响

注:此图彩色版本可参见 www. iste. co. uk/fizaine/mineral1. zip。

国家代码见表 6-2。

献仅为15%,且法国则额外生产了30亿欧元。

虽然对气候变化的影响是一种全球性影响(无论温室气体排放到哪里,都会对全球气候变化产生影响),但细颗粒排放更多与当地问题(如工人健康)有关。在这里,区域化使我们能够指出最重要的贡献者和相对贡献显著的国家。例如,俄罗斯贡献了总颗粒物影响的10%,而德国只贡献了6%却生产了比俄罗斯多两倍的金属。

图6-5是使用Exiobase 3.3数据库获得的类似图表,该数据库包含非货币但混合的数据(物质和能量交换以物理单位表示)。从货币流向实物流的转变并没有改变法国最终使用所需要的主要的金属生产国,即法国、中国和德国。另一方面,美国和巴西等其他生产国的贡献顺序却发生了变化,从实物交换看,美国和巴西的贡献更大。比利时对法国最终使用金属生产的贡献增加到1.5%。这些变化可以用生产国之间以及所考虑金属之间(例如钢铁和贵金属之间)所生产的每单位金属量的价格差异来解释。

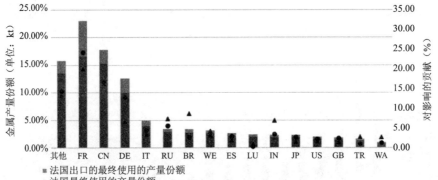

图6-5　根据Exiobase 3.3计算得出的按法国最终使用所需金属之
生产国家的分布及其相关环境影响

注:此图彩色版本可参见 www.iste.co.uk/fizaine/mineral1.zip。

国家代码见表6-2。

第六节　结　论

MRIO 分析可以比较某一给定最终使用的影响地点和该需求所需产品和服务的生产地点。从这个意义上看,它可以用于实施旨在减少与消费有关环境影响的公共政策,并用于监测这些影响。

然而,在使用 MRIO 方法时,应考虑某些限制因素。首先,访问最新的数据是使用 MRIO 数据库时的一个问题。因此,在 2019 年,数据库中最新的数据是2014 年的数据。这可以用数据在某一地区公开、转换为 IOTs 和最后以 MRIO数据库形式汇编这些数据之间所需要的时间来加以解释。

第二个与通过 MRIO 数据库了解金属部门知识相关的问题,与该行业的分类有关;事实上,虽然数据库很好地涵盖了所谓的基本金属,但所谓的高技术金属却并非如此,这些技术金属被归类于"贵金属"和"其他有色金属"类别中,这使得这两类金属的确切组成具有不确定性。正在研究如何减少这些不确定性(Beylot,2019)。

最后,虽然 MRIO 数据库的环境扩展表较好地涵盖了一些影响类别,但毒性和生态毒性等其他类别却并非如此。例如,没有考虑向水和土壤中排放金属。

参 考 文 献

Arto, I., Rueda-Cantuche, J.M., Peters, G.P. (2014). Comparing the GTAP-MRIO and WIOD databases for carbon footprint analysis. *Econ. Syst. Res.*, 26(3), 327–353.

Beylot, A. and Villeneuve, J. (2015). Assessing the national economic importance of metals: An input–output approach to the case of copper in France. *Resources Policy*, 44, 161–165.

Beylot, A., Corrado, S., Sala, S. (2019). Environmental impacts of European trade: Interpreting results of process-based LCA and environmentally extended input–output analysis towards hotspot identification. *International Journal of Life Cycle Assessment*, 25, 2432–2450.

Cadarso, M., López, L., Gómez, N., Tobarra, M. (2012). International trade and shared environmental responsibility by sector. An application to the Spanish economy. *Ecological Economics*, 83, 221–235.

Eco-Indicator 99 (2000). Manual for designers – A damage oriented method for Life Cycle Impact Assessment. Ministry of Housing, Spatial Planning and the Environment, Amersfoort.

142   Eco-Indicator 99 (2001). The Eco-Indicator 99. A damage oriented method for Life Cycle Impact Assessment. Methodology Annex [Online]. Available at: https://www.pre-sustainability.com/download/EI99_annexe_v3.pdf [Accessed January 2021].

EEA (2013). Environmental pressures from European consumption and production [Online]. Technical report. Available at: https://www.eea.europa.eu/publications/environmental-pressures-from-european-consumption [Accessed January 2021].

IRP (2017). Assessing global resource use: A systems approach to resource efficiency and pollution reduction. Report, International Resource Panel, United Nations Environment Programme, Nairobi.

Leontief, W. (1966). *Input-Output Economics*. Oxford University Press, Oxford.

Merciai, S. and Schmidt, J. (2017). Methodology for the construction of global multi-regional hybrid supply and use tables for the Exiobase v3 database. *Journal of Industrial Ecology*, 22, 516–531.

Stadler, K., Wood, R., Bulavskaya, T., Södersten, C.-J., Simas, M., Schmidt, S., Usubiaga, A. (2018). Exiobase 3: Developing a time series of detailed environmentally extended multi-regional input-output tables. *Journal of Industrial Ecology*, 22(3), 502–515 [Online]. Available at: https//doi.org/10.1111/jiec.12715 [Accessed January 2021].

Wackernagel, M. and Rees, W. (1998). *Our Ecological Footprint: Reducing Human Impact on the Earth*. New Society Publishers, Gabriola Island.

第七章 为何我们需要担忧能源和原材料节约问题？解构可持续性神话

罗曼·德布雷夫

法国，兰斯大学，兰斯经济与管理实验室（REGARDS）

第一节 引言

目前看来，20 世纪 70 年代仍然是一个充满矛盾的时期。人类的确从来没 有如此成功地运用过自然法则，例如征服太空，掌握原子力和基因组。然而，人类也从未如此接近衰落。

这一段备受质疑的发展时期，为科学家提供了一个机遇，让他们围绕一个共同的事业走到一起，那就是倡导一个与生物圈共荣共生的社会。1971 年的"芒通协议"（Menton Accords）汇集了 2 200 名科学家，向世界其他地区证明了这一令人震惊的情况（UNESCO，1971）。次年，在斯德哥尔摩举行联合国人类环境会议，随后发出了世界局势严重性的警示。在科学领域，经济学家也被动员起来，出版了一系列关于检验经济增长和我们的发展模式相关性的出版物（Cole et al.，1974；Georgescu-Roegen and Passet，1979；Sachs，1980）。主要挑战之一是，构想一个后石油世界，同时还要考虑与核能有关的问题①。此后十年，随着 1987 年《布伦特兰报告》（*Brundtland Report*）的出版，人们被广泛地动员起来，这为

---

① 这一时期是致力于"反核"运动和"太阳"世界兴起的出版时代。例如，可参见 Dickson，1975 和 Lyons and Solar Action，1978。

"可持续发展"(sustainable development)奠定了基础。该报告的第八章强调"投入更少,生产更多"(producing more with less),从而减缓对生物圈的压力。十年后,这一原则再次出现在罗马俱乐部报告《四倍增长——用二分之一的资源带来两倍的福祉》(*Facteur 4-deux fois plus de bienêtre en consommant deux fois moins de ressources: rapport au Club de Rome*)之中(Lovins et al. ,1997)。这一原则视为是"绿色增长"载体的环境创新基石之一(OECD,2010;Debref,2018)。这些动员并没有白费,因为最新数据显示,在全球经济范围中,1980~2010年,资源生产率提高了约30%(OECD,2015)。然而,人均物质使用量仍然居高不下,并且在过去15年间还在加速增长(OECD,2015)。事实上,对形势深入分析就会发现,1976~2016年,能源产量增长了120%。此外,石油和煤炭开采正在达到新高点。换句话说,就是"投入更少,生产更多"的优点还远远没有如它所标榜的那样真正实现。

边际学派经济学家威廉姆·斯坦利·杰文斯爵士(William Stanley Jevons,1865)是在工业革命期间第一个发现这种矛盾现象的人。他证明,用更高效的机器(如蒸汽机)可以降低能源消费,但从长期来看,却会加速煤炭消耗。他将这个现象称之为"回弹效应"(rebound effects),在随后的十年里,研究环境和技术变革的经济学家,在这个课题上取得了令人欢欣鼓舞的成就(Berkhout et al. ,2000;Polimeni et al. ,2008;Font Vivanco et al. ,2016)。然而,如果看看OECD最近出版的一份报告(2015),我们会注意到,对这方面的关注度非常低。事实上,只有几行文字提到了这个现象,更不用说在欧盟委员会和G7组织的一个专门致力于资源效率的研讨会上没有提到这个现象(European Commission,2019)。本章将发出一个警示,说明"投入更少,生产更多"可能是违背其初衷的一系列失败的根源。

本章的论证分为两部分。首先,我们将研究"投入更少,生产更多"原则和概念的局限性,即更广为人知的"生态效率"。其次,我们将展示在全球层面下,这一原则是如何致力于日益增长的复杂性,例如,环境创新以及数字时代循环经济的兴起。

第二节 对"生态效率"原则的概念性批评

本节的重点是讨论"投入更少，生产更多"目标，即更广为人知的"生态效率" 145
(eco-efficiency)。对于这一点，在本章分析中非常重要，因为它是回弹效应的起源，正如威廉姆·斯坦利·杰文斯所指出的那样。我们首先讨论这一概念是如何与可持续发展和绿色增长视角相匹配的（一、"生态效率"概念缘起的历史回顾，或者如何"投入更少，生产更多"）；然后分析其实现并观察这一概念的演变（二、生态效率的概念演变和边界扩大）；最后讨论"生态效率"与生物圈的相互作用（三、生态效率和环境保护：一种模棱两可的协同）。

一、"生态效率"概念缘起的历史回顾，或者如何"投入更少，生产更多"

1. 20 世纪 70 年代：面临资源危机的时期

石油危机和"战后繁荣 30 年"（指第二次世界大战之后 30 年）的结束，预示着我们的"热工业"世界的衰落，尽管当时科学界和政界把灾难看作繁荣的后遗症。然而，"热工业"的重演，向世界揭示一场巨大的动荡正在进行中。科学家最先向公民社会和科学社会发起动员，全球性的出版物《芒通信息》(*Message de Menton*) (UNESCO，1971) 以及次年在斯德哥尔摩联合国人类环境会议 (UNEP，1972) 上发表的报告证明了这一点。这些出版物的发表，揭示了节约能源和资源的重要性，这应该是政府（生态规划）和实业家通过污染控制手段与回收利用所担负起的责任。对当时的经济学家来说，这些事件是一个里程碑，以至于出现了生命科学、能源和原材料浪费等新的发展理论。

三大思潮促成了这些理论的发展。首先，斯德哥尔摩会议后出版的著名的梅多斯报告，即《增长的极限》(*The Limits to Growth*)，是这个辩论迈出的第一步 (Meadows et al.，1972)。该报告运用系统分析，确定了后代人所必须面对的各种情景。该书第三章专门讨论了技术、资源和我们对化石燃料依赖的影响。我们了解到，如果当时核能可以使我们摆脱对化石燃料的依赖，就会让反核活动家大为懊恼,就算是回收利用繁荣期也仍然会强调保护的只是"初级"资源(Meadows et al.,1972)。这些技术解决方案似乎具有创新性,但仅仅只是其中的一个要素,因为在马尔萨斯式分析中人口增长发挥了极其重要的作用[1]。

起源于新熊彼特主义学派的萨塞克斯大学的研究者,在他们的著作《反对马尔萨斯:对"停止增长"的批评》(*L'Anti-Malthus: une critique de "Halte à la croissance"*)(Cole et al.,1974)中表达了他们的不同观点。他们认为,如果技术变革和创新政策重新成为问题的核心,则另一种形式的增长是可能发生的。把环境保护和经济增长结合起来,将是可以相容的,因为这将鼓励工业部门的回收利用、废弃物的减少以及资源和能源的节约(Cole et al.,1974)。在这方面,一个关键问题是,谁愿意为启动这些能源转型倡议付费并承担风险。

最后,经济学家尼古拉斯·乔治斯库·洛根(1979)提出了自己的分析,尽管他曾希望与梅多斯的团队合作(Levallois,2010)。他认为,人类物种的进化取决于我们适应热力学第二原理熵的能力以及不可逆性原理。社会的进化取决于我们的创新能力,用以应对这些物理学和生物学定律。历史证明,这种适应能力是由于出现了所谓的"普罗米修斯"技术(Georgescu-Roegen,1984)才成为可能的。它们通过开发各个时代丰富和可利用的能源资源,成为社会经济发展的培养基(Vivien et al.,2019)。例如,木材等有机资源使人类能够控制火,这是普罗米修斯1.0。随后,能源需求的增长促使更先进的社会通过选择开采矿产资源[2]来找到更多的热量资源,即蒸汽机和工业革命的起点,这是普罗米修斯2.0。作者认为,最后一个阶段将是回归到一个新的"木器时代",即普罗米修斯3.0,但从"衰落"的角度看,这将防止我们过快地到达无法回头的地步。我们注意到,在普罗米修斯技术每个阶段中,都伴随着一种新的创新类型,即"经济创新"的存在[3]。换句话说就是,人类在节约能源和原材料方面一直很有想象力,但这一切都取决于基本资源。

---

① 该模型基于IPAT模型。
② 被称为"低熵"。
③ 它所追求的是"……更完全的燃烧、更少的摩擦力、气体或电力制造更强的光、用能量较低的原材料代替,等等"。

2. 1980～1990 年：生态效率是一场实施可持续发展的集体动员

在十年后，布伦特兰报告（1987）宣告了"可持续"发展的诞生。能源和资源节约被列为必须实现的目标之一，该报告的第八章，题目就是"投入更少，生产更多"，已经证明了这一点。报告直接指向工业世界，并为了打消工业世界的疑惑而指出"……这些效率趋势**并不是制造业下滑的后果**，从而有利于服务业，因为在这段时期里，制造业产出还在持续增加"（Brundtland，1987，第 36 节，这里通过字体加粗来表示），并补充指出，"资源利用的生产率和效率正在稳步提高，工业生产正逐渐远离消耗大量材料的产品和工艺"（Brundtland，1987）。此外，这一目标不仅是为个体层面带来了机遇，对于通过采取"将资源效率考虑纳入经济、贸易和其他相关领域的政策"来"保持全球层面的生产动力"，也是不可或缺的（Brundtland，1987）。因此，不同于我们在上一个十年所观察到的结果，能源和资源节约仍然符合经济增长和工业大规模生产兼容的理念。

1992 年里约热内卢地球峰会之后，各公司利用这个机会，详细介绍了它们的操作方法（Schmidheiny，1992）[1]。就在这时，"生态效率"一词正式被创造出来（Schmidheiny，1992）。这要归因于回收利用以及能源和原材料节约。这要归功于更符合保护环境的新型管理行为[2]，它也是竞争力的源泉之一。这就是为什么要大力倡导这一战略的缘由[3]。20 世纪 90 年代末，通过应用四倍增长原则——倡导脱钩（Lovins et al.，1997），生态效率成为公司战略和公共机构战略的重要组成部分。其战略目标是，通过改进生产方法，争取到 2050 年将化石能源和原材料消耗量下降 3/4。这就是为什么一些国家把应对全球变暖作为优先事项的原因。

3. 2000～2010 年：生态效率成为环境创新和绿色增长之根

次贷危机和油价上涨，标志着新千年的开始。公共机构和企业家加大力度，将生态效率作为一项环境绩效指标。例如，我们发现，自 2007 年法国发起绿色环保（Grenelle de l'Environment）行动以来，他们开始为建筑节能提供公共补

---

① 峰会期间出版了大量关于企业战略的科学文献，例如：Porter et al.，1995a，1995b；Fussler et al.，1997；Boiral，2005；Debref，2018。

② 这一时期也让我们回忆起工业生态学的出现（Frosch and Gallopoulos，1989）。

③ 例如，对于 Schmidheiny（1992）报告，我们可以看到"提高能源效率"专节（p.40）以及"合理能源战略的优先事项"的完整附录（p.334）。

147

贴,并致力于建立 HEQ 标准①。塑料化学工业也支持这一目标,制定了路线图,鼓励节约材料,并"提升对 PVC 生态效率的认识,探求进一步改进的方法"(VinylPlus,2001)。这些为数不多的例子已经表明,这种"投入更少,生产更多"的愿望,即"生态效率"或"原材料强度"②的提高,对通过实施环保创新来解决生态问题越来越重要(Huppes,2007;OECD,2010,2012a,2012b,2015;Debref,2018)。最终目标是引导先进社会走向"用更少的自然资源创造更多价值,且不损害子孙后代需求"的体系(OECD,2012c)。

二、生态效率的概念演变和边界扩大

1. 一种独立方法

自 20 世纪 90 年代以来,学界发表了大量有关生态效率方面的文章(Lovins et al.,1997;Ayres et al.,2001;Bleischwitz,2003;Ehrenfeld,2005)。于佩斯和石川(Huppes and Ishikawa,2005)提出一个简化的定义,用来高度肯定生态效率这个概念。他们强调,"生态效率方面最温和的立场,在于撇开最优性问题不谈,我们确实知道,以较低的价格实现环境改善,是比昂贵选项更可取的"。换句话说,生态效率在应对环境问题的同时,也为创造价值提供了机遇。它的计算方法非常简单,因为其公式是以投入为分母、产出为分子的一个比率为基础的,这就有可能评估生产的原材料强度和原材料的生产率。这种计算方法的最终希望是,走这条路线的企业家拥有一个容易开始的起点。这里还有另外两个关注点。一方面,它能够使用两个物理变量的除法,以计算物质资源的生产率。例如,通过基础能耗除以一件商品的重量(J/kg)来计算。另一方面,它便于我们观察换算为货币的生产率收益,以资源成本除以同一商品的重量(€/kg)的比率。最终,这种计算方法能够识别作为资源数量函数的增加值,以增加规模经济:这样我们就可以谈论脱钩了(OECD,2012b,2015)。然而,尽管生态效率在提高,生产成本却不能无限地下降(Polimeni et al.,2008)。一些技术有其局限性,没有

---

① HEQ 标准指:高环境质量标准。
② 这里的原材料强度和经合组织(2012a)使用的原材料强度一词是同义词。

直接的替代技术,一些资源以及最终废弃物则不能再利用,如危险物品和放射性物质。换句话说,就是尽管通过生态效率可以强化生产,而且仍然很有希望,但其潜力可能会受到很多限制,这取决于所开发的资源(Debref,2016)。

2. 一种循环经济结构化的整体和系统方法

从20世纪90年代起,生态效率分析采取了另一个维度,即将其作为一种系统方法的一部分(Allenby and Cooper,1994)。系统的边界在持续演变。事实上,经济学和工程科学不是只关注一家公司或一台机器的水平,而是研究能源流和物质流的生命周期。这种新方法为所有生产领域的优化创造了新的机遇。各部门生物质①的开发和转化,仍然是首要的研究课题之一。这一概念,即所谓的"级联利用"(cascade utilization)或"级联链"(cascade chaining),使识别和规划资源转化的主要阶段成为可能(Sirkin et al.,1994;Keegan et al.,2013;Essel et al.,2014;Ciccarese et al.,2015)。其原则是,在各个阶段转化的产品和副产品,在以下各阶段重新分配(图7-1)。最初,用户的目标是仅根据资源的内在质量来将工艺链接起来(Sirkin and Houten,1994)。然而,正如奥尔松及其同事(Olsson et al.,2018)所指出的那样,市场价格的波动,加剧了这种分配过程;在经济和环境影响之间进行权衡,可能因此而导致经济主体偏离其最初目标。

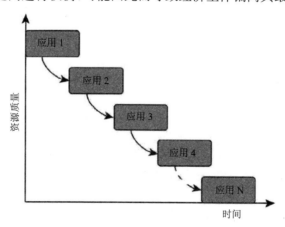

图7-1　级联利用模型

资料来源:Olsson et al.,2018.

① 如林业、造纸和生物材料工业。

150　　此外,如果一个人将自己置身于工业生产的世界中,则日常消费品也可以基于这种生态效率逻辑进行设计。迈克尔·布朗加特和威廉·麦克多诺(Michael Braungart and William McDonough,2002)是这一思想的主要贡献者,他们的"从摇篮到摇篮"(Cradle-to-Cradle ©)逻辑,已成为产品认证的参考点(Debref, 2018)。企业家仍然高度重视这一点,他们没有转向旨在交换能源和物质流的生态工业园区的或工业共生的设计,而是在认证和"从摇篮到摇篮"标签的帮助下,单独建立减少能源和原材料浪费的机制。企业从中获得的经济效益和环境效益,可以通过逐字遵守以下表达来理解:"投入更少,做更多的事情"[1](doing more with less)(Braungart et al.,2002)。然而,詹姆斯·詹金斯和保罗·奈特(James Jenkins and Paul Knight,2009)提醒我们,这一目标"……只会降低旧系统的破坏性……还有很多工作要做,行业需要走得更远"。此外,这种做法所捍卫的原则,在专家的认识中,还远远没有达成一致。

最后,循环经济为这种生态效率逻辑提供一个新维度。企业家、公民和公共机构认为,这是一个强有力的解决方案,将环境领域与工业世界联系起来,同时提供增长机会。埃伦·麦克阿瑟基金会(Ellen MacArthur Foundation)的一项研究(2015)指出,实施该计划,每年可将资源生产率提高3%;依据某些假设情景,到2030年甚至可提高7%。这一点在法国正逐渐制度化,2013年法国循环经济研究所(Institut de l'Economie Circulaire)的建立就证明了这一点(Gallaud and Laperche,2016)。2015年8月17日发布的与能源转型促进绿色增长有关的第70条《政府公报》(*Official Gazette*)中,循环经济也得到了法律承认[2]。此外,它也是《法国战略》(*France Stratégie*)中企业社会责任战略的主线之一[3]。在欧洲层面,我们甚至发现了一个"循环生物经济"战略,这表明人们有意愿将两个长期以来互相独立的"宇宙"联系起来(European Commission,2018)。图7-2表示了这种正式的循环经济,它整合了我们刚才提到的两种生态效率逻辑。一方面,在环境圈(左侧),我们发现"生物营养素"(biological nutrients)与工业世界的交换,在那里我们观察到了"级联生产"(cascade production)。另一方面,我

① 这里的表述与布伦特兰报告(1987)中使用的表述没什么不同。
② 与法国第2015-992号法律有关。
③ 例如,创造新的就业机会。

们在工业世界(右侧)中发现,"技术营养素"(technical nutrients)①的交换可能属于"从摇篮到摇篮"的逻辑。

循环经济——一种设计修复的工业系统

151

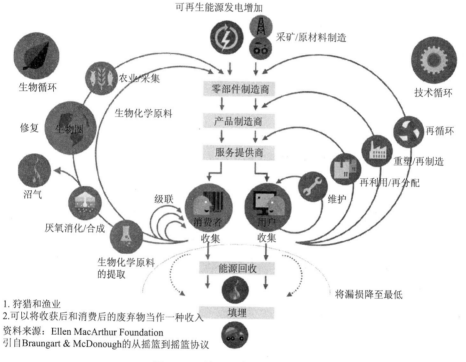

1. 狩猎和渔业
2. 可以将收获后和消费后的废弃物当作一种收入
资料来源：Ellen MacArthur Foundation
引自Braungart & McDonough的从摇篮到摇篮协议

图 7-2　循环经济模型示意图

资料来源：Ellen MacArthur Foundation,2015.

注:有关此图的彩色版本,请参见 www.iste.co.uk/fizaine/mineral1.zip。

然而,这种整合生态效率的系统层面存在着缺陷。例如,科学界及其所使 152 用的方法的多样性,对结果产生完全不同的解释(Korhonen et al.,2018b)。而且,这个概念也远非原创性的,因为我们在肯尼斯·博尔丁(Kenneth Boulding,1966)和巴里·康芒纳(Barry Commoner,1971)的创始思想中发现了这个理论,即"封闭的循环"(close the loop)。我们还发现实践中,在苏联生

---

① Braungart 和 McDonough(2002)特别提到了这两种营养素。

产力主义和福特主义时代(McCarthy and Sathre,2006;Grdzelishvili,2006)的生产方法已经实施。最后,还有其他问题也值得进一步研究,如激励管理,时空边界(距离)的考虑,以及关于熵调节的能量不可逆性原理的死胡同(Korhonen et al. ,2018a,2018b;Giampietro,2019)。因此我们观察到,在各个层次的分析中,无论是在独立层面还是在系统层面,"投入更少,生产更多"的优点都是模棱两可的。

三、生态效率和环境保护:一种模棱两可的协同

1. 效率、生产力和财富创造:一种似曾相识的感觉

我们已经证明,生态效率的英文单词"eco-efficiency"(投入更少,生产更多)与效率的英文单词"efficiency"(生产力主义的象征)更为相似,"eco-efficiency"这个英文单词加上"eco"前缀并没有意义。为了认识这一点,有必要回到经济理论的基本原理上来,17世纪著名的重农主义者威廉·佩蒂(William Petty),已经通过比较面粉厂生产的能源效率来研究这个问题。他的方法还依赖于计算物质流与经济流的比率,以便比较海上和陆上运输货物方式的相关性。我们在罗伯特·托马斯·马尔萨斯(Robert Thomas Malthus)18世纪(1798年)的著作中也发现了这个主题。他以重农主义的时代足迹,强调人类利用大自然提供的资源,必须为自己配备大量的机器(Malthus,1820):"如果制造业发明了一种机器,如果没有专利,或者专利一旦到期,就会以更少的成本生产出更多的成品,就可以制造足够数量的这种机器来满足全部需求,并完全取代所有旧机器的使用。自然的结果是,价格降低到最好机器的生产价格,如果价格降低,整个商品将退出市场。"换句话说,人类必须为自己的设备提高绩效手段,以确保财富和福祉。

让-巴蒂斯特·萨伊(Jean-Baptiste Say)认为,这种改进事物的能力,是我们发展模式进入新阶段[①]的象征,即进步的象征(Polimeni et al. ,2008)。然后,卡

[①] 根据波利梅尼(Polimeni et al. ,2008)的说法,"文明人类的知识,与野蛮人或未开化的人的知识相比,是赋予了他建造更多数目的力量"。

尔·马克思(Karl Marx)指出,对生态效率的追求,甚至可以与循环经济联系起来,是资本主义经济学的核心(1865)[1]。事实上,在以路易十四时期面粉厂的表现为例之后,马克思指出,"工业化国家的经济在发展,但生产每单位的增长所需的资源和能源却在减少"[2]。其中一个原因是能够"完善机器,使它们能够为最初不可利用的物质提供一种适合新生产的形式"。根据马克思所说的,这只有在化学工业的参与下才能实现,因为化学工业能够"发现残留物的有用性质"。他提出,这就是为什么"资本主义生产的结果是,更加重视生产和消费剩余物的使用"。当我们回到斯蒂芬·施密德亨尼(Stephan Schmidheiny,1992)主编的著作中所提建议时,这一点就更加具有启发性。他明确建议我们从德国化学工业中汲取灵感,德国化学工业"1970~1987年成功地将重金属排放量减少了60%~90%,同时产量增加了50%"。那么,(生态)效率理论属于哪个范式? 最终它是否不符合我们认为已经成功克服了的传统范式?

2. 生态效率原则(最终)是否基于环境维度?

近几十年来,在生物圈的极限内重新整合社会—经济圈的必要性,一直是发展经济学家的研究计划之一(Georgescu-Roegen and Passet,1979)。一些作者证明了一般性的经济理论并没有覆盖综合这些问题的复杂性。因此,他们各自提出了自己的生物经济的概念[3]。在这些不同的定义中,薇薇安等(Vivien et al.,2019)认为,这些作者将生物经济定义为我们社会的一个漫长进化过程,必须适应自然法则所施加的限制[4]。尼古拉斯·乔治斯库-罗根(Nicholas Georgescu-Roegen)坚持认为,我们对能源的依赖和与熵的对抗,让我们依靠当时可供应的资源,迈步走上了不同的发展阶段。当前,以矿产资源为基础的"热工业"社会,使我们无法按照固定边界来思考自己的行为。勒内·帕塞(René Passet)

154

---

[1]　更多细节,见《资本论》第三卷第五章"不变资本使用上的节约"中"生产排泄物的利用"一节。

[2]　"帕尔芒捷已经证明,自不远处的时代(例如路易十四时代)以来,法国研磨谷物的技术已经有了很大的实质性改进,因此与旧磨坊相比,新磨坊可以用同样数量的谷物制造多出一半的面包。"(Marx,1865)

[3]　在20世纪80年代(Theys and Mirenowicz,1980)讨论了这个问题,直到生物经济成为一个多义词(Vivien et al.,2019)。

[4]　经济行为者也使用了生物经济这一术语的其他含义。更多细节,读者可以参考薇薇安等(Vivien et al.,2019)的文章,这篇文章确定存在三种形式的生物经济。

也赞同这一观点,他强调我们以矿产资源为基础的发展模式,是构建了一种"失去生命的经济",即为保持生存而脱离支持我们生存的经济。最后,难道对"生态效率"目标的困惑,不正是因为这是一种基于狭隘的经济学的方法吗?

最近,研究工作者提出了四种不同形式的生态效率(Debref,2016;Polimeni et al.,2008)。这个结论源于一系列观察,即在工业圈(机器、工业)以及生物工业圈(木材、植物、农业资源)中都实现了资源和能量的优化配置,因为生物体也以这种方式起作用(Lotka,1924)。对于这两种形式来说,我们处于一种静态水平,就像一张照片,研究消耗资源和能源的实体结构。就保护环境和适应社会而言,长期思考似乎与研究生产系统如何优化其适应过程以及支持它们的生态系统非常相关。从这个角度看,另外两种形式的额外生态效率是可以识别的,它们与其自身的节奏和适应的极限不断相互作用。

最后,如果在分析中不考虑生物圈及其所施加的约束,那么可以很容易地重新讨论生态效率的目的,即"投入更少,生产更多"。这一目标只适用于和服务于工业圈,就好像生物圈,对我们社会系统生存能力的支撑,已经被搁置一旁。因此,我们将在下一节中讨论这个概念在宏观系统层面上可能产生的后果。

第三节   宏观系统层面"投入更少,生产更多"的回弹效应或非预期结果

本节强调在宏观系统层面"投入更少,生产更多"的结果,特别是**回弹效应**。作为第一步,有必要回顾一些经济学家发出的警告,即节约能源和原材料可能会导致"开倒车"(一、优化以更好地"燃烧":回归回弹效应的原点)。我们将根据社会发展阶段,观察各种不同的决定因素以及不同的相互作用。此外,我们还将证明,可持续发展的实施也是循环经济造成的新形式回弹效应的根源,而公共当局仍然在袖手旁观(二、根据社会发展水平综合计算回弹效应)。

155

一、优化以更好地"燃烧"：回归回弹效应的原点

1. 回弹效应，边际主义学派提出的新挑战

布伦特兰报告中提出的"投入更少，生产更多"这一表述表明，这是减少我们的活动对生物圈影响的有力解决方案。然而，对这一观点远未达成共识。早在工业革命时期，在边际主义学派经济学家威廉姆·斯坦利·杰文斯 1865 年所著《煤炭问题》(The Coal Question)一书中，就能找到这方面的证据。根据统计数据和马尔萨斯关于人口原理的论文，杰文斯证明了燃煤机械(蒸汽机)的性能自相矛盾地加速了煤炭的枯竭(Jevons，1865)(表 7-1)。这种被称为"回弹效应"(rebound effect)的悖论，在以下结果中基本上是可以见到的。他发现，1830~1863 年，生产 1 t 生铁，机器消耗的煤降低了 70%。自相矛盾的是，在同期可以观察到产量加速增长超过 3 000%。他认为，这一现象可以用生产成本的下降来解释，所导致的价格下降反映在需求弹性方面。此外，他总结道，"假设燃料的经济利用相当于消费的减少，这完全是一种观念上的混乱。事实恰恰相反"(Jevons，1865)。

表 7-1　生态效率悖论

年份	1 t 生铁所需煤的重量(t)	生铁产量(t)	煤炭总消费量(t)	煤炭消费量的变化(%)	生铁产量的变化(%)
1830	7	37 500	262 500	−71.43%	+3 000%
1863	2	1 160 000	2 320 000		

资料来源：作者根据 Jevons(1865)修改。

2. 回弹效应，石油和生态危机中的一个新话题

20 世纪 70 年代初，在石油危机中，这种悖论再次出现。当时，两个概念形成了鲜明的对比。一方面，艾默里·洛文斯(Amory Lovins，1984；1988)提出了能源优化的益处，这是一个可以在背景中理解的假设。另一方面，丹尼尔·卡佐姆(Daniel Khazzoom，1980)所捍卫的观点是，尽管在对抗能源和原材料浪费方 156

面付出了巨大努力,但全球能源消费未能减少对资源的影响,反而恰恰与此相反。他由此推断,"大规模提升设施库存效率……不会促进需求减少,而是导致需求增加,只有大幅提价才能阻止需求增长"[①](Khazzoom,1987)。这种失败可以用技术的双重功能加以解释:它可以用更少的资源来运行,但由于实现了节约,它的使用也可能会增加。当价格弹性几乎为零时,这种现象就会消失,但新的更高效技术出现时这一过程又会复苏(Khazzoom,1987)。艾默里·洛文斯(Amory Lovins,1988)再次提起了这个假设,并对此提出了批评。他认为,一项服务的需求价格弹性很难评估,回弹效应不可一概而论。这一论点后来受到伦纳德·布鲁克斯(Leonard Brookes,1990)的质疑。然而,我们要记住的是,这一悖论相当于新古典主义经济学家(Saunders,1992)和我们目前将要分析的生态经济学家之间的共识。

二、根据社会发展水平综合计算回弹效应

1. 回弹效应差异化的理论解释

桑德斯(Saunders,2000)、奥尔科特(Alcott,2005)、赫林和罗伊(Herring and Roy,2007)以及波利梅尼等(Polimeni et al.,2008)[②]所发表的属于生态经济学领域的论文揭示出,尽管涌现出能源密集度较低的技术,但仍显示出确认能源消费加速的愿望。他们提出了一种类型学,来更好地理解这种复杂现象的决定因素。我们以索雷尔和迪米特罗普洛斯(Sorrell and Dimitropoulos,2008)的研究为例,他们的研究确定了两大类回弹效应。第一种是直接效应,让消费者能通过收入和替代效应使得他们的效用最大化。例如,消耗较少能源的发动机能鼓励人们多开车。另一种是间接效应,即消费者能消费其他东西,由于更低的价格和更低的运营成本,例如购买第二辆汽车。

波利梅尼等(2008)将分析进一步推向深入,确定了产生回弹效应的六个原

---

① 杰文斯也发现了这一观察结果,他惊讶于激励性税收与抑制回弹效应之间的相关性(Jevons,1865,第十六章)。

② 还可以引用格里宁(Greening et al.,2000)和宾斯万格(Binswanger,2001)的论文。

因,其中前一半是直接原因,另一半是间接原因。第一种原因,我们发现是与索雷尔和迪米特罗普洛斯所提出的原因相似的。第二种原因,基于马尔萨斯的理论,成本降低使以前买不起技术的人能够获得技术,于是感觉到能源需求加速。第三种原因是节能所带来的收入和利润机会。在竞争背景下,各行各业都在进行疯狂的对抗扩张。这种对抗强度的结果是降低生产成本,事实上,为最终消费者提供了更可观的价格;因此,他们能够以同样的收入获得更多消费。产生回弹效应的间接原因更复杂、更难确定。第四种原因,作者认为,效率更高的技术使生产率提高,使资本—劳动力(如雇员)将更多时间用于消费和休闲。零弹性是第五种原因。在这种情况下,价格变化不会改变消费者行为。因此,有必要研究特定商品的回弹效应。最后,回弹效应的第六个原因是,大宗商品价格下跌对能源替代过程的影响。发现新的石油储量确保了这种范式会一直存在,直到没有替代品。

表 7 - 2　回弹效应的多样性

影响	原则
直接	(1)更有效的技术,但其使用量增加
	(2)人口和收入增长
	(3)分行业动态与替代
间接	(4)用所需能量相同的机器代替人力劳动
	(5)需求弹性等于零
	(6)原材料价格下降

资料来源:基于 Polimeni 等(2008);Debref(2018)编制。

2. 根据不同社会发展水平进行实证验证

尽管价格和人口的变化仍然是回弹效率这一悖论的核心,但定性的标准也发挥了一定作用。最近的实证研究主要集中在最先进社会,因为它们是大众消费社会的一部分。

格里尼等(Greening et al. ,2000)通过研究不同行为者(消费者和公司)的能源消费来分析美国市场。为了结果可比,他们还研究了世界产量水平。对所设想的三种情况,虽然仍然具有高度可变性,但作者从样本中识别出了能源回弹效应。例如,对于日常消费品,回弹效应的规模从 0%变化到 50%不等,具体取决于空调、供暖、运输和电器的使用情况。对于企业来说,在短期内,产量的增加会使回弹效应的规模增加 20%;但结果的广泛差异和长期相互作用的复杂性,阻止了任何过早的结论①。最后,在生活水平和"奢侈品"消费显著提高的地区,识别出了在更全球层面的效应(Greening et al.,2000)。

波利尼米等(Polinemi et al.,2008)通过研究处于不同发展水平的国家,探讨了回弹效应的奇特性。除了国家一次能源消费量②和能源强度外,他们的研究还谨慎地包括更多的定性标准,如购买力评价、农村人口外流、城市集中度、出生率、进出口类型和 GDP。从分析 1960~2004 年美国的一次能源消费量开始,作者发现,尽管能源强度增加约 115%,但一次能源消费量几乎增加了 100%(Polinemi et al.,2008)。在过去 25 年间,除德国外,欧元区国家也可以观察到这种趋势,但在一些地中海国家③也具有这种趋势(Polinemi et al.,2008)。在这个地区,对这些回弹效应的主要解释是人口的增长(尽管其出生率不断下降④)、旅游模式的变化、"能源密集型"农业部门以及高能源需求的产品出口(Polinemi et al.,2008)。我们发现,1980~2004 年一些亚洲国家也是相似趋势,除了农村人口外流和重工业需求对能源依赖的强烈影响之外。在巴西,尽管同期其能源强度仍然较低,但也可以观察到类似情况。总之,尽管原因各不相同,而对这些区域的研究,证实了回弹效应的存在。一些新的研究正在探索这一路径,并提出更精确的评估方法。然而,有些作者发现,可持续发展战略的实施,也带来了新的问题(Font Vivanco et al.,2015,2019)。

3. 可持续发展诱发新悖论:"循环经济回弹效应"

在上一节,我们看到,循环经济路线图中提出的生态效率原则仍然值得怀疑。我们的评论指出,它将是一种新形式的回弹效应的根源——循环经济回弹,将使这一路线图更有意义。这个现象是特雷弗·辛克和罗兰·热耶(Trevor

---

① 他们指出,"没有足够全面的理论来预测这些可能导致能源消费增加或减少的效应。"(Greening et al.,2000)

② 以英制热单位(BTU)表示。

③ 例如西班牙、葡萄牙和希腊。

④ 英国和法国除外。

Zink and Roland Geyer,2017)首次注意到的,标志着系统内可能出现流动①。

这些作者认为,循环经济只不过是一个相互连接的市场系统,在这个系统中,价格体系驱动着能源和物质流的交换。就回弹效应而言,它是资源之间替代效应不足的结果。二次资源不是初级资源的补充,而是在价格上与初级资源相互竞争②。一些材料是不可替代的,因为它们具有使某些产品发挥作用的独特能力,如稀有金属(Zink et al. ,2017)。这样,循环的流动性就被阻止了。一些例子可以支持这一观点。例如,在美国市场智能手机再利用和回收过程中,发现了替代效应环节中的弱项(Makov and Vivanc,2018)。这些作者估计,"由于回弹效应,使用智能手机所省的排放量中,如果不是全部损失,也是损失大约 1/3"。③

此外,生物圈也有不可逆转的替代效应;熵就是如此,某些形式的生物多样性损失(迁移)也是如此(Korhonen et al. ,2018a)。我们的观点,还应该在这一点上增加距离与运输方式,允许能源和物质流转移。事实上,为加速循环回收而调动的能源和资源也具有不可逆性。最后,与波利梅尼及其同事(2008)一样,辛克和热耶(Zink and Geyer,2017)证明,取决于各国的不同发展水平,收入和替代效应并不具有相同的影响(Zink and Geyer,2017)。事实上,正在努力促进循环经济的发展中国家,必须同时管理家庭购买力的增加和大量新资源的到来,因为这将自动加速这一现象的出现(Geng and Doberstein,2008)。这就是为什么霍宁等(Korhonen et al. ,2018a)鼓励更多地关注改变消费者行为,便于保持头脑清醒。

4. 提高公共当局的认识?

威廉姆·斯坦利·杰文斯爵士(1865)提议对煤炭征税,以改变需求行为,从而避免"反弹"(backlash)。具有讽刺意味的是,一个多世纪之后,英国的能源研

---

① "……我们警告说,简单地鼓励私营企业在循环经济中找到有利可图的机会,很可能会导致反弹,并减少或消除潜在的环境效益,这些效益只是将废弃物流连接在一个过程和另一个过程之间,而不会自动减少其对环境的影响"(Zink et al. ,2017)。

② 我们可以举出获取"纯"石油来源的塑料和从可插入产品中回收石油来源塑料之间冲突的例子。价格下跌引发了不完全替代策略,其特点可能是这两种资源的混合;这两种资源是互为补充的。

③ 更准确地说,这种对回收和再利用产品的不完美替代将产生平均 29% 的回弹效应,根据品牌的不同,有时回弹效应可高达 46%。

160

究中心发表了关于这一主题的报告。例如,我们正在思考基于哈兹祖穆假设的题为"能源效率改进回弹效应的证据"的报告(Sorrell,2007)。索雷尔是萨塞克斯大学的教师,他对梅多斯报告的其他批评者提出了新的挑战(Cole et al.,1974)。欧盟在发布"应对回弹效应"报告时,受到了这项工作的启发(Maxwell et al.,2011)。反过来,它以马尔萨斯理论为基础,在坚持消费者心理维度的同时,又具有研究一套案例的独创性①。最后,作为欧洲统计中心的欧盟统计局指出,"2000~2007年,欧盟的资源生产率提高,但物质消费与GDP的脱钩只是相对的"(Eurostat,2011)。换句话说,就是到目前为止,还没有证实提高生态效率是减少资源利用的解决方案(Debref,2018)。

最后,丰特·维万科、肯普和范德富特(Font Vivanco,Kemp,Van der Voet,2016)明确了政府可以用来遏制这一现象的几项行动,这些行动大多是基于激励的措施。作者们坚持引入新的支持政策和建立旨在改变消费者群体行为的机制。其他建议包括调整创新过程意愿,同时依靠监管和激励性税收。还包括其他一些行动,特别是那些旨在鼓励公司改变商业模式的行动。虽然这些杠杆能独立研究出来,但这些作者的主要贡献是能够将这些杠杆结合起来,确定了三种可能的策略(Font Vivanco et al.,2016)。第一种策略提出了"更有效地消费"(consuming more efficiently)的建议。在这方面,公共当局采取经济和会计激励的途径,设计评估工具来估计经济和实际影响,同时引入税收和补贴。第二种策略旨在通过"少消费"(consuming less)来改变消费行为,目标是受标签和共享价值观影响的消费群体。第三种策略是基于"差异性消费"(consume differently)的愿望,依靠促进节俭和需求自主的消费模式。

第四节 结论

1987年出版的布伦特兰报告,仍然是当今可持续发展的起点。该报告还为实现可持续发展目标提出了一系列建议,尤其是希望"投入更少,生产更多"。这

---

① 例如供热、去物质化和电话。

个建议本身对那些希望实施它的人来说本来是一个机遇,但本章审慎地反对这一现已众所周知的理念。一种系统的方法,有助于催生这种质疑。第一步,我们先提出了"投入更少,生产更多"这一表述的原则和局限性,即经济学家们更为熟知的生态效率。我们展示,自 20 世纪 70 年代以来,这个概念是如何确立的。然后介绍了概念的演变,以及其如何与循环经济视角相协调,这里的循环经济被认为是先进社会发展的一个新阶段。通过比较第一批经济学家和生物经济先驱者提出的建议,我们对其独创性和目的提出了质疑。第二步,我们研究了生态效率的宏观经济结果,并注意到边际主义经济学家威廉姆·斯坦利·杰文斯爵士关于存在回弹效应的警示。此后,关于这个主题的担忧和研究,从来没有像今天这样重要,我们提出了下面讨论的新观点。

让我们从反思中保留以下结果。乍一看,"投入更少,生产更多"这一目标似乎是一种模式,如果我们要为生态转型做出贡献,就应该遵循、鼓励和尊重这种模式。自相矛盾的是,它的理论基础远远不是一种新的思维模式,它们是基于我们同时试图挑战的原则。为了证明这一点,我们从生物经济学的角度重新加入对生态效率的追求,以指出其过程建立在一个不整合生物圈限制的模型之上。我们已经看到,在宏观系统层面,现有文献已谨慎地证明了回弹效应的存在,但这并不是我们将保留的唯一认识。事实上,它们的出现不仅仅是由于更高效的机器引起的价格变化。这也归因于亚洲、巴西和欧洲等国家发展的具体特点。因此我们推断,回弹效应是一个相当普遍存在的现象,但这是一个复杂过程的主题。最后,随着循环经济相关战略的引入,这一悖论又面临一个新的挑战。虽然这一概念本身就是进入可持续发展时代的解决方案,但我们得出的结论是,这一新阶段正在创造自己新形式的回弹效应。

因此,我们邀请未来的研究者,从新的角度来探索回弹效应。首先,从生物经济各种含义的角度出发(Vivien et al,2019);其次,从发展经济学理论出发,识别定性变量来确定回弹效应的出现,包括消费者行为的心理维度。最后,有必要回到公共当局应当动员的新机制的出现上来,推动、信息、税收和监管,以遏制这一现象的发生。

参 考 文 献

Alcott, B. (2005). Jevons' paradox. *Ecological Economics*, 54(1), 9–21.

Allenby, B. and Cooper, W.E. (1994). Understanding industrial ecology from a biological systems perspective. *Environmental Quality Management*, 3(3), 343–354.

Ayres, L.W. and Ayres, R.U. (2001). *A Handbook of Industrial Ecology*. Edward Elgar, Northampton.

Berkhout, P.H.G., Muskens, J.C., Velthuijsen, J.W. (2000). Defining the rebound effect. *Energy Policy*, 28(6–7), 425–432.

Binswanger, M. (2001). Technological progress and sustainable development: What about the rebound effect? *Ecological Economics*, 36(1), 119–132.

Bleischwitz, R. (2003). Cognitive and institutional perspectives of eco-efficiency. *Ecological Economics*, 46(3), 453–467.

Boiral, O. (2005). Concilier environnement et compétitivité, ou la quête de l'éco-efficience. *Revue française de gestion*, 31, 163–186.

Boulding, K.E. (1966). The economics of the coming spaceship earth. In *Environmental Quality in a Growing Economy*, Jarrett, H. (ed.). Johns Hopkins University Press, Baltimore.

Braungart, M. and McDonough, W. (2002). *Cradle to Cradle: Remaking the Way We Make Things*. North Point Press, New York.

Brookes, L. (1990). The greenhouse effect: The fallacies in the energy efficiency solution. *Energy Policy*, 18(2), 199–201.

Brundtland, G.H. (1987). World Commission on Environment and Development. *Report of the World Commission on Environment and Development: "Our Common Future"*. Oxford University Press, Oxford.

Ciccarese, L., Pellegrino, P., Pettenella, D. (2015). A new principle of the European Union forest policy: The cascading use of wood products. *Italian Journal of Forest and Mountain Environments*, 69(5), 285–290.

Cole, H., Freeman, C., Johoda, M., Pavitt, K. (1974). *L'anti-Malthus – une critique de halte à la croissance*. Le Seuil, Paris.

Commoner, B. (1971). *The Closing Circle: Nature, Man, and Technology*. Knopf, Random House, New York.

Debref, R. (2016). Pour une approche systémique de l'innovation "environnementale". *Revue d'économie industrielle*, 155, 71–98.

Debref, R. (2018). *Environmental Innovation and Ecodesign: Certainties and Controversies*. ISTE Ltd, London, and Wiley, New York.

Dickson, D. (1975). *The Politics of Alternative Technology*. Universe Books, New York.

Ehrenfeld, J.R. (2005). Eco-efficiency: Philosophy, theory, and tools. *Journal of Industrial Ecology*, 9(4), 6–8.

Ellen MacArthur Foundation (2015). Growth Within: A Circular Economy Vision for a Competitive Europe. Report, Ellen MacArthur Fondation.

Essel, R., Breitmayer, E., Carus, M., Fehrenbach, H., von Beibler, J., Bienge, K., Baur, F. (2014). Cascading use of biomass – From theory to practice. R&D Project FKZ 3713 44 100.

European Commission (2018). Une nouvelle stratégie en matière de bioéconomie pour une Europe durable. European Commission, Brussels.

European Commission (2019). G7 Workshop Tools Making Value Chains More Circular and Resource Efficient Voluntary Agreements, Standardisation & Non-Financial Reporting. European Commission, Paris.

Eurostat (2011). Sustainable development – Consumption and production – Statistics explained [Online]. Available at: http://ec.europa.eu/eurostat/statistics-explained/index.php/Archive:Sustainable_development_-_consumption_and_production [Accessed 27 April 2018].

Font Vivanco, D., Kemp, R., van der Voet, E. (2015). The relativity of eco-innovation: Environmental rebound effects from past transport innovations in Europe. *Journal of Cleaner Production*, 101, 71–85.

Font Vivanco, D., Kemp, R., van der Voet, E. (2016). How to deal with the rebound effect? A policy-oriented approach. *Energy Policy*, 94, 114–125.

Frosch, R.A. and Gallopoulos, N.E. (1989) Strategies for manufacturing. *Scientific American*, 261, 144–152.

Fussler, C. and James, P. (1997). *Driving Eco-Innovation: A Breakthrough Discipline for Innovation and Sustainability*. Financial Times/Prentice Hall, New York.

Gallaud, D. and Laperche, B. (2016). *Circular Economy, Industrial Ecology and Short Supply Chain*. ISTE Ltd, London, and Wiley, New York.

Geng, Y. and Doberstein, B. (2008). Developing the circular economy in China: Challenges and opportunities for achieving leapfrog development. *International Journal of Sustainable Development & World Ecology*, 15(3), 231–239.

Georgescu-Roegen, N. (1979). *Demain la décroissance : entropie, écologie, économie*, 6th edition. Ellebore, Paris.

Georgescu-Roegen, N. (1984). Feasible recipes and viable technologies. *Atlantic Economics Journal*, 12, 21–30.

Giampietro, M. (2019). On the circular bioeconomy and decoupling: Implications for sustainable growth. *Ecological Economics*, 162, 143–156.

164

Greening, L., Greene, D.L., Difiglio, C. (2000). Energy efficiency and consumption – The rebound effect – A survey. *Energy Policy*, 28(6–7), 389–401.

Herring, H. and Roy, R. (2007). Technological innovation, energy efficient design and the rebound effect. *Technovation*, 27(4), 194–203.

Huppes, G. (2007). Realistic eco-efficiency analysis. Why we need better eco-efficiency analysis from technological optimism to realism. *Technikfolgenabschätzung – Theorie Und Praxis*, 16(3), 38–45.

Huppes, G. and Ishikawa, M. (2005). Why eco-efficiency? *Journal of Industrial Ecology*, 9(4), 2–5.

International Energy Agency (2018). World Energy Balances 2018 [Online]. Available at: https://www.oecd-ilibrary.org/fr/energy/world-energy-balances_25186442.

Jevons, W.S. (1865). *The Coal Question: An Inquiry Concerning the Progress of the Nation, and the Probable Exhaustion of Our Coal-Mines*. Macmillan and Co., London.

Keegan, D., Kretschmer, B., Elbersen, B., Panoutsou, C. (2013). Cascading use: A systematic approach to biomass beyond the energy sector. *Biofuels, Bioproducts and Biorefining*, 7(2), 193–206.

Khazzoom, D. (1980). Economic implications of mandated efficiency in standards or household appliances. *Energy Journal*, 1(5), 21–40.

Khazzoom, D. (1987). Energy saving resulting from the adoption of more efficient appliances. *Energy Journal*, 8(4), 85–89.

Knight, P. and Jenkins, J.O. (2009). Adopting and applying eco-design techniques: A practitioner's perspective. *Journal of Cleaner Production*, 17(5), 549–558.

Korhonen, J., Honkasalo, A., Seppälä, J. (2018a). Circular economy: The concept and its limitations. *Ecological Economics*, 143, 37–46.

Korhonen, J., Nuur, C., Feldmann, A., Birkie, S.E. (2018b). Circular economy as an essentially contested concept. *Journal of Cleaner Production*, 175, 544–552.

Levallois, C. (2010). Can de-growth be considered a policy option? A historical note on Nicholas Georgescu-Roegen and the Club of Rome. *Ecological Economics*, 69(11), 2271–2278.

Lotka, A.J. (1924). *Elements of Physical Biology*. Williams and Wilkins, Baltimore.

Lovins, A. (1984). Direct Testimony of Amory B. Lovins for the Consumer Advocate of the New Hampshire Public Utilities Commission. Least-Coast, Reliable Electrical Service as an Alternative to Seabrook. Rocky Mountain Institute, Basalt.

Lovins, A. (1988). Energy saving from the adoption of more efficient appliances: Another view. *The Energy Journal*, 9(2), 155–170.

Lovins, A., Lovins, L., Ulrich, E. (1997). *Facteur 4. Deux fois plus de bien-être en consommant deux fois moins de ressources. Rapport au Club de Rome*. Terre Vivante, Paris.

Lyons, S. and Solar Action (1978). *Sun: A Handbook for the Solar Decade: The Official Book of the First International Sun Day*. Friends of the Earth, San Francisco.

165

Makov, T. and Font Vivanco, D. (2018). Does the circular economy grow the pie? The case of rebound effects from smartphone reuse. *Frontiers in Energy Research*, 6 [Online]. Available at: https://www.frontiersin.org/articles/10.3389/fenrg.2018.00039/full.

Malthus, T.R. (1798). *An Essay on the Principle of Population, as It Affects the Future Improvement of Society, with Remarks on the Speculations of Mr. Godwin, M. Condorcet, and Other Writers*. The Lawbook Exchange, Clark.

Malthus, T.R. (1836). *Principles of Political Economy*, 2nd edition. W. Pickering, London.

Marx, K. (1865). *Le Capital*. PUF, Paris.

Maxwell, D., Owen, P., McAndrew, L., Muehmel, K., Neubauer, A. (2011). Addressing the rebound effect. Report, European Commission, DG Environnement.

McCarthy, T. (2006). Henry Ford, industrial conservationist? Take-back, waste reduction and recycling at the Rouge. *Progress in Industrial Ecology, an International Journal*, 3(4), 302–328.

Meadows, D.H., Randers, J., Meadows, D., Behrens, W. (1972). *Halte à la croissance*. Fayard, Paris.

OECD (2010). Eco-Innovation in Industry: Enabling Green Growth. Report, OECD, Paris.

OECD (2012a). Productivité des ressources dans les pays du G8 et de OECD : rapport établi dans le cadre du plan d'action 3R de Kobe. Report, OECD, Paris.

OECD (2012b). Études de l'OCDE sur l'innovation environnementale : invention et transfert de technologies environnementales. Report, OECD, Paris.

OECD (2012c). Études de l'OCDE sur la croissance verte. Vers une croissance verte : suivre les progrès. Les indicateurs de l'OCDE : les indicateurs de l'OCDE. Report, OECD, Paris.

OECD (2015). Material resources, productivity and the environment. OECD, Paris [Online]. Available at: https://doi.org/10.1787/9789264190504-en.

Olsson, O., Roos, A., Guisson, R., Bruce, L., Lamers, P., Hektor, B., Thrän, D., Hartley, D., Ponitka, J., Hildebrandt, J. (2018). Time to tear down the pyramids? A critique of cascading hierarchies as a policy tool. *Wiley Interdisciplinary Reviews: Energy and Environment*, 7(2).

Passet, R. (1979). *L'Économique et Le Vivant*. Payot, Paris.

Polimeni, J.M., Giampietro, M., Mayumi, K., Blake, A. (2008). *The Jevons Paradox and the Myth of Resource Efficiency Improvements*. Routledge, London.

Porter, M.E. and van der Linde, C. (1995a). Green and competitive: Ending the stalemate. *Harvard Business Review*, 75(5), 16.

Porter, M.E. and van der Linde, C. (1995b). Toward a new conception of the environment–competitiveness relationship. *Journal of Economic Perspectives*, 9(4), 97–118.

Sachs, I. (1980). *Stratégies de l'écodéveloppement*. Éditions de l'Atelier, Ivry-sur-Seine.

166

Sathre, R. and Grdzelishvili, I. (2006). Industrial symbiosis in the former Soviet Union. *Progress in Industrial Ecology, an International Journal*, 3, 79–392.

Saunders, H.D. (1992). The Khazzoom–Brookes postulate and neoclassical growth. *The Energy Journal*, 13(4), 31–148.

Saunders, H.D. (2000). A view from the macro side: Rebound, backfire, and Khazzoom–Brookes. *Energy Policy*, 28(6–7), 439–449.

Schmidheiny, S. (1992). *Changing Course: A Global Business Perspective on Development and the Environment*. The MIT Press, Cambridge.

Sirkin, T. and Houten, M. (1994). The cascade chain: A theory and tool for achieving resource sustainability with applications for product design. *Resources, Conservation and Recycling*, 10(3), 213–276.

Sorrell, S. (2007). The rebound effect: An assessment of the evidence for economy-wide energy savings from improved energy efficiency. Report, UK Energy Research Centre, London.

Sorrell, S. and Dimitropoulos, J. (2008). The rebound effect: Microeconomic definitions, limitations and extensions. *Ecological Economics*, 65(3), 636–649.

Theys, J. and Mirenowicz, P. (ed.) (1980). Questions à la bioéconomie. *Cahiers du GERMES*, 4, 27–44.

UNEP (1972). Déclaration finale de la conférence des Nations unies sur l'environnement. The United Nations Environment Programme, Stockholm.

UNESCO (1971). Message de Menton. *Le Courrier de l'UNESCO*, XXIV, 1–36.

VinylPlus (2001). Vynil 2010 – Progress Report 2001. VynilPlus, Brussels.

Vivanco, D.F., Hoekman, P., Fishman, T., Pauliuk, S., Niccolson, S., Davis, C., Makov, T., Hertwich, E. (2019). Interactive visualization and industrial ecology: Applications, challenges, and opportunities. *Journal of Industrial Ecology*, 23(3), 520–531.

Vivien, F.-D., Nieddu, M., Befort, N., Debref, R., Giampietro, M. (2019). The hijacking of the bioeconomy. *Ecological Economics*, 159, 89–197.

Zink, T. and Geyer, R. (2017). Circular economy rebound. *Journal of Industrial Ecology*, 21(3), 593–602.

第八章 发展中矿业国的"资源诅咒"

奥德蕾·阿克南

法国,凡尔赛圣昆廷恩伊夫林大学,

全球化、冲突、领土和脆弱性研究中心(CEMOTEV)

第一节 引言

以斯密(Smith,1776)和李嘉图(Ricardo,1817)的分析为基础的国际贸易理
论认为,自然资源特别是矿产资源,是拥有自然资源的国家获得绝对或相对优势
的来源。此外,只要由于技术原因无法生产一种替代品,或者只要导致这些资源
不可或缺的消费和社会组织模式(例如,汽车工业的汽油)保持不变,这些资源的
交换价值就可以使拥有国因其稀缺性而产生额外利润(租金)。不可否认的是,
历史上英国和法国的煤炭丰富地区为19世纪和20世纪的欧洲经济繁荣做出了
贡献。同一时期的美国、加拿大、澳大利亚和苏维埃社会主义共和国联盟也是
如此。

在殖民时期,大多数后来的发展中国家,特别是非洲和拉丁美洲国家,已经
通过贸易经济加入国际贸易。在独立之后,加入国际贸易的方式被迫调整,在大
多数情况下,这些国家控制储蓄,并引导利用国内储蓄投资到国家发展中。然
而,国际一体化不可能在自给自足的背景下实现,正如钱纳里和斯特劳特
(Chenery and Strout,1966)在"双缺口"(double deficit)模型中所提出的那样;
出口创造收入,为购买国内资本货物提供资金,从而实现经济增长。李嘉图关于
比较优势的论点或赫克谢尔-奥林(Heckscher-Ohlin)的论文,激励了撒哈拉以

南非洲和拉丁美洲的政府专注具有比较优势的初级产品。

　　大多数能够这样做的国家选择了以原材料的开采、加工和出口为基础的发展模式。然而,"自然资源丰富的国家自20世纪70年代初以来几乎无一例外地陷入经济增长停滞"(Sachs and Warner,2001)。奥蒂(Auty,2001)证实了这一点:"资源丰富的发展中国家,其人均收入中位数已经低于资源匮乏的国家,而20世纪60年代,其人均收入中位数比资源匮乏国家高出50%。"

　　为了表述这种违反常理的情况,自2000年以来,"资源诅咒"一词开始被频繁使用。它所涵盖的情况要比"丰富悖论"(paradox of abundance)一词(Karl,1997)更广,因为"丰富悖论"只涉及产油国。当可耗竭自然资源(矿产和碳氢化合物)的开发阻碍了经济和人类发展,同时对环境造成不可逆的破坏时,就会引发"资源诅咒"。换句话说就是,"资源诅咒"对发展的可持续性构成严重威胁。

　　如何识别"资源诅咒"? 识别"资源诅咒"的方法是什么? 可以考虑哪些解决方案来避免或阻止"资源诅咒"?

　　为了提供素材,以便回答上述问题以及进行反思,本章将首先说明经济分析是如何通过强调租金的重要性来思考可耗竭自然资源对可持续性的贡献。其次,阐述与租金管理有关的宏观经济和部门问题。再次,分析租金和国家之间存在的不确定的联系,强调治理和冲突问题。最后,介绍国际机构和非政府组织提出的应对"资源诅咒"的一些机制。

第二节　如何思考可耗竭资源对可持续性的贡献以及如何衡量"资源诅咒"

　　"资源诅咒"指人均资本积累与自然资源对增长的贡献呈负相关关系,因此我们必须简要回顾可耗竭自然资源经济分析的历史。

一、从自然资源到自然资本

从 20 世纪 70 年代开始,新古典经济学方法发展了自然资源理论。这些资源是重农主义者的核心,他们将生产理解为开采和转化自然资源的一种活动,特别是在农业部门。在古典生产理论中,由于自然资源丰富,自然资源不是经济商品,而是免费物品。从 19 世纪初开始,萨伊(Say,1817)就断言自然资源"不会倍增或枯竭",因此也就不受经济学的关注。只有杰文斯在 1865 年时担心过英国煤炭储量的枯竭问题,但他在后来的工作中再未提及此事。

一般来说,新古典学派的生产方法认为,自然资源(可简化为土地)完全可以替代资本和劳动力等其他要素[①]。此外,土地和自然资源被视为生产性资本,其理由是土地和自然资源被人类改造和维护,因此与资本和劳动力相关联,方可视为一种资源[②]。因此,新古典主义分析忽视了自然资源,特别是忽视完全建立与资本和劳动力基础上的增长理论。索洛(Solow,1957)规范模型的初级版本认为,资本积累是中期增长的源泉,从长期来看,由于资本的边际回报率会下降,因此增长会受到劳动力增长的限制。

1972 年《增长的极限》(*The Limits to Growth*)的出版,使自然资源在经济分析中重获一席之地。我们的结论是,由于自然资源(主要是能源)的耗竭以及由此产生的废弃物和污染,不可能实现进一步增长,梅多斯报告让我们拓宽了对增长的分析。1974 年,索洛提出了可耗竭自然资源的最优化增长模型,首次引入自然资本(natural capital)的概念,将能源和矿产资产的存量汇集在一起(Dasgupta and Heal,1979;Solow and Stiglitz,1974)。在费舍尔(Fischer,1906)的这种基于资本的方法中,自然资本是一种产生收入流的存量,称为租金。租金则根据霍特林(Hotelling,1931)的方法进行定义,该方法提到稀缺性租金,因为矿产资源枯竭的动态性质要求经营者(希望利润最大化)考虑到资源耗竭之前的整个开采轨迹,而不仅仅是当前的生产。因此,稀缺性租金等于边际收益与边际

① 关于经济思想史上自然与经济的关系,可参见帕塞(Passet,1979)、福舍和诺埃尔(Faucheux and Noël,1995)。

② 例如,众所周知,矿床可以被发现并成为资源,但这种知识是科学和地质研究的推导结果。

171
172

开采成本之差。

所以,生产要素由所有资本类型(生产资本、人力资本、自然资本)组成,必须随着时间的推移加以保存,以维持目前和未来的福祉水平:

> 解释性变量不再是 GDP,而是对自然资本直接提供的商品和服务的消费所产生的福祉。解释性变量不再仅仅是劳动力和资本(随着技术进步而增加),而是一套"包容性"(inclusive)的资本;不仅是市场商品和服务的来源,而且更普遍地是代际福祉的来源(Thiry and Roman,2016)。

二、自然资本、可持续性和"资源诅咒"

因此,经济和环境核算将国民经济核算扩展到自然资源,它建议用稀缺性租金衡量自然资本对经济增长的相对贡献,并借助宏观经济指标评估经济增长的可持续性,其中最知名的是真实储蓄(genuine savings)或调整后的净储蓄(adjusted net savings)。

世界银行采用这种方法是寄希望于量化环境约束对长期经济增长的影响。1999 年,汉密尔顿和克莱门斯(Hamilton and Clemens)提出了一个指标,在评估国家财富时考虑到与自然和人力资本存量演变有关的因素,从而扩大了国民账户净储蓄(net savings)的衡量标准。自然资源的耗竭,被当作自然资产的一种清算过程进行分析,是对净收入和净储蓄的负贡献。相反,教育支出通过增加总投资对一个国家的财富产生正贡献。为了为子孙后代维持财富,从而使发展可持续,储蓄必须足以至少弥补资本总额的减少,并假定不同类型的资本之间完全可以替代。

这里存在着一种"哈特维克准则"(Hartwick's rule)。该准则规定,当资源耗竭时,实物资本存量必须增加,增加的量等于稀缺租金的量。根据哈特维克(Hartwick,1977)准则,只要总资本存量不变或增加,福祉便随时间推移保持不变或提高,那么可持续性就得到了保证。真实储蓄这一概念也架起了与国民核算总量之间的桥梁,而真实储蓄是根据国民核算总量计算的。这种方法的方法学框架(2014 年联合国经济和环境账户体系提出了最新的框架)使得能够计算具有大量样本国家的真实储蓄,因此可以进行国际比较。

奥蒂(Auty,2007)利用这一指标计算的结果是,许多拥有采矿经济的国家,其真实储蓄为负值,这意味着这些国家的增长耗竭了自然资本存量,但没有通过对生产资本或人力资本足够大量的投资来补偿这种耗竭。阿特金森和汉密尔顿(Atkinson and Hamilton,2003)在他们的书中指出,租金占 GDP 的比重与人均 GDP 增长率呈负相关关系。稀缺性租金占 GDP 的比重每增加 10%,人均 GDP 增长率就会下降 0.5%左右。虽然他们已证实负的真实储蓄转化为 GDP 的下降,但他们还指出,自然资源丰富的国家其真实储蓄较低或为负值。在该书确立了"资源诅咒"假说的经验事实。他们还总结说,有必要执行旨在使自然租金更合理分配的经济政策。

自然收入似乎是一个关键因素,因为它影响经济结构,同时也因为"资源诅咒"的重要性取决于国家对自然资源的管理。罗斯(Ross,2012)说,"地质非宿命";如果我们想理解和纠正"资源诅咒",就必须确定自然收入的影响和"资源诅咒"的传播渠道。

第三节　矿业活动和"资源诅咒":宏观经济和部门问题

采掘部门(Extractive Sector)(采矿、石油和天然气开采)所具有的特殊性,可以证明它是一个真正的宏观经济的不利条件。由于采矿部门主要是出口导向型的,因此它是一个重要的外汇来源。外汇可被用于进口资本货物和设备,从而提高生产能力,并从长远来看可促进经济自主。虽然采掘部门为国家提供了不可否认的进入世界市场的机会,但它创造的国内增加值却很少,因为采掘部门没有或仅在非常有限的程度上调动了国家能力(资本和劳动力)。矿业公司发展了一项重要的贸易活动,特别是公司内部贸易,但内部贸易对矿产出口前增加值的创造没有贡献。在当地,矿业公司使用固定资产和长期资产,如开采、加工和出口所需要的设备和基础设施。因此,它们对进口非常具体的资本商品有很大的需求,因为国内经济没有生产这些货物或生产得不够。奥蒂(Auty,2001)还指

174　出,从事采矿业的当地劳动力比例较低,会破坏下游联动效应①和最终需求联动效应②,从而产生较大的飞地效应(enclave effect)。这一术语是指飞地二元论(enclave dualism)概念(Higgins,1956;Myint,1964),它强调了这么一个事实:"现代"(采掘)部门和"传统"部门(经济的其他部门)之间几乎没有相互作用,并导致高度依赖其出口机会的"现代"部门的发展。

一、矿业经济和荷兰病

吉罗和奥利维耶(Giraud and Ollivier,2015)认为,采掘部门及其产生的收入对经济有三个负面影响:

——当地非农业和非采掘的私营部门的发展,该部门不是出口部门,更愿意从国家通过公共采购分配的部分收入中获益,同时继续进口其消费品,而不依赖国内生产;

——农业部门,主要是农村和食品生产部门,生活在准自给自足状态,与其他部门几乎没有经济关系,因为大多数粮食产品都是进口的;

——某种收入,这种收入可能会诱发腐败和滥用公共资金,以及收入性而非生产性行为的行为泛滥。

由于采掘部门而损害那些增加值更高,进而潜在增长率更高的其他经济部门(工业和服务业)的利益,自然资源租金可能引发最著名的"资源诅咒"症状,即荷兰病。开采矿产资源通常会产生高额利润,从而促进矿业活动的发展,损害其他部门的利益。这种部门间的不平衡伴随着经济结构的破坏,这种破坏是由不同经济部门之间的资源重新分配和收入效应造成的(Corden and Neary,1982;Corden,1984)。在宏观经济层面,国民收入和需求的增加导致通胀压力,而资本流入导致贸易顺差,并伴随着实际汇率的升值。汇率高估超出该国本该有的

175　情况,可能会降低其他出口企业的竞争力。他们的利润随之下降,这增强了发展矿业的动力。这会影响非采掘部门的竞争力,并导致生产和就业下降。

---

① 这包括利用出口产业的产出作为投入,拉动国内产业投资。

② 在这里,我们讨论的是消费品需求引发的国内投资,以满足从事出口行业的劳动力需求。

二、长期经济障碍

制造业比重的下降或制造业缺失也可能引发经济周期的剧烈波动;如果原材料价格下跌,制造业的产出可能不足以弥补原材料部门产出的下降。一般来说,高度依赖原材料的经济体,其特征是经济活动的波动与商品价格的波动高度相关。一旦自然资源耗竭,生产基础的萎缩和汇率的高估将导致经济活动的持久停滞。自 20 世纪 90 年代后半期以来,越来越多的研究强调,在某些情况和某些条件下,对自然资源的强烈依赖可能会危及长期经济增长:

——产权监管不足、市场不完善和/或缺少监管框架的情况下;

——这取决于因自然资源开采获得的租金的分配及因民主与政治权力的集中而产生的冲突是否会阻碍民主和增长;

——在资源型行业,低技能劳动力比例高。

这项工作的意义重大:强大的机构(有能力管理主权基金,在国外投资租金,避免腐败和贪污)和旨在改善人力资本的教育系统(允许发展新的、更高增加值的产业),可以因此而防止荷兰病的负面影响(Kronenberg,2004;Papyrakis and Gerlagh,2004)。

第四节　矿业收入:一种于国家而言不稳定和有害的收入

如前文阐述,租金是一种具有内在不稳定性的收入,因为租金数额取决于世界大宗商品价格。然而,这些价格的特点是高度的波动性,如果经济开放且多元化程度不高,则其影响会更显著。我们在这里发现了"小型依赖型经济体"(small dependent economy)模式,它没有市场力量,实际上处于非常脆弱的境地。布雷顿森林协定(Bretton Woods Agreement)的结束和浮动汇率制度的推广加剧了原材料价格的不稳定性;尽管 20 世纪 60 年代原材料价格(尤其是采掘类原材料)上涨,在 20 世纪 70 年代达到了真正的"繁荣",但接下来的十年是衰

176

退的十年。20 世纪 90 年代末，价格迅速上升，21 世纪前十年趋于稳定，到 2014 年再次暴跌。然而，以实际价格计算，与 1986～2006 年相比(实际价格仍然处于历史低位)，目前价格仍然处于高位。

一、贸易条件恶化之假说

在大多数出口原材料的发展中国家中，20 世纪 60 年代的繁荣促进了生产，尽管价格下跌，但由于租金下降必然得到补偿，其产量仍在继续增加。事实是，发展中国家仍然极度依赖其初级产品的出口(CNUCED，2015)，贸易条件的变化是其经济发展的关键决定因素(Collier and Goderis，2012)。经常使用贸易条件长期恶化的假设来描述这种依赖性。普雷比施(Prebisch，1950)和辛格(Singer，1950)阐述了这一观点，它预测专注初级产品只能用长期经济表现较差来诠释。从通常意义上讲，普雷比施-辛格假说指出，制成品价格的上涨将超过初级产品价格的上涨，从而使贸易条件恶化。这种恶化不仅是由于价差，还由于世界初级产品的需求对世界收入来说是相对刚性的，而世界制成品的需求则更具弹性。

此外，由于制成品生产中生产率提高更为显著，因此会加剧价差。结果是，大宗商品出口国的收入按价值计算有所下降，而其进口的制成品变得更加昂贵。因此，通过参与世界贸易，大宗商品出口国变得更加贫穷。普雷比施和辛格的结论是，发展中国家不应利用其在初级产品方面的比较优势，而应通过建立关税和非关税壁垒，使他们能够保护本国工业的发展，进而保护自己免受国际贸易的影响。正是基于这一论点，20 世纪 70 年代大多数拉丁美洲和非洲国家制定了进口替代工业化战略。正如比库尔(Bikoué，2010)所指出的，在非洲国家，这些战略未实现预期。此外，普雷比施-辛格假说尚远未得到经验的验证。大宗商品价格的长期变化以结构性突变为特征，可能表现出动态的制度性变化(Geronimi and Taranco，2018)。

在了解大宗商品价格上涨是暂时性还是永久性的方面，政府可能并不比个体代理人更强。但政府不能把波动性问题留给市场来解决。在制定汇率政策或财政政策时，各国政府被迫就冲击产生的持久性的可能程度问题站稳脚跟(Frankel,2012)。

二、历史之重

由英尼斯(Innis,1930)和麦金托什(Mackintosh,1953)于20世纪30年代提出的大宗商品理论(staples thesis)认为,一个国家的原始自然资源(大宗商品)出口到更发达国家,不仅影响经济,还影响整个社会。两位作者以加拿大的经济史为例,说明了加拿大开采及向英国和英属西印度群岛出口原材料(包括矿产)是如何塑造加拿大的经济和政治制度的。他们认为,加拿大的经济发展是某种国际贸易理论的结果。珀甘和塔尔哈(Peguin and Talha,2001)解释说,租金与一国的资源禀赋无关,租金的存在仅仅是因为资源具有交换价值。在大多数发展中国家,自然资源由外国公司开采,这些公司向国家支付部分租金。这是长期历史发展的结果,它决定了这些国家加入国际劳动力分工和国际贸易的方式,使它们不能自行开发其资源,并使它们定位于高度专注于出口其原始自然资源。如马格林(Magrin,2013)所言,很容易理解为什么矿业国的运作在很大程度上受到外部和不稳定的财政资源来源的制约和影响。"新世袭国家"(neopatrimonial state)一词(可参考韦伯词典的世袭国家,patrimonial state)通常用来指那些为了自身利益(或其代理人的利益)来组织分配产品出口租金的国家,这会摧毁这些受自然资源丰富的国家,损害非矿产生产活动。

三、分享租金

采掘部门的主要经济贡献是公司税和国家以权利金或其他特殊税的形式获得的矿业收入份额。事实上,筹集矿产勘探和开发所需的资本,非常困难而昂贵,一种简单清晰的税收制度会鼓励这类投资。同时,税收制度的谈判几乎总是导致所征收税收的减少,公共支出(特别是基础设施支出)增加,从而大幅度降低政府在矿业收入中的份额(Clark,1999;Mansour,2014)。

拉波特(Laporte)和他在国际发展学术与研究基金会(FERDI)的团队[1]开展的实证工作获得了丰富的成果。由于收入难以界定和衡量,各国会增加最终只取决于自身目标的财政和准财政措施。因此,就收入分配问题得出一般性和明确的结论是非常微妙和复杂的(Laporte and de Quatrebarbes,2015)。推而广之,很难分清在全球生产链创造的价值分配过程中,哪些属于土地所有者可获得的土地地租,哪些是采矿或石油租金,哪些是资源勘探和开发及其运输和分配产生的利润(Akin and Serfati,2008)。此外,各国获得的石油收入取决于它们所行使的控制权、全球石油集团的地位以及石油储量的近期开采情况。还有证据表明,根据世界银行的建议(1992)对矿业法进行的有利于外国工业和金融集团的改革,增加了全球集团在撒哈拉以南几个非洲国家所获得的价值份额(CNUCED,2005)。事实上,近期国内公司的私有化加上对外国投资的税收优惠,增加了外国集团所获得收入的相对份额(Campbell,2004)。

四、制度缺陷

正如普尔捷(Pourtier,2007)所述,一些国家,比如刚果(金),通过有组织地掠夺资源,根据一种新世袭逻辑来分享资源果实而成为"采矿综合征"(mining syndrome)的受害者;其他国家,比如20世纪90年代之前的加蓬,重新分配就更加彻底。然而,在矿业部门自由化的背景下,财政压力一直保持在低水平上,在非洲平均占GDP的10%(Magrin,2013)。事实上,由于政府有条不紊地偏爱采矿收入税,损害其他税源,因此税收收入结构既不能反映经济结构,也不能反映家庭收入结构[2]。因此,预算赤字往往持续存在,旨在维持社会和平的非生产性支出在不平等加剧的背景下成倍增加(Carbonnier,2007)。根据迪约翰(Di John,2002)的说法,拥有自然资源的发展中国家更容易发生暴力,导致更高程度的腐败和更低的增长率。政府依赖"不劳而获/非劳动所得的资源",因此,不去追求建立拥有互惠义务的合约框架,以此为基础发展民主的税收制度。总而言

179

---

① 有关矿业税的所有工作载于:www.ferdi.fr/fr/program-projet/financalit é-Minière。
② 见:罗斯(Ross,2012)关于石油国家的工作。

之,它们很容易会治理不佳(Moore,2004)。这种制度缺陷可能表现为是缺乏民主,更有甚者表现为庇护主义(clientelism)的专制政权(Collier,2005)。租金的存在让专制政府在过去30年里获得和/或维持权力,因为他们有能力隐藏大部分收入,同时通过有利的税收政策、大规模的公共补贴和社会项目以及广泛的腐败等方式购买社会安宁。

　　然而,罗斯(Ross,2012)和卡尔(Karl,1997)指出,即便专制政权与采矿或石油经济体之间有很强的联系,也并非所有石油或矿业国都是专制或独裁政权。此外,罗斯(Ross,2012)发现,依赖石油或矿产资源的经济增长限制了妇女的经济和政治机会,因为以家庭为单元的公共支付体系消除了妇女工作的经济激励机制,同时"荷兰病"通过阻碍非石油部门的发展减少了就业机会。在这种情况下,妇女很少现身于经济事务中,因此,特别是在北非和中东,妇女的政治影响力也很小。

五、国内武装冲突

　　安哥拉从1975年独立到2002年一直处于内战状态。这场内战造成50万人死亡,社会主义的安哥拉人民解放运动(Popular Movement for the Liberation of Angola,MPLA)与争取安哥拉彻底独立全国联盟(União Nacional para a Independência Total de Angola,UNITA)的反殖民主义运动对立,并且这场冲突背后有冷战势力根源。然而,冷战的结束并未标志着敌对状态的结束,因为在1982年安哥拉第一次多党选举中,UNITA拒绝承认MPLA的选举获胜,使该国又陷入武装冲突。UNITA失去了主要的国际支持,但发现了凭借金刚石为其军事行动提供资金的办法。在20世纪80年代初,UNITA在安哥拉北部建立了军事行动基地,这是一个金刚石丰富的地区。1992~2000年,UNITA从开采和销售金刚石中获得了30亿~40亿美元的收入。金刚石贸易因此成为UNITA政治领导层的一个主要筹码,该政治领导层在1994年签署卢萨卡和平议定书时成功地掌控了矿业部。与此同时,作为政府的MPLA大量利用石油收入为战争提供资金。安哥拉内战经常被认为是为资源而战,因为冲突的进程一直伴随着石油与金刚石相对价格的波动而起伏。

21世纪初,一群经济学家聚集在时任世界银行首席经济学家科利尔(Collier)身边,利用1965~1999年的统计数据,观察到在161个国家样本中有47个曾经历过内战。表8-1提供了一些冲突实例。这项研究确认了导致内部武装冲突爆发的五个因素。这些统计因素按重要程度递减顺序依次为:国家对原材料出口的依赖程度[①],人口的地理分布,过去发生的内战和侨民规模,低水平教育伴之以人口高增长和人均收入下降,以及人口的种族和宗教组成[②]。

这种方法旨在更新对内战的经济分析,认为不应将这些冲突视为是反对现有制度而相互指责的外在表象,而应视为是"有组织犯罪的最终表现"(Collier,2000)。因此,内战是对经济和创收活动"大规模掠夺"的结果(Collier,2000),动机是资助犯罪叛乱。科利尔和他在世界银行的同事们的研究(Collier,2000;Collier and Hoeffler,2001)都强调了掠夺动机在引发国内冲突时的重要性,因为这种贪婪驱动的掠夺要区别于基于不满的和平抗议。科利尔指出,采掘活动最容易受到这种掠夺的影响,因为它们调动了固定和长期资产,如采掘、加工和出口所需的设备和基础设施等。因此,内战可以视作代理人的自私和精于算计的行为。归根结底,冲突是由产权分配不当造成的(Garfinkel et al.,2006)。既然贪婪可能足以引发内战,那么阻止内战的方法就在于清除被掠夺的对象。因此,保罗·科利尔主张通过使经济活动多样化来减少对原材料的依赖,从而减轻租金负担。

181

表8-1　非洲因矿产资源引发的一些内战

国家	持续期限	资源
安哥拉	1975~2002	金刚石
刚果(金)	1996~1998、1998~2003、2003~2008	铜、钽、金刚石、金、钴、锡
利比里亚	1989~2003	金刚石、铁、金
塞拉利昂	1991~2000	金刚石

资料来源:UNEP,2009.

---

① 这是一种非线性关系,类似于倒U形曲线。然而,这种关系的有效性及其理论基础仍存在争议。见汉弗莱斯(Humphreys,2003)和阿克南和塞尔法蒂(Aknin and Serfati,2005)。

② 保罗·科利尔并不认为收入不平等的标准与此相关。

我们只能指出,这种情况使我们无法对发展中的石油和矿业国的前景抱乐观态度。"资源诅咒"的存在是经济学文献中达成广泛共识的主题(Al Mamun et al.,2017)。它可以通过让经济高度依赖"有毒"租金来影响整个经济,而"有毒"租金会助长不透明、腐败,甚至一些武装冲突。那么,如何设计矿业或石油经济使其更可持续发展呢? 我们如何保护自己免受"资源诅咒"?

第五节　"资源诅咒"不可避免吗?

博茨瓦纳(见专栏 8-1)经常被认为是一个有能力摆脱"资源诅咒"的国家,但它只是一个特例。

专栏 8-1　博茨瓦纳金刚石(Exama,2018)

博茨瓦纳是英国过去的保护领地,于 1966 年获得独立。当年,博茨瓦纳是世界上最贫穷的国家之一,人均收入为 90 美元/年。作为南非廉价劳动力的主要来源,博茨瓦纳的命运随着连续发现三个金刚石矿山而改变:1967 年发现的奥拉帕矿山、1973 年发现的莱特拉肯矿山和朱瓦能矿山。其中,朱瓦能矿山是世界上十大最富的矿山之一,通常被称为"矿山小王子"。

作为世界第二大金刚石生产国,博茨瓦纳还蕴藏有铜、镍、纯碱、钾、盐、煤、铁和银等矿产。一些经济学家把博茨瓦纳金刚石开采的成功表现归因于政治稳定和矿山的审慎管理。1971~2017 年,博茨瓦纳政府和戴比尔斯(De Beers)之间的合作关系已为政府提供了 85% 的金刚石收入,为戴比尔斯集团提供了 15% 的金刚石收入。

1974~1994 年,以价值计算金刚石出口年均增长 30%,而 1984~1994 年,采矿部门几乎占国内生产总值的 40%。时至 2017 年,金刚石行业的活跃度仍不减当年,年产量达 $2\,000 \times 10^4$ CT,而平均年产量为 $1\,060 \times 10^4$ CT,即 2 100 kg。此外,1960 年的 GDP 仅略高于 3 000 万美元,而 2017 年的 GDP 高达 170 亿美元,这之间的差距,也是经济取得重大成功的见证。

博茨瓦纳国家统计局的数据表明,金刚石行业提供了该国出口收入的近89%,相当于 GDP 的 36%,这是很有趣的现象。在近些年中,2016 年似乎是对金刚石生产更为有利的一年,同比产量下降了 15.6%,收入却增加了0.3%。原因之一是,当年毛坯金刚石和抛光金刚石的价格分别上涨了13.2%和 2.1%。

金刚石收入的一部分被再投资于健康和教育,使 80% 以上的人口早在1985 年就获得了距离家园不到 15 km 的医疗保健设施。小学入学率也有显著增长,从 1970 年的 59.4% 提高到 2014 年的 105.4%。2017 年,博茨瓦纳继续将教育放在首位,教育支出占 GDP 的 9.6%。由于博茨瓦纳超过 1/3的 GDP 来自金刚石行业,而该行业预计 15 年内就会枯竭,因此博茨瓦纳的经济很容易受到金刚石行业终结的影响。近几十年来,一些部门的经济活动有所下降。在独立之时,农业占博茨瓦纳 GDP 的比重超过 40%,到 2000 年则平均仅占 GDP 的 2.2%。畜牧业也已成为边际产业,其畜牧业总产值占GDP 的 4%。

尽管目前金刚石行业健康发展,并通过建立约 20 家加工厂[包括 2016年在哈博罗内(Gaborone)最新建设的一家加工厂]创造了新的就业机会,但2017 年的失业率仍然很高(17.7%)。虽然博茨瓦纳被列为非洲腐败最少的国家,但它也是世界上贫富差距最大的国家之一。为了解决这一问题,正在考虑采取若干措施,例如培养熟练劳动力大军和改革博茨瓦纳的税收收入制度。国际货币基金组织强调需要加快这些改革进程。

"资源诅咒"的根源之一是原材料价格的极其不稳定性。虽然无法改变这些初始条件,但可以找到解决方案减轻它们的影响。这些解决方案可以由国家、国际机构甚至矿业公司实施:

——通过降低开采速度、发展易货协议以及通过专门基金直接分配采矿收入,"从源头"(at source)限制石油收入;

——资源私有化;

——实施稳定机制;

——解开收入秘密,学习如何以更高的透明地有效管理这些收入,并积极打击腐败。

已经实施了一系列措施试图减少价格不稳定对生产国的影响。这些措施在结构调整期间被摒弃,取而代之的是 21 世纪初针对透明度和国际合作而采取的行动。在捐助者和非政府组织的施压下,随后提出了若干措施来打击"资源诅咒",并承诺各国走上不那么不可持续的发展道路。

一、(无效)有效的公共政策

在独立之时,大多数发展中国家为稳定价格,通过实施财政和预算政策来干预市场。其目的是支持发展和促进国际一体化。控制某些标准的大宗商品价格的政策可以追溯到殖民地时期。在 20 世纪 70 年代,贸易条件恶化的论点促使联合国贸发会议制定和实施了不稳定管理工具①。这种稳定化②是由公共(或准公共)机构——国内市场的谷物和食品生产委员会以及出口产品的营销委员会实施,在撒哈拉以南非洲尤其如此。这类委员会有三个目标:控制市场上产品的采集和处置,保证购买和生产者的价格稳定,最后,管理维护稳定所需的储备,这些储备必须用于公共投资和偿还债务。结果营销委员会效率低下,并遭到世界银行和国际货币基金组织的谴责;它们以政府挪用财政盈余的形式诱导寻租,或浪费在奢侈开支和腐败上(Helleiner,1964;Berg,1981),或者鼓励大型生产国的市场主导行为(Newbery,1984,1989)。它们未能在结构调整政策中幸存下来。罗斯(Ross,2012)在全面回顾最近的工作中发现,关于承租人行为和国家未能有效管理资源的假设并未得到系统验证。首先,这是因为这些研究集中在 20 世纪 70 年代至 90 年代非常特殊的时期;其次,因为实施适当的财政政策来应对石油收入的波动在政治上和经济上都是极其困难的,即使对于那些拥有"良好"制度的国家来说也是如此。

---

① 关于这些不稳定性与撒哈拉以南非洲发展轨迹之间的联系,见于贡和杰罗尼米(Hugon and Geronimi,1995)。

② 卡拉布里亚(Calabria,1995)介绍了大宗商品市场的管理制度。

二、促进可追溯性和透明度

184　　　最初,这些倡议主要侧重于与武装冲突有关的资源。2000 年 12 月,联合国大会通过了一项决议,之后于 2002 年 11 月建立了名为"金伯利进程国际证书制度"(Kimberley Process)的认证计划,旨在规范金刚石贸易。2000~2003 年,联合国开展了一系列调查,强调了公司在大湖区战争中的责任,其后,OECD 也提出了一系列倡议,旨在促进公司在与矿产有关的冲突中树立负责任的精神。虽然未提及公司难辞其咎卷入冲突,但指出公司应遵守"慈善、社会责任和良好治理的三重底线原则"(OECD,2004)。OECD《关于"跨国企业和投资"的宣言》(*Multinational Enterprises and Investment*)是一份重要的 OECD 文件,其中载有题为"跨国企业准则"的一段文字专门讨论这些问题。还提出了其他倡议,如安全和人权自愿原则和联合国冲突地区私人行动者全球契约对话。然而,对大多数原材料来说,不可能像金刚石那样治理,原因是市场运作方式的特殊性,这些原材料从开采地到销售点都不容易追溯。不过,在有限生产商生产了世界产量 80% 的大背景下,给产品尤其是矿产行业产品贴标签——这一点怎么都能做到——将通过使消费者发挥更重要的作用而取得进展;但这需要分销商和贸易商的积极支持。罗斯(Ross,2012)还认为,由于石油和天然气资源主要是为满足北方国家的需求,而通常处于其开采和加工中心的工业和金融集团也来自北方国家,最近来自中国,因此买方国家应该承担责任。他建议买方(国家和公司)应该拒绝购买独裁统治或腐败国家开采的石油。

　　全球见证组织(Global Witness)是最早促进自然资源收入管理透明度的非政府组织(Non-Governmental Organization,NGOs)之一。在其 1999 年的《原油觉醒》(*A Crude Awakening*)报告中,安哥拉大范围腐败及其对经济发展的有害影响受到了广泛谴责。这份报告是 2002 年《付款公布》(*Publish What You Pay*,PWYP)行动的基础。同年,英国首相托尼·布莱尔(Tony Blair)在约翰内斯堡可持续发展问题世界首脑会议上发起了采掘业透明度倡议(Extractive Industries Transparency Initiative,EITI)。《付款公布》自称是"致力于石油、天然气和采掘业透明度和问责制的草根公民社会组织的全球领先网络"①。它汇集了全球 700 多个成员组织,呼吁各国政府和公司公开他们收到的信息以及他们为石油、天然气和矿产支付的费用。这些收入应包括按生产价值收取的权利金、签订开采合约时支付的红利以及企业所得税。这些信息应用当地语言和货币单位来表达并向公民社会提供。目的是通过接受"政客问责机构可以限制庇护主义(clientelist)行为"的论点,来影响采矿业和政府的行为(Collier and Hoefler,2005)。

EITI 是一家国际组织②,旨在制定一个标准,评估一国石油、天然气和矿产资源收入以透明方式管理的程度。参与这项倡议的公司必须公布支付给政府的与其采掘活动有关的所有款项。政府还必须公布从私营公司和国有企业收到的款项。此外,EITI 标准要求公布国家级以下各级支付、过境支付和国有企业的商业活动。每个 EITI 成员国的所有这些信息都在一个多方利益相关者小组的指导下公布,该小组的代表来自企业、高级政府官员和公民社会。这些国家的多方利益相关者小组的工作信息可以公开获取。国际资源小组(International Resource Panel)由联合国于 2007 年成立,汇集了独立的科学专家,帮助各国从可持续发展的角度利用自然资源。在其最近发布的关于矿产资源治理的报告(GIER,2019)中,列出了近 90 种由公司或非政府组织实施的自愿做法,形成了一套开展矿业活动的良好实践和框架。

这些倡议推动了进步,但大多数举措只关注可持续发展的一个方面和/或只解决一个具体问题(腐败、冲突等)。例如,EITI 更多地关注政府收入而非支出,并没有真正衡量腐败,因此其范围有限,特别是在经济专业化不受质疑的情况下(Kolstad and Wiig,2009)。此外,这些制度的主要弱点是,它们完全是自愿的,没有法律约束力(Carbonnier,2007)。

三、矿业的必要治理

正如这几个例子所指出的,参与和民主被联合起来,以对抗中期产业的破坏

---

① 见:www.publishwhatyoupay.org。

② 见:https://eiti.org。

186　　性影响。然而,仅靠透明度不足以确保可持续开采和保护免受"资源诅咒"。采掘活动的治理是必要的,特别是可以通过控制跨国矿业公司和国际金融机构来实现。矿业公司在证券交易所上市的一些国家(澳大利亚、加拿大、南非)的主管机构规定了一项义务,要求矿业公司报告普查、勘探和采矿项目设计活动,报告要得到承认的专业协会成员专家的签名①。

　　非政府组织全球报告倡议组织(The NGO Global Reporting Initiative)与业界合作,制定了报告采矿和冶金公司可持续发展绩效指南。有专门针对采矿和冶炼行业的指南,包括 104 个指标②。2001 年,采矿、矿产和可持续发展(Mining,Minerals and Sustainable Development)项目③催生了国际采矿和金属理事会(International Council on Mining and Metals),该理事会有 27 个成员,在金属生产中占很大份额,但在工业矿物生产中只占一小部分份额④。然而,这些工作常会受到资源丰富国家经济和制度状况的阻碍,特别是如果这些国家是"发展中国家"。正如阿西莫格鲁和鲁滨逊(Acemoglu and Robinson,2012)的著作中所指出的,政治权力往往植根于腐败和制度缺陷的漫长历史中,很难改变方向,基于此,其后的学者在未解决"缺乏改变政治文化的战略"的情况下,对持续存在的发展"陷阱"有了更广义的理解(Cartier-Bresson,2018)。为此:

　　　　国际合作的参与者应获得更好的咨询建议,支持体制转型的内生进程。……加强权力制衡需要支持媒体、司法机构和公民社会组织,使它们有能力对提高透明度和更好分配收入施加有效压力(Carbonnier,2013)。

第六节　结论

187　　在本章最后要指出的是,丰富的矿产和石油资源似乎会严重阻碍拥有这些

---

　　① NI 43-101(加拿大)、JORC(澳大利亚)、SAMREC(南非)和 PERC(欧洲)代码。NI 43-101 代码是唯一一个要求矿业公司公开在加拿大证券交易所上市公司的勘探和采矿开发报告(包括可行性报告)的代码。

　　② 见:www.globalreporting.org。

　　③ 见:www.iied.org/mining-minerals-sustainable-development-MMSD。

　　④ 见:www.icmm.com/。

资源的国家的经济发展。通过重新引入自然资源在增长理论分析中的作用,通过统计、经济学和环境核算方面取得的明显进展,大量工作使人们有可能将可耗竭自然资源重新置于与经济可持续性相关的关注焦点,并设计指标,尽管这些指标可能不完善,但仍有助于确定和评估"资源诅咒"的程度。

因此,原材料丰富不再是发展的载体;恰恰相反,它是荷兰病、经济上对租金的依赖、体制失灵、腐败、内战等等的载体。鉴于各国在继续依赖自然资源的情况下很难实现更可持续的发展,情况不容乐观,拟议的解决方案可能也显得非常幼稚。尽管采取了一些有利于透明度和打击寻租行为的令人鼓舞的措施,但机构普遍存在的弱点无疑是它们的主要陷阱。然而,如何才能在低水平且不稳定的税收收入基础上建立良好的制度?此外,将开采活动道德化的愿望可能与生产国的国家主权、北方进口国日益增长的需求以及地缘战略问题相冲突。从这个角度看,世界上最贫穷的国家之一乍得管理石油收入的案例很有启发性。

乍得最近开采的石油资源由 1999 年议会通过的一项法律管理,即第 001 号法律,该法律在承租人的持续施压下实施[1],目的是确保石油美元管理的透明度,并让当地民众[2]从中受益。该法律确定了石油收入的分配,其中 10％存入代管账户,供子孙后代使用,15％存入一般预算,5％用于石油产区所在社区,等等。该项目侧重于多巴(Doba)油田,70％用于优先部门(教育、卫生、水、交通、农村发展和环境)。该法律发布后,又于 2003 年和 2004 年发布了一系列实施法令,包括设立**石油收入调控和监测机构**(Collège de Contrôle et de Surveillance des Revenus Pétroliers,CCSRP)的法令。该法令在颁布仅五年、生效仅两年之后,就于 2005 年 12 月进行了修订。新法案取消了为后代设立的基金,并将不受任何控制地支付给乍得国库的收入份额从 15％增加到 30％。该法案还为优先部门增加了司法和安全保障措施。最后,它改变了石油收入调控和监测机构的组成——不再是真正的"独立",由该机构负责批准利用石油暴利进行的投资。

伊德里斯·德比(Idriss Deby)总统针对就这项修正案提出的许多批评作出回应,提出了国家主权的论点。在一次接受法国国际广播电台(RFI)采访时,他

---

① 特别是世界银行,以换取对乍得—喀麦隆管道的融资。
② 见 Massuyeau 和 Dorbeau-Falchier(2003)非常详细的介绍和分析。

甚至表示,在本质上乍得可以随心所欲地处置其石油资金,甚至可以购买武器以捍卫其领土完整性。2006 年 1 月 6 日,世界银行行长保罗·沃尔福威茨(Paul Wolfowitz)对恩贾梅纳(N'Djamena)违反承诺作出回应,宣布终止在乍得的所有融资项目,冻结 1.24 亿美元的贷款。国际货币基金组织通过其总裁宣布支持世界银行的行动,当时它正通过一项 3 640 万美元的减贫和增长贷款(Poverty Reduction and Growth Facility,PRGF)支持乍得①。在 4 月 7 日世界银行代表团首轮失败后,两个主角②最终于 4 月 26 日签署了一项临时协议。2006 年 7 月 15 日,乍得作出最后承诺,即在当年年底之前通过一项新的预算法,规定其70% 的石油收入将分配给优先项目,以消除贫困,并通过建立一个稳定基金为增长做贡献。这项协议结束了乍得和世界银行之间长达 6 个月的争端,同时也终结了对该国信贷的冻结。在主要进口国不惜一切代价寻求使供应来源多样化的背景下,这一妥协的原因是否在于,担心乍得的权力落入对西方强权③尤其是美国怀有强烈敌意的亲喀土穆叛军之手?

参 考 文 献

189

Acemoglu, D. and Robinson, J. (2005). *Economic Origins of Dictatorship and Democracy*. Cambridge University Press, Cambridge.

Acemoglu, D. and Robinson, J. (2012). *Why Nations Fail*. Crown Publishers, New York.

Aknin, A. and Serfati, C. (2008). Guerres pour les ressources, rente et mondialisation. *Mondes en développement*, 36(143), 27–43.

Al Mamun, M., Sohag, K., Hassan, M. (2017). Governance, resources and growth. *Economic Modelling*, 63(C), 238–261.

Atkinson, G. and Hamilton, K. (2003). Savings, growth and the resource curse hypothesis. *World Development*, 31, 1793–1807.

Auty, R. (2000). *Resource Abundance and Economic Development*. Clarendon Press, Oxford.

---

① PRGF 是国际货币基金组织向低收入国家提供低息贷款的窗口。减贫与增长基金支持的项目基于国家主导的全面减贫战略。

② 见西蒙内(Simonet,2006)关于法律发展以及世界银行与乍得政府关系的讨论。

③ 2006 年 4 月,乍得首都遭到叛军袭击,该国几乎陷入内战。

Auty, R. (2005). Mineral-led development. In *Encyclopaedia of International Development*, Forsyth, T. (ed.). Routledge, London.

Auty, R. (2007). Natural resources, capital accumulation and the resource curse. *Ecological Economics*, 61, 627–634.

Berg, E. (1981). Le développement accéléré en Afrique subsaharienne. World Bank, Washington.

Bikoué, S.M. (2010). Industrialisation par substitution des importations en Afrique et compétitivité internationale : une revue critique [Online]. Available at: http://www. codesria.org/IMG/pdf/6-_Bikoue.pdf.

Calabre, S. (1995). Régimes de régulation et formes d'organisation des marchés de matières premières. In *Matières premières, marchés mondiaux, déséquilibres, organisationi*, Calabre, S. (ed.). Economica, Paris.

Campbell, B. (2004). *Enjeux des nouvelles réglementations minières en Afrique*. Nordiska Afrikainstitutet, Uppsala.

Carbonnier, G. (2007). Comment conjurer la malédiction des ressources ? *Annuaire suisse des politiques de développemen*t, 26, 83–98.

Carbonnier, G. (2013). La Malédiction des ressources naturelles et ses antidotes. *Revue internationale et stratégique*, 91, 38–48.

Cartier-Bresson, J. (2016). Corruption et clientélisme : peut-on les éradiquer ? *Regards croisés sur l'économie*, 2016/1(18), 87–98.

Chenery, H. and Strout, A. (1966). Foreign economic assistance and economic development. *American Economic Review*, 56, 680–733.

Clark, A.L. (1999). Government decentralization and resource rent revenue sharing: Issues and policy. *East-West Center Occasional papers*, 1, November.

CNUCED (2005). Le Développement économique en Afrique. Repenser le rôle de l'investissement étranger direct. CNUCED, Geneva.

CNUCED (2015). Trade and Development Report, 2015. Making the international financial architecture work for development. CNUCED, Geneva.

Collier, P. (2000). Economic Causes of Civil Conflict and their Implications for Policy. Research document, Economics of Crime and Violence Paper, World Bank, Washington DC.

Collier, P. and Goderis, B. (2012). Commodity prices and growth: An empirical investigation. *European Economic Review*, 56, 1241–1260.

Corden, W. (1984). Booming sector and Dutch Disease economics: Survey and consolidation. *Oxford Economic Papers*, 36, 359–380.

Corden, M. and Neary, J. (1982). Booming sector and Dutch disease economics: A survey. *Economic Journal*, 92, 826–844.

Dasgupta, P. and Heal, G. (1979). *The Optimal Depletion of Exhaustible Resources*. Cambridge University Press, Cambridge.

190

Di John, J. (2002). Mineral-Resource Abundance and Violent Political Conflict: A Critical Assessment of the Rentier State Model. Working document, LSE, 20.

Exama, V. (2018). Le Botswana et les diamants : une économie qui brille sur la scène internationale [Online]. Available at: http://perspective.usherbrooke.ca/bilan/servlet/BM Analyse?codeAnalyse=2550.

Faucheux, S. and Noël, J.-F. (1995). *Économie des ressources naturelles et de l'environnement.* Armand Colin, Paris.

Fisher, I. (1906). *The Nature of Capital and Income.* MacMillan, New York.

Frankel, J. (2012). The Natural Resources Curse: A survey of diagnoses and some prescriptions. HKS Faculty Research Working Paper Series RWP12-014, John F. Kennedy School of Government, Harvard University.

Garfinkel, M.R., Skaperdas, S., Syropoulos, C. (2006). Globalization and domestic conflict. *Journal of International Economics*, 76(2), 296–308.

Géronimi, V. and Taranco, A. (2018). Revisiting the Prebisch–Singer hypothesis of a secular decline in the terms of trade of primary commodities (1900–2016). A dynamic regime approach. *Resources Policy*, 59, 329–339.

Giraud, P.-N. and Ollivier, T. (2015). *Économie des matières premières.* La Découverte, Paris.

Global Witness (1999). A crude awakening. Report, Global Witness, London.

Hamilton, K. and Clemens, M. (1999). Genuine savings rates in developing countries. *World Bank Economic Review*, 13, 333–356.

Hartwick, J. (1977). Intergenerational equity and investing of rents from exhaustible resources. *American Economic Review*, 67(5), 972–354.

Helleiner, G. (1964). The fiscal role of marketing boards in Nigerian economic development. *Economic Journal*, 74, 582–610.

Higgins, B. (1956). The "dualistic theory" of underdeveloped areas. *Economic Development and Cultural Change*, 4(2), 99–115.

Hotelling, H. (1931). The economics of exhaustible resources. *Journal of Political Economy*, 39, 137–175.

Hugon, P. and Géronimi, V. (1995). Instabilité des recettes d'exportation, et changements de trajectoires des économies africaines. In *L'Afrique des incertitudes*, Hugon, P., Pourcet, G., Quiers-Vallette, S. (eds). PUF, Paris.

Huser, A. (2004). Doing business in conflict zones: Implementing the OECD guidelines for multinational enterprises. *WIDER Conference "Making Peace Work"*. Helsinki.

Innis, H. (1930). *The Fur Trade in Canada: An Introduction to Canadian Economic History.* University of Toronto Press, Toronto.

191

IRP (2018). Redefining Value – The Manufacturing Revolution. Remanufacturing, Refurbishment, Repair and Direct Reuse in the Circular Economy. United Nations Environment Program, Nairobi.

Jevons, S. (1866). *The Coal Question; an Inquiry Concerning the Progress of the Nation and the Probable Exhaustion of Our Coal Mines*. MacMillan, London.

Karl, T. (1997). *The Paradox of Plenty: Oil Booms and Petro-States*. University of California Press, Oakland.

Kolstad, I. and Wiig, A. (2009). Is transparency the key to reducing corruption in resource-rich countries? *World Development*, 37, 521–532.

Kronenberg, T. (2004). The curse of natural resources in the transition economies. *Economics of Transition*, 12(3), 399–426.

Laporte, B. and de Quatrebarbes, C. (2015). What do we know about the sharing of mineral resource rent in Africa? *Resources Policy*, 46, 239–249.

Macartan Humphreys, M. (2003). Aspects économiques des guerres civiles. *Revue tiers monde*, 2003/2(174), 269–295.

Mackintosh, W. (1953). Innis on Canadian economic development. *Journal of Political Economy*, 61.

Magrin, G. (2013). *Voyage en Afrique rentière. Une lecture géographique des trajectoires du développement*. Publications de la Sorbonne, Paris.

Mansour, M. (2014). Une base de données sur les recettes fiscales en Afrique sub-saharienne, 1980–2010. *Revue d'économie du développement*, 22, 99–128.

Massuyeau, B. and Dorbeau-Falchier, D. (2005). Gouvernance pétrolière au Tchad : la loi de gestion des revenus pétroliers. *Afrique contemporaine*, 216(4), 139–156.

Meadows, D.H., Meadows, D.L., Randers, J., Behrens, W.W. (1972). *Halte à la croissance : rapport sur les limites de la croissance*. Fayard, Paris.

Moore, M. (2004). Revenues, State formation, and the quality of governance. *International Political Science Review*, 25, 297–319.

Myint, H. (1964). *The Economics of the Developing Countries*. Praeger, New York.

Newbery, D. (1984). Commodity price stabilization in imperfect or cartelized markets. *Econometrica*, 52, 563–578.

Newbery, D. (1989). Agricultural institutions for insurance and stabilization. In *The Economic Theory of Agrarian Institutions*, Bardhan, P. (ed.). Clarendon Press, Oxford.

OECD (2004). Helping prevent violent conflict. OECD, Paris.

Papyrakis, E. and Gerlagh, R. (2004). The resource curse hypothesis and its transmission channels. *Journal of Comparative Economics*, 32(1), 181–193.

Passet, R. (1979). *L'Économique et le vivant*. Payot, Paris.

192

Peguin, D. and Talha, L. (2001). Pourquoi le régime rentier est-il si rétif au changement ? Une interprétation des facteurs de blocage en termes d'institutions. *Forum de la régulation*, October.

Pourtier, R. (2007). Ressources naturelles et fragilité de l'État : quelques réflexions à propos de l'Afrique centrale. In *États et Sociétés fragiles. Entre conflits, reconstruction et développement*, Châtaigner, J.-M., Magro, H. (eds). Karthala, Paris.

Prebisch, R. (1950). Le Développement de l'Amérique latine et ses principaux problèmes. United Nations, New York.

Ricardo, D. (1817). *Principes de l'économie politique et de l'impôt*. Flammarion, Paris.

Ross, M. (2012). *The Oil Curse. How Petroleum Wealth Shapes the Development of Nations*. Princeton University Press, Princeton.

Sachs, J. and Warner, A. (2001). The curse of natural resources. *European Economic Review*, 45, 827–838.

Say, J.-B. (1817). *Catéchisme d'économie politique*. Mame, Paris.

Simonet, L. (2006). Retour sur la rupture entre le Tchad et la Banque mondiale : ne nous trompons pas de responsable. *Études internationales*, 37(4), 597–615.

Singer, H. (1950). The distribution of gains between investing and borrowing countries. *American Economic Review*, 60, 473–485.

Smillie, I. (2002). Securing sustainable development: Trade, aid and security. Diamonds, timber and West African wars [Online]. Available at: http://test.iisd.org/pdf/2002/envsec_diamonds_timber.pdf.

Smith, A. (1976). *An Inquiry into the Nature and Causes of the Wealth of Nations*. Stahan and Cadel, London.

Solow, R. (1956). A contribution to the theory on economic growth. *Quarterly Journal of Economics*, 70, 64–94.

Solow, R. (1974). The economics of resources or the resources of economics. *American Economic Review*, 64(2), 1–14.

Stiglitz, J. (1974). Growth with exhaustible natural resources: Efficient and optimal growth paths. *Review of Economic Studies*, 123–137.

Thiry, G. and Roman, P. (2016). L'Indice de richesse inclusive : l'économie *mainstream* au-delà de ses limites, mais en-deçà de la soutenabilité ? *Revue française de socio-économie*, 16, 235–257.

United Nations Environment Program (2009). From conflict to peacebuilding. The role of natural resources and the environment. UNEP, Nairobi.

World Bank (1992). Strategy for African mining. Technical report, 181.

193

第九章　自然资源工业开采与手工开采:对发展的影响

维克图瓦·吉拉尔[1]、阿涅丝·扎松雷[2,3]

[1]葡萄牙,里斯本大学,诺瓦商学院,诺瓦非洲知识中心(NOVAFRICA)

[2]布基纳法索,博博·迪乌拉索,纳粹博尼大学

[3]肯尼亚,经济政策伙伴关系(PEP)

> 巨大的浪费源于矿产发现的突然性和意外性,导致人们疯狂地抢夺宝贵的财产,这是极大的社会浪费。
>
> ——哈罗德·霍特林(1931)

第一节　引言

国际货币基金组织根据 2006～2010 年各国出口和税收收入的构成,认为51 个国家及其 14 亿居民拥有丰富的自然资源(Venables,2016)①。自然资源禀赋实际上是贫富地区之间在资源方面的地质不平等性。这种地质不平等性与拥有自然资源的国家或地区的社会经济发展之间有什么联系?

---

　① 按照国际货币基金组织(IMF)的定义,一个资源丰富的国家,指的是至少有 20% 的出口或 20%的税收收入来自不可再生自然资源的国家。

　　一块资源丰富的土地会使其居民变得贫穷而不会使他们富裕,这种想法无疑是有悖直觉的。然而,在 20 世纪 80 年代和 90 年代,资源丰富的发展中国家的增长速度的确低于其他发展中国家。21 世纪前十年,资源价格在超级周期中处于高位运行,资源丰富的发展中国家的增长速度略快于其他国家,尽管这两组国家人均 GDP 的中值相同(Venables,2016)。因此,这期间发表了大量关于所谓"资源诅咒"的文献(Auty,1990),当然最新的研究更多地开始指向资源"祝福"(blessing)(Smith,2015)。

　　这些数字背后是各种各样的经历。例如,赞比亚作为非洲最大的铜出口国,其贫困率(每天生活费不足 1.90 美元的人口在总人口中所占比例)于 1998～2015 年从 42% 上升到 57.5%(World Bank,2019)。尼日利亚、刚果(金)、委内瑞拉和苏丹等许多其他国家,似乎没有从资源开采中获益。相反,这种开发利用似乎助长了政治不稳定和腐败,损害了经济增长。

　　另一方面,博茨瓦纳是自然资源管理成功的一个例子。该国已经能够将丰富的金刚石转化为全体人民的经济福祉。1965～1990 年,博茨瓦纳不仅是世界上国内生产总值增长率最快的国家之一,而且其实施的政策也使人民能够从这种经济增长中受益。1970～1990 年,博茨瓦纳的婴儿死亡率下降了一半,入学率翻了一番(Tyrell et al.,2001)。除博茨瓦纳以外,智利和挪威等国也被普遍认为是成功的例子。

　　这里所说的开发自然资源,是指人类开发不可再生、不易变质的自然资源。虽然本章主要着眼于矿产资源的研究,如金、铜、金刚石等,但定义中也包括碳氢化合物和煤炭。本章不讨论可再生资源(如森林和水)问题。就经济分析而言,可再生资源提出了与此根本不同的问题,特别是由于开发强度直接影响可再生资源的可再生性。相反,不可再生自然资源引起的是对资源进行开发管理及资源枯竭的可能性问题。

197　　以下三个观察结果表明,分析自然资源开发的社会经济后果至关重要。首先,开发自然资源是一笔可观的财政意外收入。这笔财政意外收入的规模如图 9-1 所示;自 1970 年以来,全球每年产生的财富中,自然资源租金占 1%～6%。对于资源丰富的国家来说,自然资源租金占其出口额 50% 以上的情况并不少见(表 9-1)。

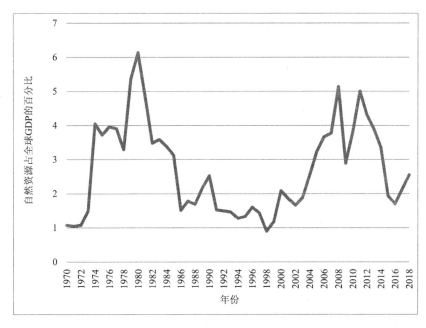

图 9 - 1　自然资源年租金占全球 GDP 的比重

注：这里，自然资源总租金指来自石油、天然气、煤炭、矿产和森林的租金之和。估算的资源租金是商品价格与其平均生产成本之差。具体算法是估算特定商品单位的世界价格，减去开采或收获的平均单位成本（包括正常资本回报）。然后将这些单位租金乘以一国开采或收获的实际数量，确定每种产品的租金，以占国内生产总值（GDP）的百分比来表示（来源：World Bank）。

表 9 - 1　依赖自然资源的中低收入国家

国家	自然资源类型	人均 GNP[a]	自然资源在出口中的份额[b]（%）	自然资源占税收收入的比重（%）
刚果（金）	矿产和石油	180	94	30
利比里亚	金和铁	210	—	16
尼日尔	铀	360	—	—
几内亚	矿产	390	93	23
马里	金	600	75	13
乍得	石油	710	89	67
毛里塔尼亚	铁	1 000	24	22

续表

国家	自然资源类型	人均 GNP[a]	自然资源在出口中的份额[b](%)	自然资源占税收收入的比重(%)
老挝	铜和金	1 010	57	19
赞比亚	铜	1 070	72	4
越南	石油	1 160	14	22
也门	石油	1 160	82	68
尼日利亚	石油	1 170	97	76
喀麦隆	石油	1 200	47	27
巴布亚新几内亚	石油、铜和金	1 300	77	21
苏丹	石油	1 300	97	55
乌兹别克斯坦	金和天然气	1 300	—	—
科特迪瓦	金和天然气	1 650	—	—
玻利维亚	天然气	1 810	74	32
蒙古国	铜	1 870	81	29
刚果(布)	石油	2 240	90	82
伊拉克	石油	2 380	99	84
印度尼西亚	石油	2 500	10	23
东帝汶	石油	2 730	99	—
叙利亚	石油	2 750	36	25
法属圭亚那	金和铝土矿	2 900	42	27
土库曼斯坦	石油	3 790	91	54
安哥拉	石油	3 960	95	78
加蓬	石油	7 680	83	60
赤道几内亚	石油	13 720	99	91

资料来源:Venables,2016.

注:a——2001 年,单位:美元;b——2006~2020 年的平均值。

　　其次,资源丰富的国家主要集中在南半球。预计到 2030 年,世界上近 2/3 的极端贫困人口将分布在撒哈拉以南资源丰富的非洲国家(Cust and Zeufack,

即将出版)。因此,本章特别关注发展中国家的自然资源开发问题。再者,从
2000 年开始的超级周期影响了资源价格,导致新建矿山的数量空前增加。
1980~2004 年,非洲每年最多只有 12 座工业矿山开建。但是到了 2013 年,非
洲大陆当年就开发了 60 多座工业矿山(Chuhan Pole et al. ,2017)。

　　自然资源分布不均不仅是国家之间,也发生在国家内部各地区之间。对这
一现象的全面分析需要考虑这两种类型的不平等。因此,本章建议首先介绍分
析国家层面资源与经济发展之间宏观联系的文献,然后再讨论经济文献的最新
进展,这些进展侧重于资源开发,特别是采矿对当地的影响。关于当地居民社
会—经济状况的详细信息越来越多,加上当地地质信息,使得人们能够越来越详
细地分析自然资源开发利用对当地的影响。这些数据还使经济分析直到最近才
能够揭示的古老现象,例如手工采矿问题,这一撒哈拉以南非洲农村地区第二大
收入来源,本章第三节将对此进行专门讨论。

第二节　工业开采的影响

一、对工业开采的介绍

　　工业采矿是一项世界性的活动,几乎影响每个大陆。最大的生产国是中国、
美国和俄罗斯。然而,一些非洲国家的工业采矿生产也有所增加。事实上,大多
数资源丰富的非洲国家已经转向发展其采矿部门,以实现持续的经济增长。这
些部门在 20 世纪 90 年代末经历了改革(在本例中是指制定新的矿业法规),以
吸引外国直接投资来促进采矿业发展①。结果是,一些外国矿业公司在非洲建
立了业务。像必和必拓(BHP Billiton)和英美资源集团(Anglo American)这样
的大型公司,在南非从事多种矿产的开采,包括铁、煤和贵金属。英美资源集团
也在博茨瓦纳开展业务,是金刚石开采公司戴比尔斯的最大股东。在中非,刚果

---

　　①　世界银行推动了这一系列改革,目的是通过扩大采矿部门来促进减贫(Campbell,2004)。主要
目标是执行财政和法律规定,以改善商业环境。

(金)拥有世界上最多的钴储量(US Geological Survey,2019)。刚果(金)也是外国矿业公司投资数量最多的国家,这里活跃着 20 多家外国矿业公司(KPMG,2014)。西非的矿业以金矿生产为主,主要由加拿大的矿业公司经营,如在加纳的阿桑克黄金公司(Asanko Gold)及在马里和布基纳法索的亚姆黄金公司(IAMGOLD)。东非也不甘示弱,坦桑尼亚的巴里克黄金公司(Barrick Gold)等加拿大矿业公司都在这里积极从事金矿开采。所有在这些国家经营的外国矿业公司均从事大规模的勘探、研究和矿产生产活动[1]。自 21 世纪前十年以来,随着资源价格的上涨,外国矿业公司在非洲(不包括南非)勘探和开发了若干矿床,产量迅速增加。最引人注目的例子是金矿开采,其产量从 2000 年的 171 t 增加到 2017 年的近 558 t,增长超过 200%。

　　工业采矿活动首先需要获得采矿许可证,而在一些土地权需要得到国家承认的地方(如博茨瓦纳、布基纳法索和赞比亚),还要获得土地酋长或习惯法下显要人物的同意。工业采矿还引起土地定居问题,有时需要重新安排以前的经济活动(通常是农业活动,有时是手工采矿)。此外,非洲的工业采矿活动通常采取大型露天挖掘的形式,这给邻国和社区带来了社会和环境挑战。工业采矿的另一个关键因素是东道主国对矿业公司的资本参与情况。东道主国参股比例从刚果(金)的 5% 到加纳和马里的 20% 不等(Laporte et al. ,2016)。此外,工业采矿还可获得税收优惠,以鼓励设备安装和投资[2]。

　　关于工业采矿影响的文献较为丰富,可分为两大类。第一类研究涉及国家层面或多个国家,第二类研究涉及国家内部资源所存在的异质性影响[3]。

201

---

　　① 除了这些大型跨国公司外,还有几十家小公司,称为初级公司。

　　② 例如,2003~2014 年,在布基纳法索,外国矿业公司从优惠税收中受益,免税额高达 GDP 的 1.1%。加纳、马里和尼日尔矿业公司的所得税税率分别为 33%、25% 和 35%,而布基纳法索仅为 17.5%(ITIE,2014)。然而,在民间社会和当地居民的压力下,政府于 2015 年颁布了一部新的矿业法,废除了某些豁免规定,并要求矿业公司为当地发展做贡献而设立一个专门用于当地社区的基金。

　　③ 加穆等(Gamu et al. ,2015)的文章对这些不同的研究进行了全面的回顾。此外,他们还分析了采矿业影响贫困和不平等的各种因素。同样,卡斯特和波尔赫克(Cust and Poelhekke,2015)调查了研究自然资源开采对当地和区域影响的文献。

二、工业开采的宏观经济影响

自然资源可以成为经济增长的引擎，为各国的发展做出贡献。然而，对玻利维亚、尼日利亚和委内瑞拉的案例研究让人有些悲观。在所有资源丰富的国家，都持续存在关自然资源创造经济奇迹可能性的辩论，比如博茨瓦纳（Sachs and Warner，1995，2001；Smith，2015）的奇迹。将资源开发转变为发展源泉，有什么机制可以帮助我们理解其中困难？"资源诅咒"的理论解释可以分为三大类（Arragon et al.，2015）。

第一，"荷兰病"。其观点是采掘业的繁荣会导致非贸易品相对于贸易品价格的上涨，从而挤出其他产业，特别是制造业（Corden and Neary，1982；Corden，1984）。这一机制似乎主要在经合组织国家得到经验验证（Harding et al.，2020），本质上看并不消极。不过它可能会对增长产生影响。如果被采掘业挤出的可贸易商品部门更有利于持续增长，那么不挤出可贸易商品部门将有可能使得经济增长更持久。如果可贸易商品部门受益于集聚效应和其他正外部性，如人力资本外部性（Torvik，2001），或者如果可贸易商品部门的规模回报率不断增加（Murphy et al.，1989），就会发生这种情况。

第二，价格波动问题。对采掘部门的依赖使经济体容易受到资源价格变化的影响。过去几十年来，自然资源价格的波动越来越大。研究表明，资源价格波动可能会导致宏观经济波动和外国投资的不确定性（van der Ploeg and Poelhekke，2009）。对于收入严重依赖资源开采的国家来说，这种波动性给长期投资预期带来影响（例如，如表 9-1 所示，尼日利亚政府 76% 的收入来自石油）。

第三，所谓的自然资源"政治"（political）诅咒。这一系列文献全面关注的是，诸如寻租现象（Mehlum et al.，2006）、腐败（Brollo et al.，2013），甚至冲突（Collier and Hoeffler，2005）等问题带来的风险，进而有助于帮助我们理解"自然资源诅咒"的体制机制。例如，预算收入严重依赖自然资源，而不是来自公民税收，削弱了政府建立或提升高质量制度的动机。此外，一些研究认为，丰富的矿产资源与过度负债有关，因为资源丰富的国家会利用自然资源作为其国际市场债务的抵押品（Manzano and Rigobon，2001；Sarr et al.，2011）。"资源诅咒"

202

的另一个制度问题是教育问题。一些作者认为,人力资本投资(以教育支出占GDP 的比重或入学率表示)与矿产资源的丰富程度呈负相关(考虑到采掘业通常投入较少的人力资本:见 Birdsall et al. ,2001;Gylfason,2001;Papyrakis and Gerlagh,2004)。

机制在对抗可能的"自然资源诅咒"方面的重要性,以及资源丰富导致制度扭曲的风险,既是文献中最常提及的机制问题,也是得到实证支持最多的机制问题[自鲁滨逊等(Robinson et al. ,2006)]开创性论文以来,已开展了大量研究,如安徒生和阿斯拉克森(Andersen and Aslaksen,2008)、布伦施韦勒和布尔特(Brunschweiler and Bulte,2008)、雷和迈克尔斯(Lei and Michaels,2014)。值得注意的是,像石油、矿产和金刚石等易于开采的资源,这个问题似乎会进一步加剧(Boschini et al. ,2007)。

三、工业开采对当地的影响

203 　　自然资源开发除了对宏观经济产生影响之外,还会对当地居民产生什么影响呢? 这个问题将人类发展置于分析的核心,也具有一个优势,即转向高质量的微观经济数据,以便对因果关系进行详细研究。

根据阿拉贡等(Aragon et al. ,2015)的研究,我们可以考虑自然资源与地方发展相联系的四大类主要机制:①通过改变当地市场(劳动力、商品和服务)和当地乘数效应,支持当地经济的直接转型;②通过企业社会责任(corporate social responsibility)倡议或当地含量(local content)要求,促进矿山对当地的积极影响;③负外部性(negative externalities),如污染;④如果资源税优先征收或重新分配给生产区,从而形成公共支出渠道。接下来我们将讨论这些方面。

首先,资源的生产可能导致当地经济专门集中在采掘活动中,进而损害其他产业(商业、农业和工业)。另一种方法建议考虑资源的开发引致的对当地商品和服务需求的冲击。

大多数实证研究认为,地方层面的工业采矿有正向的经济溢出效应①。将工业采矿与减贫正向联系起来的研究认为,采矿产生了大量收入,有助于增加国民收入。这些收入还可以再投资于社会部门,如卫生和教育,以及再投资于大规模基础设施建设,从而创造就业机会(详见 Weber-Fahr et al.,2001;Davis,2009;Jensen et al.,2012,此处仅举几例)。其他几项研究也得出了同样的结论。例如,葛和雷(Ge and Lei,2013)通过使用基于社会核算矩阵的乘数分解方法发现,矿业开发对中国相对富裕的家庭产生了显著的积极影响,也有助于减贫。阿拉贡和鲁德(Arragon and Rud,2013)的研究发现,在秘鲁,尽管亚纳科查(Yana-cocha)矿山的金矿导致当地非贸易商品价格上涨,但增加了当地家庭的实际收入。洛亚萨和里戈里尼(Loayza and Rigolini,2016)将分析扩展到秘鲁的所有地区,发现采矿活动促使当地家庭支出增加 9%,贫困减少 2.6%。然而,不平等的增加削弱了这种正向影响。最近,桑托斯(Santos,2018)的研究表明,工业化金矿开采在哥伦比亚创造了就业机会,并促进了当地的发展。

在非洲,扎布松雷等(Zabsonré et al.,2018)运用家庭数据建立了布基纳法索各部门的面板数据,以分析 2003~2009 年金矿开采对生活条件的影响。作者们利用矿业公司工业采掘的金产量快速增长的事实得出结论:那些开展采掘活动的地区,贫困率降低了 8%,居民消费增加了 12%。另一方面,巴兹利尔和吉拉德(Bazillier and Girard,2020)把样本时间轴延长,并区分开手工采矿与工业采矿的影响,得出的结论是,布基纳法索工业金矿开采对家庭消费并没有影响。舒汉-波列等(Chuhan-Pole et al.,2017)研究了撒哈拉以南非洲(特别是加纳、马里和坦桑尼亚)的工业金矿开采对社会经济的影响。这是为数不多的基于涉及多国微观经济数据的研究之一,研究结果显示了工业采矿对采矿毗邻地区的就业、工资水平、支出和经济活动产生正面影响②。此外,他们的研究结果认为,矿业社区的结构变化与开采活动有关。这是支持采矿的有力论据。最近,马莫

204

———————

① 这些研究采用各类变量来衡量采矿活动。例如,使用二元变量指标衡量已有的矿业活动,或者连续变量指标衡量矿业开采或其价值。

② 斯蒂恩斯(Stijns,2006)和戴维斯(Davis,2009)提供了类似结果的其他案例。斯蒂恩斯(Stijns,2006)根据 1975~2000 年 152 个国家的数据发现,矿产丰富的国家,其人力资本水平高于其他非矿业国家。同样,戴维斯(Davis,2009)基于对 88 个国家的分析认为,与其他国家相比,矿产丰富国家的增长会使穷人受益更多。

等(Mamo et al. , 2019)确定了勘探发现和采矿运营对整个非洲夜间灯光数据——这是一个近似于发展的指标——的正面影响。问题在于,这些地方夜间灯光如何实质性转化为家庭生活条件的改善。

　　为了对当地经济产生正面影响,采掘业必须超越其主要的特征之一,也就是飞地运作模式。弗格森(Ferguson,2005)用术语"飞地"描述采掘业的这一事实,采掘业与当地公司或东道主国家的经济部门中能够提供生产投入或者产品使用的经济部门之间没有上游或下游联系。采矿投资通常在安全的边界内才会发生。采矿投资要求先进的进口设备,主要来自外部融资并且很大程度上由外部所有①。这个事实限制了国民经济其他部门的作用,对采矿缓解贫穷也没有贡献。面对这一准则,非洲各国的采矿业无一例外。南非和博茨瓦纳已经能够在地方层面制定增加值政策,建立上下游经济联系。然而,大多数非洲矿业国家仍然具有中央集权治理的特点,未能实施使地方社区掌握资源和扩大开采权的体制改革。与其他国家相比,南非和博茨瓦纳这两个国家的独特之处在于它们享有有利的背景,以良好的治理和高质量的制度为标志。他们还通过政治活动和与矿业公司谈判来制定地方监管措施。

　　其次,当地含量倡议(local content initiatives)可以帮助克服飞地运作模式。阿拉贡和路德(Aragon and Rud,2013)强调了秘鲁当地含量倡议的正面作用。2000 年以来,国际金融公司(International Finance Corporation)在亚纳科查的资金投入促进了一项增加当地购买矿山投入比例政策的制定;阿拉贡和路德(Aragon and Rud)以施工设备、化学品和清洁产品或简单电子产品为例来说明了这个问题。当地含量倡议要求为当地社区带来了积极的经济效益。

　　然而,实施这些当地含量要求并不总成为现实。因此,首先必须有一个满足工业需求的本地生产部门。以阿拉贡和路德(Arragon and Rud,2013)提到的施工设备或清洁产品为例,在矿山所在的非洲大多数村庄中,这些产品并不是已存在的"当地"(local)产品。采掘业的另一个特征是矿山的服务年限。为了满足采掘业的需求,可以试图建立和发展一个当地产业,但这类企业的创建受到工业开

---

　　① 由于采矿是资本密集型的,这些投资不仅雇用很少的劳动力,而且还只雇用高技能的劳动力。但是当地劳动力主要是蓝领工人。

采的这一个核心特征亦即矿产资源枯竭的阻碍。最后，当地生产性部门可能受采掘活动存在之苦。德哈斯和帕尔赫克（De Haas and Poelhekke，2016）因此指出，8 个国家工业采掘区周边的公司报道了，在交通、腐败和获得受过教育的劳动力方面存在更多问题。

采掘业也可以使用（或被要求使用）企业社会责任投资。伊诺霍萨（Hinojosa，2013）对秘鲁的分析指出，矿业公司的社会责任有助于矿山周围社区年轻一代人力资本的发展。企业社会责任倡议似乎还降低了整个非洲大陆资源相关冲突的风险（Berman et al.，2017）。然而，佩格和扎比（Pegg and Zabbey，2013）认为，当地发展并不是矿业公司的优先事项，坎贝尔和拉福斯（Campbell and LaForce，2016）也给出了令人失望的结论。

再次，除了直接经济影响以外，采掘活动影响当地社区的第三个途径是污染。物质使用可能破坏生态系统，增加空气、土壤和水污染，迫使人们迁移。水和土壤污染会对人口健康产生负面影响（Coast，2013）。正如坎贝尔（Campbell，2009）关于加纳、几内亚、马达加斯加、马里和其他非洲国家的著作中所提到的那样，由于腐败、制度缺陷、低权利金比率、相对高比例的外派员工以及负面的社会和经济影响，采矿业在减少贫困方面是失败的。阿拉贡和路德（Aragón and Rud，2016）指出，加纳的金矿产量增加导致的污染使矿山周围的农业生产率降低了 40%。

最后，第四个也即最后一个途径涉及这样一个事实，即资源生产也可以成为地方层面税收的来源，而这些税收可以通过公共物品融资而充当发展的跳板。要从采掘活动中获得正面的当地影响，就要面对当地政府机构的问题。自然资源产生的租金预期可以吸引对这些租金感兴趣的一些人掌握权力，这些租金为他们提供收入，帮助他们继续掌权。例如，阿舍尔和诺沃萨德（Asher and Novosad，即将出版）指出，在印度，在资源丰富的地方竞选的候选人更有可能已经存在犯罪记录。此外，一旦当选，这些人更有可能从事犯罪活动，并在自然资源价格高时把租金转化为个人财富。此类寻租活动或许可以阐明卡塞利和米歇尔斯（Caselli and Michels，2013）基于居民调查的发现：尽管石油丰富的巴西各市政当局在正式报告中提出已在公共服务方面投入了越来越多的资金，但这些公共服务在现实中似乎并不存在。因此，"自然资源诅咒"的体制机制问题也可以在地方层面找到。

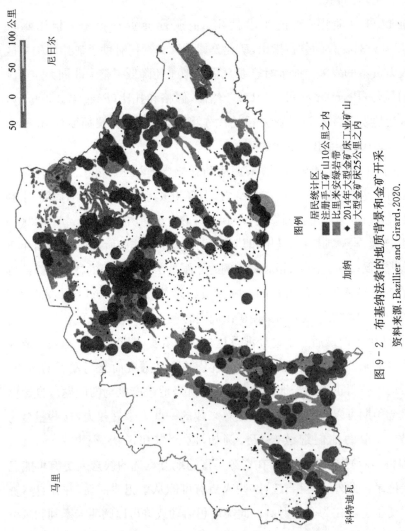

图 9 - 2　布基纳法索的地质背景和金矿开采

资料来源：Bazillier and Girard，2020.

注：就地质层位而言，非洲的金矿主要赋存于以比里米安绿岩带为代表的古基底地区。要注意的是，在布基纳法索表矿业部登记的手工矿山的位置与这一地质构造密切相关，2014 年生产的工业金矿（或工业勘探许可证图）也是如此。有关此图的彩色版本，请参见 www. iste. co. uk/ fizaine/ minerall. zip。

工业矿山提供了我们所消费矿产的90％(Buxton,2013)，这解释了整个经济文献以及本章对工业采矿问题的最初关注。然而，采掘部门绝大多数工人（超过4 000多万人）服务于手工矿山(Delve,2019)，我们将用本章余下部分对此进行讨论。

第三节 手工矿山的案例

一、对手工开采的介绍

根据最近的估算，手工采矿对1亿人的生活至关重要(World Bank,2009)，这些矿山是世界上许多国家相当一部分农村人口的收入来源。

手工矿山和工业矿山几乎在各个方面都不相同。手工活动比工业活动劳动更密集。此外，手工矿山的工人更可能是矿山运营所在国家或邻国的国民，他们可以当场学习采矿技术。最后，手工矿山使用的工具在当地交易甚至可以在当地生产。这与工业采矿形成鲜明对比，工业采矿主要依靠外国资本融资，劳动力更大比例由外派人员组成[尽管有如阿拉贡和路德(Aragón and Rud,2013)在秘鲁研究的本地含量倡议，并且越来越普遍]。此外，对于诸如金、煤、铜和钽等矿产的开采，无论采用手工或工业生产方法开采，最终产品都是相同的。例如，全球平均20％的黄金是手工生产的(Buxton,2013)，但在购买黄金物件时，几乎不可能知道它所含的手工矿石的百分比①。最后，应该指出的是，手工矿山所在的地方，手工矿山和工业矿山可能会争夺含矿土地，竞相开发重叠区域(World Bank,2009;Bazillier and Girard,2020;图9-2)。

迄今为止，人们普遍接受的手工采矿定义来自经合组织(OECD)，指任何"以简单的勘探、开采、加工和运输形式为主的正式或非正式采矿作业"(OECD,2016)。这一宽泛的定义涵盖了各类实践，从布基纳法索一座有数十条深而窄的隧道的手工金矿，到印度一座手工煤矿的巨大矿坑(Deb et al. ,2008)。它还可

---

① 最近，发生了促进公平贸易黄金的运动，即在尊重公平贸易标准的条件下手工生产金。然而，这一运动目前的产量仍然很少。

以涵盖一年中不同时间段的采矿,当农户田地里无事可做时手工采矿发生多 (Bazillier and Girard,2020),当雨季使场地无法运营时手工采矿只有暂停 (Funoch,2014)。

二、手工企业对当地的影响

210

手工矿山与贫困、童工、污染甚至暴力常常联想到一起。定性研究的文献允 许采用更细致的方法,强调手工采矿是家庭收入的来源之一,甚至有些儿童在那 里工作以资助他们的学业(Hilson,2006,2012;Potter and Lupilya,2016)。

到目前为止,近期实证研究强调了手工采矿的三个方面,我们将在这里依次 介绍。

首先,手工采矿似乎具有正面的经济效益。手工活动提高了矿山附近家庭 的生活水平(Zabsonré et al. ,2018;Bazillier and Girard,2020)。证明这个观点 的两项研究都集中在布基纳法索,这个国家自 20 世纪 80 年代发生干旱以来就 一直存在手工采矿活动,并在 21 世纪前十年经历了黄金价格上涨四倍的繁荣 期。巴兹利尔和吉拉德(Bazillier and Girard,2020)利用准自然实验得出结论, 在手工采矿繁荣期,手工矿山附近的家庭消费增加了 15%,其消费水平比该国 其他地区增长更快[在此背景下,消费似乎是经济生活水平的最好描述(Deaton and Zaidi,2002)]。此外,手工采矿对经济的影响显著;2014 年是手工采矿繁荣 期,拉动的额外家庭消费规模等于当年工业矿山向布基纳布政府缴纳的税收。 应该注意到,这一份研究中还强调,工业矿山的开发并没有给国家带来任何当地 财富效应。图 9-2 显示的是巴兹利尔和吉拉德(Bazillier and Girard,2020)所 使用数据的空间分布,图 9-3 显示了它们论证的当地手工矿山(对消费有正面 影响)和工业矿山(对消费未产生影响,甚至是负面影响)对财富影响的差异。因 此,布基纳法索的手工采矿在地方层面似乎没有受到"自然资源诅咒"的影响。 然而,这种经济成就并不能得到保障;手工采矿的健康成本以及后续对地方政治 制度和安全的长期影响需要进一步研究。

其次,从当地健康状况的变化来看,在短期内,手工采矿所产生的负面健康 影响似乎可以抵消更多正面经济影响(Parker et al. ,2016;Bazillier and Girard,

2020)。在此我们必须强调,手工矿山是人类汞污染的主要来源,这无疑会导致其矿工和周边居民面临较差的健康状况(EPA,2019)。然而,如果我们关注个人层面的后续健康会发现两种不同效应。一种是,手工采矿的收入效应可能使人们饮食更好,把自己照顾得更好,从而改善自身健康。另一种是,污染导致负面的健康影响。正收入效应可以抵消甚至超过负污染效应,这与巴兹利尔和吉拉德(Bazillier and Girard,2020)的结果是一致的。帕克等(Parker et al.,2016)的类似研究注意到,当刚果(金)停止手工矿山作业,手工矿山周边居民的健康变差。然而,在解释此类结果时,要考虑到污染效应与收入效应是不同步的;一旦矿石价格低,收入效应就消失,而过去生产过程中积累的污染仍然存在。因此,手工活动对健康的长期影响问题需要进一步研究。

211

第三,手工采矿似乎受制于自然资源的政治诅咒。由于手工开采所产生的收入较低,手工开采和工业开采导致的自然资源政治诅咒的形式是不同的;然而,手工生产也更容易出现政治诅咒。手工开采的矿石类型与刚果(金)武装反叛团体的融资方式之间似乎存在明显的联系(Sanchez de la Sierra,2020),刚果(金)和整个非洲大陆的手工开采引发局部冲突的可能性增加(Stoop et al.,2019;Rigterink,2020)。

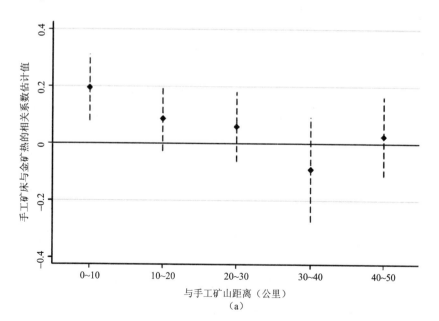

(a)

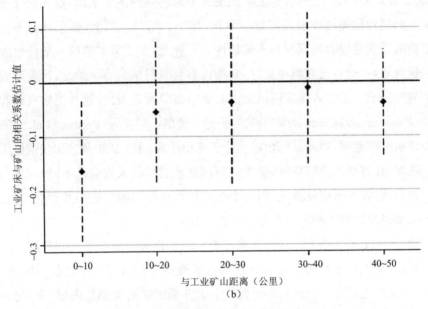

图 9-3　家庭消费对金矿矿山的响应

注：(a)显示了在所有其他条件相同的情况下，1998～2003 年(金价上涨之前)和 2009～2014 年(价格上涨之后)家庭消费水平差异(按与手工采矿活动的物理距离计算)的比较结果。结果表明，在地方层面，在距离矿山部登记矿区 30 km 的地方，手工采矿产生了积极的财富效应。(b)显示了在所有其他条件相同的情况下，按与工业活动的实际距离，在工业矿山开发前后，对家庭消费水平的不同演变情况进行比较的结果。结果表明，地方层面的工业运营并不能产生财富效应，甚至会产生负面效应。每个点的误差线表示置信区间的 90%。经济计量评估基于布基纳法索国家统计和人口研究所 1998 年、2003 年、2009 年和 2014 年收集的家庭调查数据(Bazillier and Girard，2020)。

第四节　结论

　　自然资源有减少贫困的潜力。然而，实现这一潜力并不总是显而易见的。本章最后有两点特别重要，需要进一步研究。

　　首先，任何对自然资源租金的良性利用都需要高质量的制度体系。伴随腐败或冲突的资源利用可能扭曲或破坏制度。认识到这一风险，我们就能够努力减少这种风险。例如，企业社会责任倡议，国际采矿和金属理事会（ICMM）或采掘业透明度倡议（EITI）成员推动的倡议，似乎有助于减少资源与冲突之间的联系（Berman et al.，2017）。

其次，对手工采矿的影响需要开展更进一步的研究。手工采矿是非洲农村地区第二大收入来源，也是农户收入多样化的来源（Zabsonré et al.，2018；Bazillier and Girard，2020）。随着气候变化将继续增加气候条件的可变性，使农业活动风险变得越来越大，认识和理解手工采矿活动作为减贫战略的措施，比以往任何时候都更加紧迫。

致　　谢

感谢奥尔良大学领导下的地球、大气和相互作用—资源和环境实验室（VOLatils-Terre，Atmosphère et Interactions-Ressources et Environnement，VOLTAIRE），作为其未来投资的一部分，该大学资助了维克图瓦·吉拉尔在奥尔良经济实验室进行的关于布基纳法索手工矿山的研究。阿涅丝感谢经济政策伙伴关系（the Partnership for Economic Policy，PEP）的支持，该伙伴关系由英国国际发展部（the Department for International Development，DFID）资助（或英国援助署），感谢加拿大政府通过国际发展研究中心（the International Development Research Center，IDRC）和加拿大全球事务（Global Affairs Canada，GAC）以及威廉和弗洛拉休利特基金会（William and Flora Hewlett Foundation）提供的支持。

参 考 文 献

Anderson, J.J. and Aslaksen, S. (2008). Constitutions and the resource curse. *Journal of Development Economics*, 87(2), 227–246.

Aragon, F.M. and Rud, J.P. (2013). Natural resources and local communities: Evidence from a Peruvian gold mine. *American Economic Journal: Economic Policy*, 5(2), 1–25.

214   Aragon, F.M. and Rud, J.P. (2016). Polluting industries and agricultural productivity: Evidence from mining in Ghana. *The Economic Journal*, 126, 1980–2011.

Aragon, F.M., Chuhan-Pole, P., Land, B.C. (2015). The local economic impacts of resource abundance: What have we learned? Working document, WPS 7263.

Asher, S. and Novosad, P. (forthcoming). Rent-seeking and criminal politicians: Evidence from mining booms. *Review of Economics and Statistics.*

Auty, R. (1990). *Resource-Based Industrialization: Sowing the Oil in Eight Developing Countries.* Clarendon Press, Oxford.

Balme, L.A.D. and Lanzano, C. (2013). "Entrepreneurs de la frontière" : le rôle des comptoirs privés dans les sites d'extraction artisanale de l'or au Burkina Faso. *Politique africaine,* 131, 27–49.

Baziller, R. and Girard, V. (2020). The gold digger and the machine evidence on the distributive effect of the artisanal and industrial gold rushes in Burkina Faso. *Journal of Development Economics*, 43, 102411.

Berman, N., Couttenier, M., Rohner, D., Thoenig, M. (2017). This mine is mine! How minerals fuel conflicts in Africa. *American Economic Review*, 107(6), 1564–1610.

Birdsall, N., Pinckney, T.C., Sabot, R.H. (2001). Natural resources, human capital, and growth. In *Resource Abundance and Economic Development*, Auty, R. (ed.). Oxford University Press, Oxford.

Boschini, A.D., Pettersson, J., Roine, J. (2007). Resource curse or not: A question of appropriability. *Scandinavian Journal of Economics*, 109, 593–617.

Brock, S. (2015). The resource curse exorcised: Evidence from a panel of countries. *Journal of Development Economics*, 116, 57–73.

Brollo, F., Nannici, T., Perorri, R., Tabellini, G. (2013). The political resource curse. *American Economic Review*, 103, 1759–1796.

Brunnchweiler, C.N. and Bulte, E. (2008). The resource curse revisited and revised: A tale of paradoxes and red herrings. *Journal of Environmental Economics and Management*, 55, 248–264.

Bulte, E.H., Damania, R., Deacon, R.T. (2005). Resource intensity, institutions, and development. *World Development*, 33(7), 1029–1044.

Buxton, A. (2013). Responding to the challenge of artisanal and small-scale mining: How can knowledge networks help? Report, IIED, London.

Campbell, B. (2004). *Enjeux des nouvelles réglementations minières en Afrique.* Nordiska AfrikaInstitutet, Uppsala.

Campbell, B. (2009). *Mining in Africa: Regulation and Development.* Pluto Press, IDRC, New York.

215   Campbell, B. and Laforce, M. (2016). *La Responsabilité sociale des entreprises dans le secteur minier.* Presses de l'Université du Québec, Quebec.

Caselli, F. and Michaels, G. (2013). Do oil windfalls improve living standards? Evidence from Brazil. *American Economic Journal: Applied Economics*, 5(1), 208–238.

Chuhan-Pole, P., Dabalen, A.L., Land, B.C. (2017). Mining in Africa: Are local communities better off? Africa Development Forum. World Bank, Washington.

Collier, P. and Hoeffler, A. (2005). Resource rents, governance and conflict. *Journal of Conflict Resolution*, 49, 625–633.

Corden, M.W. (1984). Booming sector and Dutch disease economics: Survey and consolidation. *Oxford Economic Papers*, 36, 359–380.

Corden, M.W. and Neary, J.P. (1982). Booming sector and de-industrialisation in a small open economy. *The Economic Journal*, 92, 825–848.

Côte, M. (2013). What's in a right? The liberalisation of gold mining and decentralization in Burkina Faso. Working document 25, LDPI.

Cust, J. and Poelhekke, S. (2015). The local economic impacts of natural resource extraction. *Annual Review of Resource Economics*, 7, 251–268.

Cust, J. and Zeufack, A. (forthcoming). The legacy of Africa's commodity price boom. Report, World Bank, Washington.

Davis, G. (2009). Extractive economies, growth, and the poor. In *Mining, Society, and a Sustainable World*, Richards, J.P. (ed.). Springer, Berlin.

De Haas, R. and Poelhekke, S. (2016). Mining matters: Natural resource extraction and local business constraints. Discussion document, Tinbergen Institute, Amsterdam.

Deaton, A. and Zaidi, S. (2002). Guidelines for constructing consumption aggregates for welfare analysis. Working document 135, LSMS.

Deb, M., Tiwari, G., Lahiri-Dutt, K. (2008). Artisanal and small scale mining in India: Selected studies and an overview of the issues. *International Journal of Mining, Reclamation and Environment*, 22(3), 194–209.

Delve (2019). Global ASM employment [Online]. Available at: https://delvedatabase.org/data.

EPA (2019). Reducing mercury pollution from artisanal and small-scale gold mining [Online]. Available at: https://www.epa.gov/international-cooperation/reducing-mercury-pollution-artisanal-and-small-scale-gold-mining.

Ferguson, J. (2005). Seeing like an oil company: Space, security, and global capital in neoliberal Africa. *American Anthropologist*, 107(3), 377–382.

Funoch, K.N. (2014). The impacts of artisanal gold mining on local livelihoods and the environment in the forested areas of Cameroon. Working document 150, CIFOR.

Gamu, J., Le Billon, P., Spiegel, S. (2015). Extractive industries and poverty: A review of recent findings and linkage mechanisms. *The Extractive Industries and Society* 2, 162–176.

216

Ge, J. and Lei, Y. (2013). Mining development, income growth and poverty alleviation: A multiplier decomposition technique applied to China. *Resource Policy*, 38(3), 278–287.

Gylfason, T. (2001). Natural resources, education, and economic development. *European Economic Review*, 45(4), 847–859.

Harding, T., Stefanski, R., Toews, G. (2020). Boom goes the price: Giant resource discoveries and real exchange rate appreciation. *The Economic Journal*, 130(630).

Hilson, G. (2006). *The Socio-Economic Impacts of Artisanal and Small-Scale Mining in Developing Countries*. CRC Press, Boca Raton.

Hilson, G. (2012). Family hardship and cultural values: Child labor in Malian small-scale gold mining communities. *World Development*, 40(8), 1663–1674.

Hinojosa, L. (2013). Change in rural livelihoods in the Andes: Do extractive industries make any difference? *Community Development Journal*, 48(3), 421–436.

Hotelling, H. (1931). The economics of exhaustible resources. *The Journal of Political Economy*, 39(2), 137–175.

ITIE (2014). Rapport de conciliation des paiements des sociétés minières à l'État et des recettes perçues par l'État desdites sociétés pour l'exercice 2012. Initiative pour la transparence dans les industries extractives, Burkina Faso.

Jensen, L., Yang, T.C., Munoz, P. (2012). Natural resource dependence: Implications for children's schooling and work in Chile. *Society & Natural Resources*, 25(1), 3–21.

KPMG (2014). Democratic Republic of Congo country mining guide [Online]. Available at: https//assets.kpmg/content/dam/kpmg/pdf/2014/09/democratic-republic-congo-mining-guide.pdf.

Laporte, B., de Quatrebarbes, C., Bouterige, Y. (2016). La fiscalité minière en Afrique : un état des lieux sur le secteur de l'or dans 14 pays de 1980 à 2015. Working document 164.

Lei, Y.H. and Michaels, G. (2014). Do giant oilfield discoveries fuel internal armed conflicts? *Journal of Development Economics*, 110, 139–157.

Lippert, A. (2014). Spill-overs of a resource boom: Evidence from Zambian copper mines. Working document 131, OxCarre.

Loayza, N. and Rigolini, J. (2016). The local impact of mining on poverty and inequality: Evidence from the commodity boom in Peru. *World Development*, 84, 219–234.

Mamo, N., Bhattacharyya, S., Moradi, A. (2019). Intensive and extensive margins of mining and development: Evidence from Sub-Saharan Africa. *Journal of Development Economics*, 139, 28–49.

Manzano, O. and Rigobon, R. (2001). Resource curse or debt overhang. Working document 8390, NBER.

Melhum, H., Moene, K., Torvik, R. (2006). Institutions and the resource curse. *Economic Journal*, 116, 1–20.

Murphy, K., Shleifer, A., Vishny, R. (1989). Industrialization and the big push. *Journal of Political Economy*, 97, 1003–1026.

OECD (2016). *Guide OCDE sur le devoir de diligence pour des chaînes d'approvisionnement responsables en minerais provenant de zones de conflit ou à haut risque*, 3rd edition. Éditions OCDE, Paris.

Papyrakis, E. (2017). The resource curse – What have we learned from two decades of intensive research: Introduction to the special issue. *The Journal of Development Studies*, 53(2), 175–185.

Papyrakis, E. and Gerlagh, R. (2004). The resource curse hypothesis and its transmission channels. *Journal of Comparative Economics*, 32, 181–193.

Parker, D.P., Foltz, J.D., Elsea, D. (2016). Unintended consequences of sanctions for human rights; conflict minerals and infant mortality. *Journal of Law & Economics*, 59(4), 731–774.

Pegg, S. and Zabbey, N. (2013). Oil and water: Bodo spills and the destruction of traditional livelihood structures in the Niger Delta. *Community Development Journal*, 48(3), 391–405.

Potter, C. and Lupilya, A.C. (2016). You have hands, make use of them! Child labor in artisanal and small scale mining in Tanzania. *Journal of International Development*, 28, 1013–1028.

Rigterink, A.S. (2020). Diamonds, rebel's and farmer's best friend: Impact of variation in the price of a lootable, labor-intensive natural resource on the intensity of violent conflict. *Journal of Conflict Resolution*, 64(1), 90–126.

Robinson, J.A., Torvik, R., Verdier, T. (2006). Political foundations of the resource curse. *Journal of Development Economics*, 79(2), 447–468.

Sachs, J.D. and Warner, A.M. (1995). Natural resource abundance and economic growth. Working document 5398, NBER.

Sachs, J.D. and Warner, A.M. (2001). The curse of natural resources. *European Economic Review*, 45(4), 827–838.

Sanchez de la Sierra, R. (2020). On the origin of states: Stationary bandits and taxation in Eastern Congo. *Journal of Political Economy*, 128(1).

Santos, R.J. (2018). Blessing and curse. The gold boom and local development in Colombia. *World Development*, 106, 337–355.

Sarr, M., Bulte, E., Meisner, C., Swanson, T. (2011). Resource curse and sovereign debt. In *Sovereign Debt: From Safety to Default*, Kolb, R. (ed.). John Wiley & Sons, London.

Stijns, J.P. (2006). Natural resource abundance and human capital accumulation. *World Development*, 34(6), 1060–1083.

Stoop, N., Verpoorten, M., van der Windt, P. (2019). Artisanal or industrial conflict minerals? Evidence from Eastern Congo. *World Development*, 122, 660–674.

218

Torvik, R. (2001). Learning by doing and the Dutch disease. *European Economic Review*, 45, 285–306.

Tyrrell, D., Jefferis, K., Molutsi, P. (2001). Botswana : le développement social dans une économie riche en ressources, tendances générales du développement social. In *Le Développement à visage humain*, Mehrotra, S. (ed.). Economica, Paris.

US Geological Survey (2019). Cobalt reserves worldwide as of 2018, by country (in metric tons) [Online]. Available at: https://www.statista.com/statistics/264930/global-cobalt-reserves/.

Van der Ploeg, F. (2011). Natural resources: Curse or blessing? *Journal of Economic Literature*, 49(2), 366–420.

Van der Ploeg, F. and Poelhekke, S. (2009). Volatility and natural resource curse. *Oxford Economic Papers*, 61(4), 727–760.

Venables, A.J. (2016). Using natural resources for development: Why has it proven so difficult? *Journal of Economic Perspectives*, 30(1), 161–184.

Weber-Fahr, M., Strongman, J., Kunanayagam, R., McMahon, G., Sheldon, C. (2011). Mining and poverty reduction. World Bank, Washington.

World Bank (2009). Mining together: Large-scale mining meets artisanal mining, a guide for action. World Bank, Washington.

World Bank (2019). Zambia. Poverty trend (by international standards): People living on less than international poverty line [Online]. Available at: http://povertydata.worldbank.org/poverty/country/ZMB.

Yeomns, J. (2019). Inside the dangerous world of "artisanal" mining, where Africans risk violence, danger and death [Online]. Available at: https//www.telegraph.co.uk/business/2019/07/07/inside-dangerous-world-artisanal-mining-africans-risk-violence/.

Zabsonré, A., Agbo, M., Somé, J. (2018). Gold exploitation and socioeconomic outcomes: The case of Burkina Faso. *World Development*, 109, 206–221.

结　语

弗洛里安·菲赞[1]和格扎维埃·加利耶格[2]

[1]法国,安纳西,萨瓦大学,管理和经济研究所

[2]法国,奥尔良大学,奥尔良经济实验室

在本书结尾,关于矿产资源经济学背景与问题可以得出以下几点认识与
教训。

第一节　矿产资源问题——人类表征的对象

在本书开始,关于矿产资源背景的前四章引导性的章节,使我们认识到,矿产资源的世界首先受到人类思想和社会建构的支配,处于特定模式、规则和语言的三棱镜之中。**由于我们无法直接感知矿产资源与我们联系的性质和程度,因此,人类社会谨慎地使用概念和模型来量化矿产资源。**

矿产资源问题带来的表象似乎不能独立于人类习俗,而是随着社会发展不断演化。因此,正如贾布拉克清晰论证的那样,一个国家资源禀赋本身的观念会发生重大变化,这取决于是考虑产量、储量、资源量,还是个体对一个国家矿产资源的主观看法。对于描述同一对象的这种多元化,通常植根于一种强烈的时间性、学科背景和地理变化性。例如,"储量基础"的概念,USGS 不再直接提供该项数据,而是更倾向于使用更具限制性的"储量"的概念来表征一个国家的矿产资源禀赋。除此之外,计算的统一性正在巧妙地改变我们对资源状态的感知。

因此，按照惯例，铜通常以纯铜的吨数为单位进行量化，而金通常以盎司(oz)、锂以碳酸锂(Li_2CO_3)当量、铀以八氧化三铀(U_3O_8)磅数等为单位进行量化。尽管这些单位可以与其他应用之间建立对应关系，但这并不能有助于快速、无偏见地理解矿产资源的概念，更不用说衡量这些矿产资源的原材料足迹后进行比较的困难。同样，评估这种资源的丰度取决于审查人的学科背景。地质学家可能对地壳中该元素丰度的概念感兴趣，工程师可能对储量的概念感兴趣，而经济学家可能会使用价格作为一个指标。

关于规则的变化还有一个例子，对一种矿产资源性质的感知随时空变化可能是负面的，或者相反，是正面的。对铅的感知演变可以说明这些问题：最初，在史前时期，铅在金匠眼里如同珍宝(Smith et al.，2018)，因为铅在自然状态下具有延展性和可用性(导致铅中毒)，而现在铅则是"被鄙视"的重金属类别中的一员，这类金属没有价值，甚至由于它们的存在而降低了其他资产的价值(比方说，房价)。同样，在 20 世纪 20 年代末赫尔曼·约瑟夫·穆勒(Hermann J. Muller)发现射线的潜在毒性之后，19 世纪初的镭热(当时被用于软饮料、化妆品和药品中)很快就消失了。今天，具有潜在高放射性的金属不再被媒体吹捧，对放射性产生的过度恐惧可能就像发现它时所带来的兴奋一样非理性。**原因在于，我们没有一个价值尺度来衡量矿产资源的绝对价值。换句话说就是，这些大部分的价值衡量方法均依赖于人为设置的计算规则和习俗。**

解析矿产资源复杂性所面临的困难也解释了学者们开展分析研究的动机，即从分散的数据中重建概念，使其易于理解。由拉斐尔·达尼诺-佩罗、迈特·莱格勒尔和多米尼克·居约内开展的物质流分析，试图重建了钴的流动路径，从刚果(金)的矿山到其最多样化的用途(电池、电子、超级合金、催化剂等)，然后到终端用途，甚至到垃圾填埋场。这项研究为研究边界和边界外所循环的钴流量和存量，提供了数量级的表示方式。由于它们基于的假设并不总是经过验证和可验证的，而且数据也不精准，这些模型并没有表征现实，而是简单地表征了它可能是什么。其目的本身也不是为了准确地确定人类圈中处于危急状态的钴存量。此外，当这种物质在地理上高度分散，用于各个不同部门，有各种不同的化学形式，甚至有时含量非常低的情况下，我们真的能说这是存量吗？不，更确切地说，这只是表征了矿产资源系统充分可信，可以以另外一种方式利用钴。然后,我们从乐观转向规范;为了证明潜在行为的合理性,本研究用模型描述结果,随后给出支持性结论和建议。这章目的是评估欧盟对钴进口的依赖程度,但我们更想知道,在消费钴的欧洲工业以及完全不同的钴利用方式之间,可能存在的利用冲突或互补性。

矿产资源的金融化并没有逃避各类表达的博弈;2011 年成立的泛亚金属交易所(Fanya Metal Exchange,FANK)掀起了稀有金属热(特别是铟和铋)并于2015 年退潮,这一现象显示了,运营者不仅遵守理性逻辑,而且在很大程度上仍然受特定背景中所传导的想象和构建的引导。事实上,如果对这种情况加以分析便能理解,铟实体市场的规模(2019 年仅为 2 亿美元/年)不足以证明建立一个交易平台的合理性①。我们应该记得,钴和钼在 2010 年推出时,其实物市场规模分别为 40 亿美元和 110 亿美元,而 1978 年镍和铝的金融市场出现时,其实物市场规模分别已有 120 亿美元和 680 亿美元(2010 年美元不变价)。"稀有金属"通过其价格体现对其(偶尔)稀缺性的理解,可能极大地有助于说服投资者进行此类投资。同样,价格或其变体(现货、期货、远期合约)的使用也必须仔细分析,才能避免过度解读和毫无根据的猜测。在这方面,价格虽然体现了一种资源的稀缺性,但也反映了一系列其他影响,因此,不惜一切代价根据过去趋势预测未来的预期,也反映了我们这个社会的一个强烈信念——关于未来的信息应该包含在过去的信息中。

然而,研究表明,资源价格遵循随机漫步理论(Krautkraemer,1998),这意味着判断趋势并在未来复制这些趋势仍然是一个规范性且具有潜在冒险性的做法。我们用于指导大宗商品价格的乐观模型中的因素已经非常不完整,如果转向预测未来,问题更大。正如阿尔伯特·爱因斯坦(Albert Einstein)恰如其分地提醒我们的那样,"没有一条路径能从对事物的认识通向事物的本原。"即使是像西蒙斯或埃尔利希这样非常著名的学者,最后也停止了将其世界观和其模型运用到大宗商品市场现实中的愿景,只能让结果和最终决定留给了随机价格冲击②。现实与预测之间的脱节有时会以一种残酷的方式发生,导致专家否认现

222

---

① 甚至没有考虑商业经营者在对冲和影响铟价格的波动性方面的需求。

② 由于未能就世界的总体演变及其未来提供足够重要的事实证据,这两位研究人员最终将赌注押在了十年后原材料价格演变上,以决定他们陈述的相关性问题(Kiel et al.,2010;Lawn,2010)。

实,并维持他们模型的结论。这个例子除了作为一件轶事,还反映了一个事实,即,在石油反冲击和原材料价格下跌之后,研究人员的兴趣从与原材料有关的问题转向与环境状况有关的问题(Fisher and Ward,2000;Simpson et al.,2005)。从逻辑上讲,21 世纪前十年末期,价格上涨重新唤起了人们对原材料问题的兴趣,似乎必须在资源问题或垃圾问题之间做出选择(Giraud,2014),价格信号是问题紧迫性和优先性的恰当指标。在这方面,在何谓乐观和何谓规范之间存在混淆,关于价格能否准确反映问题的严重性,存在挑战。

　　这种类型的混淆也存在于地缘政治之中。迪迪埃·朱丽安纳撰写的那章很好地展示了这一点。虽然科学只是描述事实,但就事物应该是什么(规范的),并没有说明。因此,如果我们能够客观地描述一个国家对某种特定资源进口的依赖——这里没有两种不同的结果——量化与这些进口相关的敏感性和风险,则需要从乐观的角度转向规范的角度。然后,我们进入了世界的表象领域,在这个领域中,现实与其感知之间可能出现很大的差距。用科学来区分几种想象没有多大帮助,因为在这里超出了它的应用领域。

　　因此,研究人员必须尽可能澄清哪些属于科学方法,哪些仅限于描述事实,哪些旨在提供建议,哪些需要只有在某种方式下才能应用的一种表征或模型(或另一种方式换一种表述或模型)。而且,在社会科学和人文科学中,这种界限往往是模糊的,有些人使用科学话语来进行政治计划,这滋生了界限的模糊,助长对"专家"日益增长的不信任。

第二节　关于物理—社会—经济反馈的一些启示

　　本书的相关内容也突出了在物理—技术表征与矿产资源的社会—经济发展模式之间不断反馈和回溯的重要性。

223　　　　首先,物理—化学特性对我们的社会经济发展模式起到决定性影响。经济发展依赖于自然资源(物质和能源),并受自然资源物理—化学定律的支配,这些定律构架了社会经济—文化活动的发展。技术进步使经济更接近这些定律,而不是从中抽离出来。虽然当前铂的市场价值超过了金,但 16 世纪之前,在技术和经济上都无法提取出铂,这使得它不适合发展成一种被崇拜的物质,因为它可能依附于黄金而存在,根据约翰·梅纳德·凯恩斯的说法,这是一种"野蛮的遗迹"。

同样,生产钢铁的能源效率提高,加上丰富而廉价的能源的出现,使钢铁从以前节俭的经济需求中解放出来。这是否意味着技术进步可以持续地将炼钢成本降至零?当然不是。奥利维尔·维达尔和雅克·维尔纳夫(及其团队)在各自的章节中很好地介绍了物理限制和经济需求之间相互作用的现实。知识使我们有可能接近物理极限,但不能超越这个极限。因此,奥利维尔·维达尔指出,资源枯竭的物理规律具有有形的经济现实(通过金属的能源和货币成本),一旦我们继续沿着相同的发展轨迹前进,这种物理现实就必须强加给我们,矿业部门的能源效率最终将耗尽最后的可生产的矿床。为了应对我们面对这个物理界线时潜在的失败,该章节的作者呼吁更进一步支持回收利用的经济学。

然而,物理—化学定律可能再次发挥作用,至少对许多金属来说是如此。首先,废物流不能很快被回收利用(产品寿命的原因),因此,在任何给定时间,其不一定能够满足经济增长的所有需求;其次,与人们经常争论的相反,因为很大一部分城市矿山显示出比天然矿山及其矿床的矿石品位更低,至少在涉及稀有金属时是这样(Fizaine,2018)。通过雅克·维尔纳夫和他的团队的贡献,现实世界对经济的反馈也是显而易见的。一些发达经济体现在主要依赖服务业经济,这可能会让我们相信,我们的生活方式已经逐渐变得越来越少地依赖于物质①。 224
这一点可以观察到,尤其通过观察国内采掘指标,或在更小范围内观察国内消费(生产指标)等指标。然而,正如该章节的作者很好地证明的那样,通过产品和服务国际贸易的相互作用,环境影响正在转移到我们国家经济以外的地区。作者通过计算原材料足迹的投入—产出(IO)方法使我们的直觉回到现实中。我们不断增长的原材料消费的现实并没有消失,只是转移到专门生产原材料和能源密集型商品和服务的国家。因此,在法国,超过80%的用于满足国内最终使用的金属是在国外生产的。其他作者关于全球宏观经济的数据也注意到了我们经

---

① 至少基于服务业占GDP的比重或服务业总就业人数的比重是如此。此外,鲍莫尔(Baumol)的悖论尤其对这一观点提出了质疑。

济体的这种实质性现实(Charlier and Fizaine,2020;Lefèvre,2021)。

社会经济"定律"及其相互作用,虽然它们并不改变物理特性的不变定律,但却影响着我们物理世界的组织及其演化。一个很好的例子是人为的全球变暖打乱了地球系统的自然轨迹。然而,如果没有把技术和社会经济动态结合起来,现代社会建立的热工业系统可能就不会具有如此强大的破坏性。

关于这个问题,罗曼·德布雷夫的论文表明,通过"回弹效应"提高生态效率,从长远来看,还是会使资源消费量增加而不是减少。在技术(减少需求)和社会—经济驱动力(将其用作增长的杠杆)之间存在着根本性的相互作用。在这方面,对环境事件的技术响应只会加剧这个问题。然而,这一结果与任何一种决定论无关。我们可能还没有以一种不可避免的方式迈入人类世时代;导致这一结果的是一系列选择,其中一部分受到社会—文化背景的影响。

我们对技术进步主义和文化保守主义的偏袒使得有意倾向于某些选择。要说明这一点,我们只需要知道我们是没有能力改变我们的社会经济发展模式。例如,我们的社会经济发展模式使我们偏爱电动汽车而不是自行车或公共交通。电动汽车是对交通污染的技术响应,而自行车或公共交通则是一种(程度较小的)社会—经济响应。在电动汽车的例子里,我们的价值观和我们从相当数量角度看待发展的方式没有受到质疑:城市扩张仍在蔓延,通过个人住房的普及、体力劳动的缺失、不便利已降到最低程度,以及不存在旅行限制。在自行车或公共交通的例子中,需要审查我们的社会—经济模式,城市和地区的形成和发展,就业的结构和地点,以匹配这些替代交通模式的有限旅行能力。尽管如此,对原始模式(全电动)稍微修改的模式,这个选择将引入对空间、能源和原材料消耗变化的深刻调整。对于车辆设计本身,如果我们不想做任何改进(超长距离、快速的能量充电),并切换到传统热力汽车的电动版本,这将意味着运输设备的能源成本随着新增车辆重量而提高。一辆 Clio 车型的热力汽车重量为 1 t;而和这款车对应的 Zoe 车型电动汽车重量则为 1.5 t(即原材料增加 50%)。更不用说用电力代替汽油或柴油的错觉,就好像电动汽车能消耗能源①更少和成本更低;在法国,Zoe 车型充满电的成本为 7.5 欧元,而 Clio 车型加满油为 65 欧元。当然,每

___

① 实际上,整个能源生产链的能量产出仅对电动汽车略微有利而已。

千米的差价正在缩小,但这种现象依然存在:电动汽车每千米大约为 2 欧分,而热力汽车为 7～10 欧分。

如果资本主义力量,通过技术进步和规模化生产(特斯拉正试图利用其超大型电池工厂),可成功地大幅度降低电池容量每千瓦时的成本(在固定成本中占比较大),我们肯定会朝着普及电动汽车的方向迈进。然而,即使电动汽车具有不可忽视的环境成本(地方性和全球性)这一事实,但是它却是最有可能带来不可忽视的"回弹效应":虽然减轻了我们选择更快更远旅行所带来的责任负担,同时也扩大了甚至加速了当前与低成本能源服务相关的趋势。这些都是远远不只限于全球变暖这一唯一问题的现实考量(城市蔓延/自然空间减少、空间碎片化、原材料开采增加)。然而,通过技术响应选择生态效率不是一个人类不可避免倾向的决定性常数,而是社会—文化—技术模式的结果。因此,现在正是人文科学重新控制这些行动范围的时候,不仅要讨论技术响应的合理性及其对缓解一个明显问题的最佳支持,而且要提出不只是技术的可信替代方案的可能性。目前,我们的转换模式(尤其是我们的投票权)偏好于能"投入更少,生产更多",就不会选择"差异性消费",能"差异性消费"就不会选择"少消费"。因此,现在有必要研究如何扭转这种价值观等级,让社会根据其环境影响改变选择。

对"自然资源诅咒"的处理可能也为社会—经济表征的这种影响提供了另一个例证,它传达了这样一种观点,即这将是一种任何国家都不可避免的致命伤。首先,奥德蕾·阿克南以及维克图瓦·吉拉尔和阿涅丝·扎松雷的工作表明,自然资源开采与增长乏力之间的联系远不是机械性的,甚至不是不可避免的,它取决于背景(制度、法规、采掘模式的类型等)。换句话说,这意味着一些国家即使在自然资源禀赋较好的情况下,也能设法做到实现较高的经济增长和减贫。其次,这表明,现在是将重点从严格意义上的增长问题(及其延续问题)转移到发展和福利问题上的时候了,通过其与健康、预期寿命、教育和不平等等能力代理的关系,在不同背景下,采矿活动在所有领域的影响可能大不相同。

无论如何,这些努力都必须被视为是研究的第一步,这将有助于澄清如何避免"资源诅咒"的状况。正如本书所指出的,如果能源转型将持续对作为经济活动和租金来源的矿产资源产生巨大的压力,那么就必须确保这些做法是为了所有人的利益,首先是为了采掘业所在国的人民;这是一个雄心勃勃的目标,但并

226

非无法实现。本书的第二卷将使我们能够界定法律、地缘政治和移民问题的利害关系,进而提出在这一领域可采取的各项行动措施。

参 考 文 献

Charlier, D. and Fizaine, F. (2020). Does becoming richer lead to a reduction in natural resource consumption? An empirical refutation of the Kuznets material curve. FAERE Working Paper, 2020.05.

Fisher, A.C. and Ward, M. (2000). Trends in natural resource economics in JEEM 1974–1997: Breakpoint and nonparametric analysis. *Journal of Environmental Economics and Management*, 39, 264–281.

Fizaine, F. (2018). The economics of recycling rate: New insights from a waste electrical and electronic equipment. Orientation document 2019–01, FAERE.

Giraud, P.-N. (2014). Ressources ou poubelles ? In *Le Débat*, Nora, P. *et al.* (eds). Gallimard, Paris.

Kiel, K., Matheson, V., Golembiewski, K. (2010). Luck or skill? An examination of the Ehrlich-Simon bet. *Ecological Economics*, 69, 1365–1367.

Krautkraemer, J.A. (1998). Nonrenewable resource scarcity. *Journal of Economic Literature*, 36(4), 2065–2107.

Lawn, P. (2010). On the Ehrlich–Simon bet: Both were unskilled and Simon was lucky. *Ecological Economics*, 69, 2045–2046.

Simpson, D., Toman, M.A., Ayres, R.U. (2005). The "new scarcity". In *Scarcity and Growth Revisited. Natural Resources and the Environment in the New Millennium*, Simpson, D., Toman, M.A., Ayres, R.U. (eds), Routledge, London.

Smith, T.M., Austin, C., Green, D.R., Joannes-Boyau, R., Bailey, S., Dumitriu, D., Fallon, S., Grün, R., James, H.F., Moncel, M.-H., Williams, I.S., Wood, R., Arora, M. (2018). Wintertime stress, nursing, and lead exposure in Neanderthal children. *Science Advances*, 4(10).

作者索引

1. 奥德蕾·阿克南
   法国,凡尔赛圣昆廷恩伊夫林大学,
   全球化、冲突、领土和脆弱性研究中
   心(CEMOTEV)

2. 安托万·贝洛
   法国,奥尔良,法国地质调查局

3. 拉斐尔·达尼诺-佩罗
   法国,奥尔良大学,奥尔良经济实验
   室(LEO)

4. 罗曼·德布雷夫
   法国,兰斯大学,经济与管理实验室
   (REGARDS)

5. 弗洛里安·菲赞
   法国,安纳西,萨瓦大学,管理和经
   济研究所(IREGE)

6. 格扎维埃·加利耶格
   法国,奥尔良大学,奥尔良经济实验

   室(LEO)

7. 维克图瓦·吉拉尔
   葡萄牙,里斯本大学,诺瓦商学院,
   诺瓦非洲知识中心(NOVAFRICA)

8. 多米尼克·居约内
   法国,奥尔良,法国地质调查局

9. 米歇尔·贾布拉克
   加拿大,蒙特利尔,魁北克大学

10. 伊夫·热古雷尔
    法国,佩萨克,法国波尔多大学,经
    济学和国际金融分析与研究实验
    室(LAREFI)

11. 迪迪埃·朱丽安娜
    法国,巴黎,商品与资源所

12. 弗雷德里克·拉伊
    法国,奥尔良,法国地质调查局

13. 福斯廷·洛朗
　　法国,奥尔良,法国地质调查局

法国国家科学研究中心(CNRS),
地球科学研究院(ISTerre)

14. 迈特·莱格勒尔
　　法国,奥尔良,法国地质调查局

17. 雅克·维尔纳夫
　　法国,奥尔良,法国地质调查局

15. 斯蒂芬妮·穆勒
　　法国,奥尔良,法国地质调查局

18. 阿涅丝·扎松雷
　　布基纳法索,博博·迪乌拉索,纳
　　粹博尼大学

16. 奥利维尔·维达尔
　　法国,格勒诺布尔阿尔卑斯大学,

兼
肯尼亚,经济政策伙伴关系(PEP)

名词索引

（数字系原书页码，在本书中为页边码）

译 后 记

2021 年，《矿产资源经济（第一卷）：背景和热点问题》英文版原著由约翰威立出版社首版发行。本书有两位编者：一位是法国萨瓦大学管理和经济研究所经济学讲师弗洛里安·菲赞，主要从事能源转型和低碳能源体系所需矿产资源经济研究；另一位是法国奥尔良大学经济学副教授、奥尔良经济学实验室成员格扎维埃·加利耶格，主要从事国际经济与可持续发展研究。

本书有 18 位作者，分别是法国、加拿大等高校和科研机构的专家。全书独著或合著的文章共 11 篇，研究内容从传统的西方矿产资源经济学的资源诅咒到当前关键矿产的储产销贸生态足迹物质流，从传统的资源配置问题到金融属性、地缘政治等。本书采用系统方法、提供跨学科的见解，由经济学家、物理学家、地质学家、地理学家、工程师、律师一起完成。涉及资源禀赋、物质流、环境足迹、循环经济等。本书是思辨性的，也是对 20 世纪 70 年代美国兴起的以霍特林、哈特维克为基础的矿产资源经济学的反思。书里不少例子，都值得我们继续辩证思考，譬如随着矿产资源品位下降，价格会下降还是会上升？而资源利用效率越高，使用的资源是越少还是越多？这是一本让资源经济学既保留传统、又走在前沿的好书。本书从经济学视角思考矿产资源勘查开发、利用和保护问题，从生态—技术—经济评价角度认识矿产的"发现"，认识"资源量"和"储量"。

感谢自然资源经济研究院张新安院长和自然资源部信息中心陈丽萍研究员对译稿的总体把关，不仅体现在对某些英文关键词的诠释方面，更重要的是对专业方向的引领和把握。感谢中国地质大学（武汉）黄德林教授，中国地质大学（北京）葛建平教授、李莉副教授、江勇副教授，中国人民大学潘东阳副教授，中国科学院城市环境研究所陈伟强研究员团队等对其中具体章节的严格审校。感谢商务印书馆李娟主任、陈思宏编辑的辛勤工作，本书能够如期付梓，是审校和编辑老师们共同努力和耐心合作的成果。

译著中仍可能存在疏漏或不当之处，期望各位读者不吝赐教指正。

译　者

2023 年 7 月

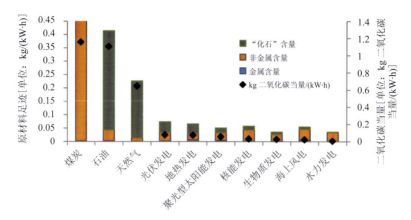

图 0-1　不同类型发电系统的原材料足迹

资料来源：Boubault，2018.

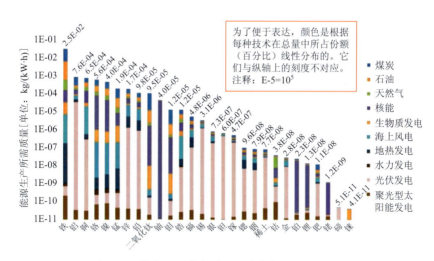

图 0-3　按发电系统划分的电力部门金属足迹份额

资料来源：Boubault，2018.

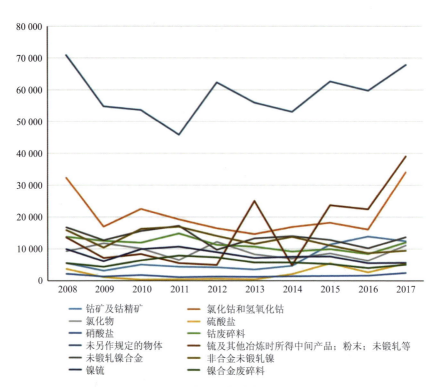

图 1-5　2008~2017 年含钴中间产品和精炼产品的进口价格变化(单位:美元)

资料来源:欧盟统计局。

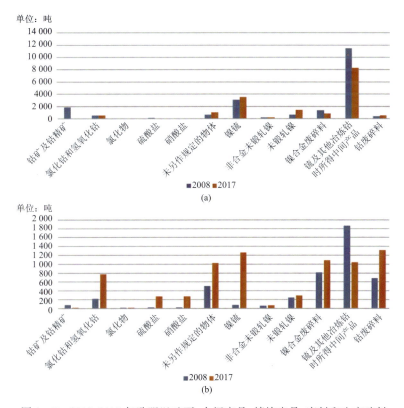

单位：吨

(a)

单位：吨

(b)

图 1－7 2008、2017 年欧盟以矿石、中间产品、精炼产品、废料和生产碎料
形式的钴进口(a)和出口(b)的结构

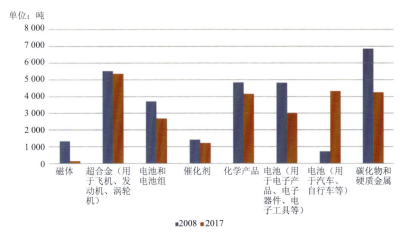

单位：吨

图 1－8 2008、2017 年欧盟含钴成品和半成品的产量

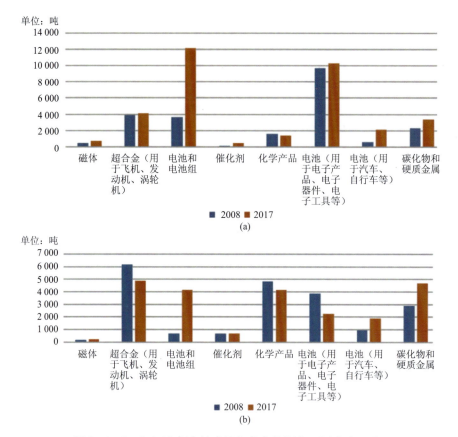

图 1 - 9　2008、2017 年含钴成品和半成品的进口（a）和出口（b）

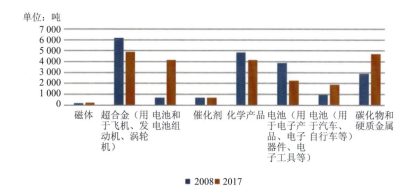

图 1 - 10　2008、2017 年钴"社会存量"

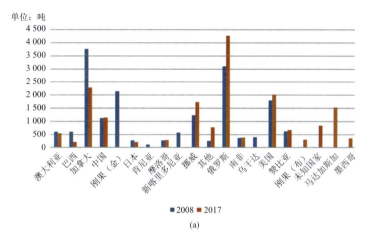

单位：吨

(a)

■ 2008 ■ 2017

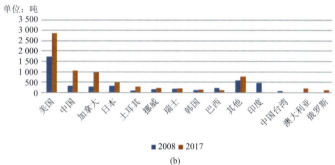

单位：吨

(b)

■ 2008 ■ 2017

图 1-11　2008、2017 年欧盟初级产品、中间产品
和精炼产品的主要供应方(a)和消费方(b)

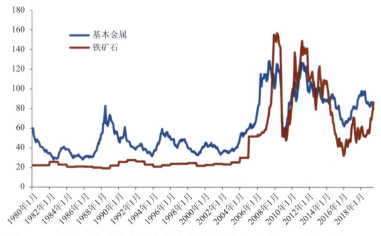

图 2-1　铁矿石和基本金属价格演变情况(指数，基期 2000 年 1 月＝100)
资料来源：World Bank(pink sheet).

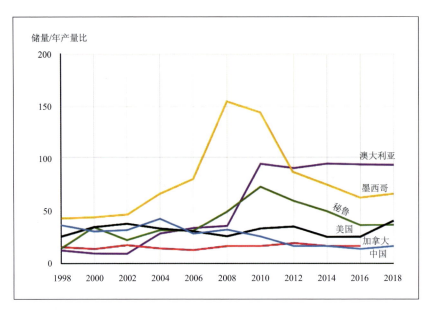

图 4-2　铜储产比按国家的变化情况

资料来源：USGS，1998～2018.

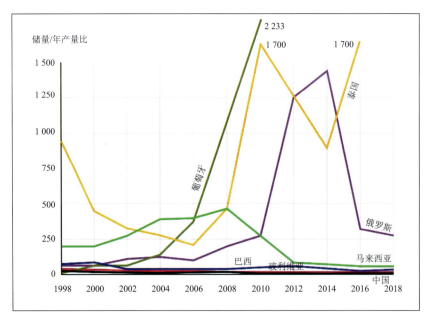

图 4-3　锡储产比按国家的变化情况

资料来源：USGS，1998～2018.

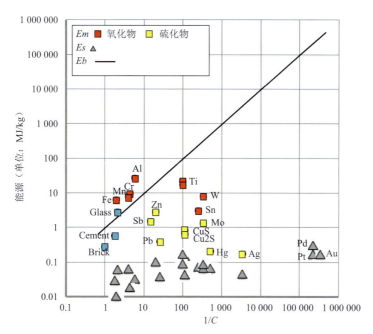

图 5-1 最小选冶能耗（Em）、分离能耗（Es）和采矿加粉碎能耗（Eb）与矿物品位的关系

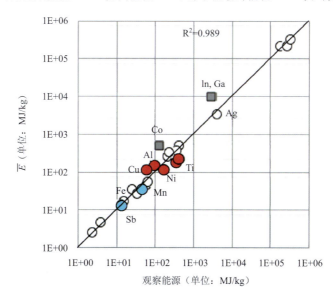

图 5-2 式（5.7）得出的生产能耗计算值与观察值之间的函数关系

注：灰色方块图标代表副产品，圆圈图标代表主要开采物质。红色符号表示回归线上偏差最大的金属。蓝色符号表示价格与能耗回归线上偏差最大的金属（图 5-3）。

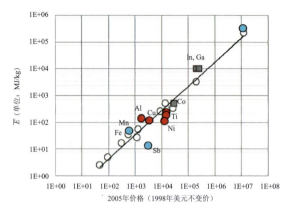

图 5 - 3　式(5.7)计算的生产能耗与 2005 年金属价格(1998 年美元不变价)的函数关系

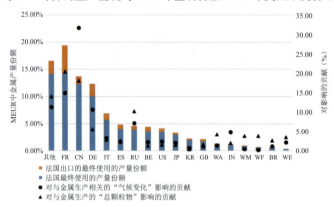

图 6 - 4　根据 Exiobase3.4 计算得出的按法国最终使用所需金属之生产
国家的分布及其相关环境影响

注:国家代码见表 6 - 2。

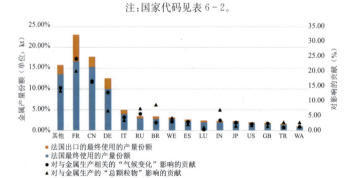

图 6 - 5　根据 Exiobase3.3 计算得出的按法国最终使用所需金属之生产
国家的分布及其相关环境影响

注:国家代码见表 6 - 2。

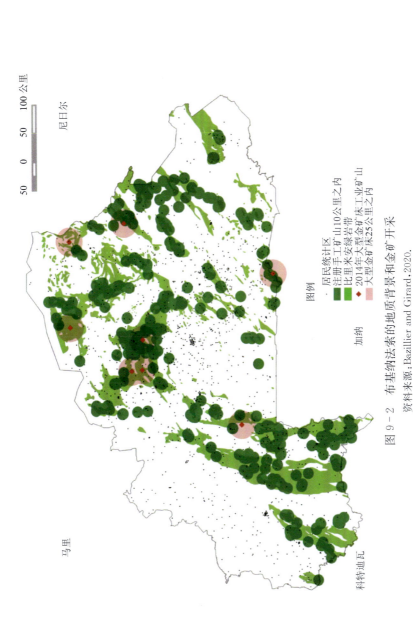

马里

科特迪瓦

尼日尔

50　0　50　100 公里

图例
　■ 居民统计区
　■ 注册手工矿山10公里之内
　■ 比里米安绿岩带
　◆ 2014年大型金矿床工业矿山
　■ 大型金矿床25公里之内

加纳

图 9 - 2　布基纳法索的地质背景和金矿开采

资料来源：Bazillier and Girard, 2020.

注：就地质层位而言，非洲的金矿主要赋存于以比里米安绿岩带为代表的古基底地区。要注意的是，在布基纳法索矿业部登记的手工矿
山的位置与这一地质构造密切相关。2014 年生产的工业金矿（或工业勘探许可证图），此处不包括）也是如此。

图书在版编目(CIP)数据

矿产资源经济.第1卷,背景和热点问题/(法)弗洛里安·菲赞,(法)格扎维埃·加利耶格编;余韵,姚霖,杨建锋译.—北京:商务印书馆,2023

("自然资源与生态文明"译丛)

ISBN 978-7-100-22940-1

I.①矿… II.①弗…②格…③余…④姚…⑤杨… III.①矿产资源—资源经济学 IV.①F407.133

中国国家版本馆 CIP 数据核字(2023)第 169461 号

"自然资源与生态文明"译丛

矿产资源经济(第一卷)

背景和热点问题

〔法〕弗洛里安·菲赞　格扎维埃·加利耶格　编

余　韵　姚　霖　杨建锋　译

商　务　印　书　馆　出　版
(北京王府井大街36号　邮政编码100710)
商　务　印　书　馆　发　行
北　京　冠　中　印　刷　厂　印　刷
ISBN 978-7-100-22940-1
审　图　号：GS（2023）3067号

2023年11月第1版　　开本710×1000　1/16
2023年11月北京第1次印刷　印张 15½ 插页5

定价:88.00元